Classificação Internacional das
CEFALÉIAS

Subcomitê de Classificação das Cefaléias
da Sociedade Internacional de Cefaléia

Classificação Internacional das CEFALÉIAS

2ª Edição

The International Classification of Headache Disorders,
2nd Edition – ICHD II

Tradução da Sociedade Brasileira de Cefaléia
com autorização da Sociedade Internacional de Cefaléia

Av. Roberto Silveira, 123 - Icaraí - Niterói - RJ - 24230-150
Telefax (21) 2710-1549 - www.sbce.med.br

Dados Internacionais de Catalogação na Publicação (CIP)
(Câmara Brasileira do Livro, SP, Brasil)

Classificação Internacional das Cefaléias / Subcomitê de Classificação das Cefaléias da Sociedade Internacional de Cefaléia ; tradução da Sociedade Brasileira de Cefaléia com autorização da Sociedade Internacional de Cefaléia. -- 2. ed. -- São Paulo : Alaúde Editorial, 2006. Título original: The International Classification of Heasdache Deadache Disorders

ISBN 85-98497-50-9

1. Cefaléias : Diagnóstico 2. Cefaléias - Tratamento I. Subcomitê de Classificação das Cefaléias da Sociedade Internacional de Cefaléia.

CDD-616.8491
06-7249 NLM-WL 342

Índices para catálogo sistemático:
1. Cefaléias : Neurologia : Medicina 616.8491

Como utilizar esta publicação em referências bibliográficas:

NO TODO:
Subcomitê de Classificação das Cefaléias da Sociedade Internacional de Cefaléia. CLASSIFICAÇÃO INTERNACIONAL DAS CEFALÉIAS - SEGUNDA EDIÇÃO. Trad. Sociedade Brasileira de Cefaléia. São Paulo: Alaúde Editorial Ltda., 2006.

EM PARTE:
Subcomitê de Classificação das Cefaléias da Sociedade Internacional de Cefaléia. CLASSIFICAÇÃO INTERNACIONAL DAS CEFALÉIAS - SEGUNDA EDIÇÃO. Trad. Sociedade Brasileira de Cefaléia. São Paulo: Alaúde Editorial Ltda., 2006.

Bartira Gráfica e Editora S.A.

EDITORA ALAÚDE

Alaúde Editorial Ltda.
R. Hildebrando Thomaz de Carvalho, 60 - CEP 04012-120 - São Paulo - SP
Telefax: (11) 5572-9474 / 5579-6757 - alaude@alaude.com.br - www.alaude.com.br

Membros do Subcomitê da Primeira Classificação das Cefaléias

Jes Olesen, Dinamarca (Presidente)
André Bes, França
Robert Kunkel, EUA
James W. Lance, Austrália
Giuseppe Nappi, Itália
Volker Pfaffenrath, Alemanha
Frank Clifford Rose, Reino Unido
Bruce S. Schoenberg, EUA (falecido)
Dieter Soyka, Alemanha
Peer Tfelt-Hansen, Dinamarca (Secretário)
K. Michael A. Welch, EUA
Marcia Wilkinson, Reino Unido

Membros do Subcomitê da Segunda Classificação das Cefaléias

Jes Olesen, Dinamarca (Presidente)
Marie-Germaine Bousser, França
Hans-Christoph Diener, Alemanha
David Dodick, EUA
Michael First, EUA
Peter J Goadsby, Reino Unido
Hartmut Göbel, Alemanha
Miguel JA Lainez, Espanha
James W Lance, Austrália
Richard B Lipton, EUA
Giuseppe Nappi, Itália
Fumihiko Sakai, Japão
Jean Schoenen, Bélgica
Stephen D Silberstein, EUA
Timothy J Steiner, Reino Unido (Secretário)

Membros dos grupos de trabalho da Classificação das Cefaléias e conselheiros

Favor endereçar comentários e sugestões para o presidente do grupo de trabalho em questão com uma cópia para:

JES OLESEN
Presidente do Subcomitê de Classificação da Sociedade Internacional de Cefaléia; Professor de Neurologia, Universidade de Copenhague, Departamento de Neurologia, Glostrup Hospital, 2600 Glostrup, Copenhague, Dinamarca; Chairman of the Classification Subcommittee of the International Headache Society; Professor of Neurology, University of Copenhagen, Department of Neurology, Glostrup Hospital, 2600 Glostrup, Copenhagen, Dinamarca.

1. GRUPO DE TRABALHO EM MIGRÂNEA
   RB Lipton, EUA (Presidente); R Daroff, EUA; J Haan, Holanda; H Massiou, França; J Olesen, Dinamarca; J. Pascual, Espanha; BK Rasmussen, Dinamarca; SD Silberstein, EUA; S Solomon, EUA; TJ Steiner, Reino Unido; D Symon, Reino Unido; P Winner, EUA.
   Conselheiros: MK Eriksen, Dinamarca; P Goadsby, Reino Unido; S Graff-Radford, EUA; JW Lance, Austrália; LL Thomsen, Dinamarca.

2. GRUPO DE TRABALHO EM CEFALÉIA DO TIPO TENSIONAL
   J Schoenen, Bélgica (Presidente); EA MacGregor, Reino Unido; K Holroyd, EUA; R Jensen, Dinamarca; N Mathew, EUA; J Olesen, Dinamarca; T Paiva, Portugal; R Pothmann, Alemanha; P Sandor, Suíça; G Sandrini, Itália.

3. GRUPO DE TRABALHO EM CEFALÉIA EM SALVAS E OUTRAS CEFALÉIAS TRIGÊMINO-AUTONÔMICAS
   P Goadsby, Reino Unido (Presidente); F Antonaci, Itália; A Bahra, Reino Unido; D Dodick, EUA; MS Matharu, Reino Unido; A May, Alemanha; J Olesen, Dinamarca; L Newman, EUA; J Pareja, Espanha; D Rothner, EUA; M-B Russell, Dinamarca; M Vincent, Brasil; E Waldenlind, Suécia.
   Conselheiro: CJ Boes, EUA.

4. Grupo de Trabalho em outras Cefaléias Primárias
G Nappi, Itália (Presidente); P Goadsby, Reino Unido; JW Lance, Austrália; PO Lundberg, Suécia; IP Martins, Portugal; J Olesen, Dinamarca; JA Pareja, Espanha; NH Raskin, EUA; G Sandrini, Itália; TJ Steiner, Reino Unido; A Straube, Alemanha.
Conselheiros: L Bonamico, Argentina; S Evers, Alemanha.

5. Grupo de Trabalho em Cefaléia Atribuída a Trauma Cefálico e/ou Cervical
M Lainez, Espanha (Presidente); R Agosti, Suíça; F Antonaci, Itália; D Dodick, EUA; R Evans, EUA; A Mosek, Israel; R Nelson, Canadá; D Obelieniene, Lituania; N Ramadan, EUA; J Pascual, Espanha; P Sandor, Suíça.

6. Grupo de Trabalho em Cefaléia Atribuída a Doença Vascular Craniana ou Cervical
M-G Bousser, França (Presidente); J-P Castel, França; A Ducros, França; J Ferro, Portugal; S Kittner, EUA; H Mattle, Suíça; J Olesen, Dinamarca; S Solomon, EUA.

7. Grupo de Tabalho em Cefaléia Atribuída a Transtorno Intracraniano Não-Vascular
H-C Diener, Alemanha (Presidente); M-G Bousser, França; D Dodick, EUA; A Dowson, Reino Unido; P Drummond, Austrália; J Gladstein, EUA; A Mosek, Israel; R Nelson, Canadá; J Olesen, Dinamarca; N Ramadan, EUA; K Ravishankar, Índia; P Sandor, Suíça; SD Silberstein, EUA; J Swanson, USA; F Taylor, EUA; L Watkins, Reino Unido.

8. Grupo de Trabalho em Cefaléia Atribuída a uma Substância ou a sua Supressão
S Silberstein, EUA (Presidente); H-C Diener, Alemanha; M Ferrari, Holanda; J Olesen, Dinamarca; JM Pereira Monteiro, Portugal; J Saper, EUA; F Sheftell, EUA; P Tfelt-Hansen, Dinamarca; WB Young, EUA.

9. Grupo de Trabalho em Cefaléia Atribuída a Infecção
F Sakai, Japão (Presidente); M De Marinis, Itália; A Pradalier, França; D Russell, Noruega; N Suzuki, Japão; JR Weber, Alemanha; KMA Welch, EUA
Conselheiro: E Schmutzhard, Áustria.

10. Grupo de Trabalho em Cefaléia Atribuída a Transtornos da Homeostase
D Dodick, EUA (Presidente); W Becker, Canadá; G Bussone, Itália; D Capobianco, EUA; FM Cutrer, EUA; J Edmeads, Canadá; A Kuritzky, Israel; J Olesen, Dinamarca; A Purdy, Canadá; P Spira, Austrália.

11. Grupo de Trabalho em Cefaléia ou Dor Facial Atribuída a Transtornos do Crânio, Pescoço, Olhos, Orelhas, Nariz, Seios da Face, Dentes, Boca ou outras Estruturas Faciais ou Cranianas
H Göbel, Alemanha (Presidente); M Bakke, Dinamarca; RW Baloh, EUA; N Bogduk, Austrália; RB Daroff, EUA; S Graff-Radford, EUA; J Olesen, Dinamarca; D Soyka, Alemanha.
Conselheiros: H Blumenthal, EUA; G Deuschl, Alemanha; HL Levine, EUA; NT Mathew, EUA.

12. Grupo de Trabalho em Cefaléia Atribuída a Transtorno Psiquiátrico
MB First, EUA (Presidente); RM Agosti, Suíça; S Baskin, EUA; N Breslau, EUA; V Guidetti, Itália; J Olesen, Dinamarca; F Sheftell, EUA.

13. Grupo de Trabalho em Cefaléia Atribuída a Neuralgias Cranianas e Causas Centrais de Dor Facial
J Lance, Austrália (Presidente); D Bowsher, Reino Unido; KL Casey, EUA; J Olesen, Dinamarca; T Staehelin-Jensen, Dinamarca; A Zagami, Austrália.

14. Grupo de Trabalho em outra Cefaléia, Neuralgia Craniana e Dor Facial Central ou Primária
D Dodick, EUA (Presidente); J Olesen, Dinamarca.

Agradecimentos

O trabalho do Subcomitê de Classificação da Sociedade Internacional de Cefaléia é custeado exclusivamente pela Sociedade Internacional de Cefaléia. A Sociedade Internacional de Cefaléia expressa sua gratidão pelas contribuições irrestritas dadas à Sociedade com o objetivo de apoiar suas atividades, incluindo a *Classificação Internacional das Cefaléias, 2ª edição*, pela Janssen-Cilag Farmacêutica.

O Subcomitê de classificação das cefaléias e seus grupos de trabalho receberam sugestões e críticas valiosas de um grande número de colegas do mundo todo. Não podemos agradecer individualmente a todos, mas gostaríamos de mencionar especificamente dois deles: Robert Spitzer e Michael B. First. A imensa experiência de Robert Spitzer em classificar doenças psiquiátricas inspirou o subcomitê de classificação das cefaléias, reorganizado, no seu primeiro encontro. Michael B. First é psiquiatra especialista em classificação de doenças e foi de inestimável valor como um especialista de fora da área, inicialmente auxiliando diversos novos membros não familiarizados com a classificação de doenças e, mais adiante, freqüentemente guiando nossos passos nessa difícil arte. Apesar de a cefaléia estar distante de sua especialidade, ele gentilmente aceitou chefiar um grupo de trabalho recém-formado sobre cefaléias atribuídas a doença psiquiátrica.

Peter Goadsby, Richard B. Lipton, Jes Olesen e Stephen D. Silberstein organizaram os aspectos práticos de nossas reuniões.

Kirsten Hjelm fez a maior parte do trabalho administrativo e de secretaria para o subcomitê. Rosemary Chilcott administrou as finanças. Agradecemos a ambas pelo apoio, que nunca faltou.

Sumário

Prefácio da primeira edição 15
Prefácio da segunda edição 17
Prefácio da edição brasileira 19
Introdução à classificação 21
Com usar a classificação 25
Classificação e códigos OMS CID-10 29

Parte 1. Cefaléias Primárias
1. Migrânea 41
2. Cefaléia do tipo tensional 67
3. Cefaléia em salvas e outras cefaléias trigêmino-autonômicas 79
4. Outras cefaléias primárias 88

Parte 2. Cefaléias Secundárias
Introdução 103
5. Cefaléia atribuída a trauma cefálico e/ou cervical 106
6. Cefaléia atribuída a doença vascular craniana ou cervical 118
7. Cefaléia atribuída a transtorno intracraniano não-vascular 140
8. Cefaléia atribuída a uma substância ou a sua retirada 160
9. Cefaléia atribuída a infecção 187
10. Cefaléia atribuída a transtorno da homeostase 197
11. Cefaléia ou dor facial atribuída a transtorno do crânio, pescoço, olhos, ouvidos, nariz, seios da face, dentes, boca ou outras estruturas faciais ou cranianas 211
12. Cefaléia atribuída a transtorno psiquiátrico 224

Parte 3. Neuralgias cranianas, dor facial primária e central e outras cefaléias
13. Neuralgias cranianas e causas centrais de dor facial 233
14. Outras cefaléias, neuralgias cranianas e dor facial primária ou central 252

Apêndice 255
Definição dos termos 283

Prefácio da primeira edição (1988)

O presente documento representa um grande esforço. O trabalho foi contínuo por quase três anos e envolveu não somente os membros do comitê mas também os diversos membros dos 12 subcomitês. O trabalho no comitê e nos subcomitês foi aberto, o que tornava todos os documentos provisórios acessíveis a qualquer um que se interessasse. Tivemos um encontro para a classificação das cefaléias que durou dois dias, em março de 1987, aberto a todos os interessados. Ao fim do Terceiro Congresso Internacional de Cefaléia, em Florença, em setembro de 1987, tivemos um encontro público no qual a classificação foi apresentada e discutida. Um encontro público final foi realizado em San Diego, EUA, nos dias 20 e 21 de fevereiro de 1988, que foi uma sessão de trabalho conjunto do comitê e da platéia.

Apesar de todo o esforço, erros foram inevitavelmente cometidos. Eles aparecerão quando a classificação estiver sendo usada e terão de ser corrigidos nas edições futuras. Deve-se também salientar que muitas partes do documento são baseadas nas experiências de especialista do comitê, na ausência de suficientes evidências publicadas. Espera-se, contudo, que a existência de critérios diagnósticos operacionais publicados neste livro gerará nos anos vindouros um aumento da pesquisa nosográfica e epidemiológica.

Pedimos a todos os cientistas que estudam cefaléia que participem ativamente na testagem e futuro aprimoramento da classificação. Por favor, mandem suas opiniões, argumentos e críticas ao presidente do comitê de classificação. Planeja-se publicar uma segunda edição em 1993. Esperamos que as revisões sejam baseadas em novas evidências.

A Sociedade Internacional de Cefaléia considera a classificação e critérios diagnósticos das cefaléias um trabalho muito importante. Embora o documento ainda necessite de futuros testes e modificações, recomenda-se que seja posto, de imediato, em uso nos estudos científicos. Isso é pertinente não somente aos estudos com drogas, bem como aos estudos bioquímicos e fisiológicos.

James W. Lance
Presidente da Sociedade Internacional de Cefaléia

Jes Olesen
Presidente do Comitê de Classificação das Cefaléias

Prefácio da segunda edição

As classificações de doenças e seus critérios diagnósticos freqüentemente são recebidos com ceticismo pela comunidade médica e podem não ser extensamente utilizados. Portanto, foi uma agradável surpresa observar quão bem recebida foi a primeira edição da *Classificação Internacional das Cefaléias*. Ela foi praticamente aceita de imediato pelo mundo afora para fins científicos. A grande leva de estudos com triptanos foi realizada em pacientes diagnosticados de acordo com essa classificação. De forma lenta, mas segura, os princípios da classificação alteraram também a prática clínica. Muitas perguntas desnecessárias para classificar cefaléias primárias não são mais formuladas nas entrevistas clínicas e, por outro lado, novos critérios, como o agravamento da cefaléia por atividade física, têm sido empregados gradualmente na prática diária. A classificação foi traduzida para mais de 20 idiomas, estando, portanto, disponível para a maioria dos médicos de todo o mundo.

Quando publicamos a primeira edição, pensamos que a segunda edição da *Classificação Internacional das Cefaléias* sairia dentro de cinco anos, pois grande parte dela estava baseada na opinião de especialistas em vez de evidências da literatura. Porém, 15 anos transcorreram até apresentarmos a segunda edição, e existem boas razões para isso. Relativamente não havia críticas suficientes que justificassem uma revisão. As pesquisas nosográficas, fornecendo uma descrição clínica melhor dos diferentes tipos de cefaléias, apareceram de forma vagarosa e ainda são insuficientes para permitir uma classificação totalmente baseada em evidências. A ampla difusão da versão em inglês da primeira edição e a tradução para mais de 20 idiomas também levou mais tempo do que esperávamos. Contudo, boas sugestões para uma revisão foram acumuladas paulatinamente, e os conhecimentos nosográficos e epidemiológicos aumentaram numa proporção que justificava começar a organizar a segunda edição.

Assim como na primeira edição, tive também nesta segunda edição o privilégio dado ao presidente de indicar os membros dos subcomitês. Embora o primeiro comitê tenha feito um excelente trabalho, eu tinha a sensação que deveríamos substituir a maioria dos membros para assegurarmos que a próxima geração de pesquisadores em cefaléia fosse suficientemente representada. Conseqüentemente, os únicos membros do primeiro comitê que também fizeram parte do segundo foram: Giuseppe Nappi, James W. Lance e eu. Ficamos responsáveis pela continuidade. Na indicação de novos membros, eu me ative, primeiramente, às qualificações pessoais. A representação geográfica e o desejo de incluir pessoas com críticas bem fundamentadas à primeira edição também foram considerados. Estou satisfeito em dizer que o recrutamento, de acordo com esses critérios, obteve sucesso. Cada membro se mostrou vivamente interessado, franco e argumentativo. Respeitando a enorme carga de trabalho do primeiro comitê; o segundo debateu, abertamente, cada aspecto da classificação. Devido ao trabalho meticuloso e às discussões produtivas, a segunda edição consumiu muito mais tempo do que havíamos esperado. Cada grupo de critérios, cada número e cada palavra a ser empregada foram cuidadosamente ponderados, e foram investidos na presente publicação um tremendo esforço e trabalho intelectual. Nem todos os pontos de vista de cada membro puderam ser considerados, mas todos os membros influenciaram consideravelmente a classificação.

Para qualquer campo da medicina é importante ter uma classificação amplamente aceita e usada em todo o mundo. Isso é particularmente verdadeiro para a cefaléia, um campo novo e em desenvolvimento, e porque há muitos preconceitos contra tal transtorno. Portanto, é extremamente importante que a comunidade da cefaléia em geral, e os pesquisadores em particular, apóiem o uso da segunda edição da *Classificação Internacional das Cefaléias*. Nenhum periódico deve publicar artigos relativos à cefaléia sem utilizar ou examinar esta classificação e seus critérios diagnósticos. Por outro lado, nossa intenção não consiste em limitar a pesquisa em cefaléia dentro de um esquema rígido e, por isso, pedimos a pesquisadores de todo o mundo que examinem cientificamente esta segunda edição. Para estimular esses estudos, incluímos um apêndice descrevendo algumas enfermidades órfãs, que necessitam de validação. Também apresentamos alguns critérios alternativos que podem ser testados em comparação aos oficiais.

Espero, sinceramente, que esta segunda edição seja recebida de forma favorável pela comunidade relacionada com a cefaléia pelo mundo e que seja traduzida em mais idiomas do que foi a primeira edição. Espero, também, que se torne a base, em todo o mundo, do ensino de classificação e diagnóstico das cefaléias, beneficiando, assim, o tratamento dos pacientes.

A Sociedade Internacional de Cefaléia trabalha no intuito de melhorar o diagnóstico, o tratamento e os cuidados com a cefaléia mundialmente. Empenha-se também em acabar com o estigma relacionado com os indivíduos que sofrem de cefaléia e fazer esses transtornos reconhecidos como doenças neurobiológicas que infligem grande prejuízo para os pacientes e seus familiares, tanto quanto para a sociedade. Para o sucesso desses esforços é impreterível que pesquisadores e clínicos, assim como pacientes, usem o mesmo sistema diagnóstico e que esse sistema seja o mais preciso possível. Esse processo vem ocorrendo desde a primeira edição da *Classificação Internacional das Cefaléias*. Esperamos que a segunda edição promova ainda maior unidade na forma de classificar, diagnosticar e tratar pacientes do mundo todo.

Jes Olesen
Presidente do Subcomitê de
Classificação das Cefaléias
Sociedade Internacional de Cefaléia

Prefácio da edição brasileira

Caros Colegas

No final do ano de 2003, durante o último Congresso da International Headache Society em Roma, Itália, foi apresentada a segunda edição da Classificação das Cefaléias, logo a seguir publicada na revista Cephalalgia, volume 24, suplemento 1 de 2004. Imediatamente, a Sociedade Brasileira de Cefaléia (SBCe) enviou para vários de seus membros os capítulos para que fossem traduzidos para o português. A aceitação foi imediata e a tarefa foi cumprida no prazo previamente estipulado. Entretanto, pela exigüidade do tempo, houve várias falhas já esperadas, como a não uniformização dos termos e, em alguns tópicos, a tradução não representava o que estabelecia o original. Com isso, foi necessária a contratação de profissionais fluentes na língua inglesa e familiarizados com os termos médicos.

A versão da classificação começava a esboçar sua forma, embora ainda houvesse muito trabalho a fazer. Novamente foram convidados vários membros da SBCe com o objetivo de em um fim de semana organizar tudo o que aqueles profissionais haviam apresentado.

Foi uma tarefa árdua e mais uma vez houve a necessidade de alguns retoques, o que foi feito por um número menor de membros.

Foi novamente enviada a profissionais com o intuito de unificar os termos e estabelecer de uma maneira mais livre o que o original explicitava.

Aí sim a "Nossa Classificação" ficou pronta, respeitando rigorosamente a original, mas com o "jeito brasileiro".

Hoje vocês estão recebendo durante o XVIII Congresso Brasileiro de Cefaléia esta classificação, fruto de um trabalho hercúleo, feito por numerosos membros da Sociedade Brasileira de Cefaléia, anonimamente, desinteressadamente, justificando ao mundo porque Ela, tão pequena, se torna grande aos olhos internacionais.

Para terminar, não podemos deixar de agradecer o apoio da Janssen-Cilag, para que esta classificação chegue às mãos de todos aqueles que se interessem pelo estudo das cefaléias.

Orgulhosamente,

Sociedade Brasileira de Cefaléia
Curitiba, agosto de 2004.

Explicações sobre alguns termos utilizados na edição brasileira

1) As palavras migrânea e enxaqueca são sinônimas e podem ser utilizadas indistintamente na prática diária. Na presente classificação optamos pelo termo migrânea por ser o recomendado pela Sociedade Brasileira de Cefaléia para suas publicações oficiais.

2) Sempre que possível os nomes das cefaléias foram traduzidos para a língua portuguesa. Alguns acrônimos de uso corrente foram mantidos em sua forma original. São os casos de SUNCT (Short-Iasting Unilateral Neuralgiform Headache attacks with Conjuntival injection and Tearing), SUNA (Short-Iasting Unilateral Neuralgiform Headache attacks with cranial Autonomic symptoms), MELAS (Mitochondrial Encephalopathy, Lactic Acidosis and Stroke-like episodes), CADASIL (Cerebral Autossomal Dominant Arteripathy with Subcortical Infarcts and Leukoencephalopathy).

Introdução à Classificação

Esta segunda edição da *Classificação Internacional das Cefaléias*, assim como a primeira, é destinada igualmente à pesquisa e à prática clínica. Nenhum trabalho deverá ser aceito para publicação em periódicos internacionais se não estiver de acordo com os critérios da classificação, mas ela é igualmente importante para clínicos. A grande maioria dos tratamentos para cefaléia baseados em evidências foi desenvolvida utilizando-se a primeira edição da *Classificação Internacional das Cefaléias*. Esta segunda edição não modificou os princípios básicos da classificação e diagnóstico das cefaléias primárias. Assim sendo, o corpo de evidências existente, obtido usando a primeira edição, permanece válido para a maioria dos diagnósticos feitos com base na segunda edição. Quando procurar por pacientes que responderão a um triptano, é necessário diagnosticar o paciente de acordo com os critérios para migrânea, com e sem aura, desta classificação.

A *Classificação Internacional das Cefaléias*, 2ª edição, é talvez o documento mais importante de leitura para médicos interessados em diagnosticar e tratar pacientes com cefaléia. Há freqüentemente uma enorme lacuna entre pesquisadores e clínicos. Muitos sugeriram que deveria haver duas classificações: uma para pesquisa e outra para uso clínico. No entanto, se houvesse duas classificações, todas as informações novas seriam reunidas empregando-se a classificação para pesquisa e seria difícil transpor os resultados obtidos da pesquisa para a clínica. Assim sendo, o ponto de vista aceito por todos os especialistas em classificação de doenças é o de que deva existir uma só classificação, mas construída de tal forma que possa ser usada em diversos níveis de especialização.

A resposta para o problema é a classificação hierárquica e esse sistema já havia sido adotado na primeira edição, permanecendo inalterado nesta segunda edição. Todos os tipos de cefaléia estão classificados em grandes grupos e cada um desses grupos é subdividido uma, duas ou três vezes em tipos, subtipos e subformas de cefaléia. Por exemplo: 1 *Migrânea* é um grupo constituído por um tipo de cefaléia (migrânea) e os subgrupos da migrânea, como 1.2 *Migrânea com aura* constituem o próximo nível de classificação (segundo dígito). *Migrânea com aura* é, novamente, subdividido em subformas, por exemplo: 1.2.1 *Aura típica com cefaléia migranosa*. O clínico geral provavelmente só precisará fazer o diagnóstico usando o primeiro dígito – migrânea – para poder escolher o tratamento para debelar a crise. No entanto, quando há problemas de diagnóstico diferencial, por exemplo, porque a cefaléia está ausente, torna-se necessário distinguir entre migrânea com aura e outros transtornos que possam mimetizá-la; por isso, deve-se classificar usando o segundo ou terceiro níveis. Neurologistas clínicos e cefaliatras irão normalmente fazer diagnósticos precisos da subforma da migrânea com aura até o terceiro dígito. Esse sistema provou ser de utilidade nos diferentes níveis de sistemas de saúde em todo o mundo.

Classificar significa decidir quais tipos de entidades diagnósticas devem ser reconhecidas e como ordená-las de forma significativa. Para isso, deve-se lançar mão de todo tipo de evidência disponível: descrição clínica, estudos longitudinais de coorte de pacientes, estudos epidemiológicos, resultados de tratamentos, genética, neuroimagem e fisiopatologia. Isso foi feito para a primeira edição e repetido na segunda edição da *Classificação*. Por sorte, não foi necessário fazer grandes alterações, mas sim um número relativamente grande de pequenas, porém importantes modificações, baseadas em novas evidências. Assim, introduzimos 1.5.1 *Migrânea crônica* como um novo diagnóstico para aqueles raros pacientes que preenchem os critérios diagnósticos para migrânea por 15 ou mais dias por mês sem uso excessivo de medicamentos. Todas as cefaléias secundárias estão agora descritas como "atribuídas a" algum outro transtorno, enquanto na primeira edição usava-se o termo menos preciso "associado com". A relação causal entre o distúrbio subjacente e a cefaléia é, na maioria dos casos, bem estabelecida e pudemos, então, fortalecer a terminologia.

Com relação aos transtornos psiquiátricos, não há razões para tratá-los de forma diferente dos outros distúrbios que podem causar cefaléia secundária. Por isso, incluímos um novo capítulo 12. *Cefaléias atribuídas a transtornos psiquiátricos*. O problema é que pesquisas elucidando esse campo são extremamente escassas, de modo que o capítulo é muito curto. A correspondente seção do apêndice é mais abrangente e irá incrementar os estudos da relação entre transtornos psiquiátricos e cefaléia.

Todas as cefaléias causadas por infecção agora estão colocadas no mesmo capítulo 9. *Cefaléia atribuída a infecção*, enquanto, anteriormente, as infecções intracranianas estavam no capítulo dos distúrbios intracranianos. Um novo capítulo 10. *Cefaléia atribuída a distúrbios da homeostase* foi incluído. Algumas novas entidades, como a 4.5 *Cefaléia hípnica*, 4.6 *Cefaléia primária trovoada* e 4.7 *Hemicrania contínua*, também foram incluídas, enquanto a 13.17 *Migrânea oftalmoplégica* foi deslocada do capítulo 1. *Migrânea* para o capítulo 13. *Neuralgias cranianas e causas centrais de dor facial*.

Como uma importante modificação no código numérico, a tabulação abaixo agora inclui os códigos, entre parênteses, da CID-10NA estabelecidos pela OMS, porque esses são os códigos usados na prática clínica. Em muitos lugares, a *Classificação Internacional das Cefaléias*, 2ª edição, é mais detalhada do que a classificação da OMS. Isso significa que alguns subtipos de cefaléia não estão classificados de forma única sob o sistema da CID-10NA, mas o código correspondente da CID-10NA está anexado, em cada caso, ao código da CIC-II.

A construção básica de cada capítulo na segunda edição da *Classificação* é a mesma da primeira edição. Para cada capítulo a classificação é mostrada, depois há uma introdução e as diferentes cefaléias são apresentadas uma a uma, na ordem da classificação. Para cada enfermidade principal conferimos os termos previamente utilizados e especificamos as enfermidades que estão relacionadas, mas codificadas em outro local, e apresentamos uma descrição curta que, em palavras, tenta definir a doença. Em seguida, apresentamos os critérios diagnósticos explícitos. Finalmente, fazemos comentários e selecionamos referências bibliográficas no final de cada capítulo.

Os critérios diagnósticos explícitos precisam de alguns comentários. Previamente foram chamados de *critérios diagnósticos operacionais*, mas o significado de "operacional" não é largamente entendido. "Explícito" significa "sem ambigüidade, preciso, e com a menor margem de interpretação possível". Em outras palavras, o propósito é estabelecer critérios de forma tão clara e precisa que vários outros médicos de outros lugares do mundo estejam aptos a usar os mesmos critérios da mesma forma. Os termos que deixam margens a interpretações, como "às vezes", "com freqüência" ou "usualmente" são evitados. Os pacientes precisam preencher todos os critérios listados em A, B, C, D, etc. Para cada critério, há requisitos específicos, como "duas das quatro características seguintes", etc. O mesmo sistema foi usado na primeira edição, onde se mostrou ser confiável e passível de reprodução.

Também foi mostrado que a primeira edição era aplicável em todos os campos, desde estudos epidemiológicos na população geral até centros terciários de referência em cefaléia. A validação da primeira edição e seus critérios diagnósticos explícitos foi feita nos estudos com triptanos, nos quais os índices de sucesso foram iguais em diferentes países, indicando que a assertividade dos casos foi a mesma. Além disso, a alta taxa de sucesso de sumatriptano injetável demonstrou que, pelo menos dos pontos de vista fisiopatológico e farmacológico, os critérios diagnósticos para migrânea com e sem aura delinearam uma enfermidade razoavelmente homogênea. Por essa e muitas outras razões, fizemos apenas pequenas mudanças nos critérios diagnósticos de migrânea.

A classificação e os critérios diagnósticos podem ser etiológicos ou descritivos. Os descritivos podem ser baseados em sintomas ou em síndromes. Ambas as edições da *Classificação Internacional das Cefaléias* são etiológicas para as cefaléias secundárias e baseadas em sintomas para cefaléias primárias. Se o curso ou a evolução das cefaléias fosse levado em conta, haveria tanta informação disponível que o diagnóstico de migrânea, por exemplo, possibilitaria traçar um prognóstico para cada paciente em particular. O fato é que a evolução das cefaléias primárias não pode ser prevista. Alguns pacientes irão piorar e seus sintomas tornar-se-ão crônicos, outros terão alívio de sua cefaléia primária e outros, ainda, permanecerão na mesma por décadas.

É uma tarefa importante para o futuro formular fatores prognósticos e outras características que tornem possível classificar subtipos da migrânea e cefaléia do tipo tensional. Por algum tempo pareceu que a 3.1.2 *Cefaléia em salvas crônica* poderia ser subdividida em forma de *instalação crônica* e *evoluída da episódica*, mas aí se verificou que muitos pacientes com cefaléia em salvas crônica reverteram para 3.1.1 *Cefaléia em salvas episódica*. Portanto, muitos padrões diferentes de evolução parecem estar se cruzando. O mesmo é verdade para a migrânea, de acordo com os estudos longitudinais de Bille e outros. Por essas razões, a história da evolução não pode ser classificada até que estudos mais completos sejam feitos sobre a evolução dos pacientes com migrânea.

Assim como a primeira edição, esta segunda edição da *Classificação* também classifica os pacientes de acordo com a fenomenologia de sua cefaléia. Para uso clínico, estudos com drogas e estudos fisiopatológicos significam que o paciente deve ter tido esse tipo de cefaléia no último ano e que provavelmente terá mais crises desse tipo no futuro. Para outros usos, particularmente estudos genéticos, estamos mais preocupados com a história por toda a vida do paciente. Assim, se o paciente teve crises de migrânea há 20 anos, mas ficou sem crises depois disso, o paciente ainda tem o fenótipo migranoso para um estudo genético. Esses princípios tornam possível para um paciente ter um diagnóstico em um determinado momento e outro diagnóstico anos depois. Também é possível e necessário dar aos pacientes mais do que um diagnóstico de cefaléia e até dois ou mais diagnósticos de migrânea.

Até agora, somente dois genes ligados à migrânea foram identificados. Eles são responsáveis apenas pela metade dos casos com a rara enfermidade 1.2.4 *Migrânea hemiplégica familiar*. Por isso, a genética não teve impacto significativo na segunda edição da *Classificação Internacional das Cefaléias*. É esperado, porém, que nos próximos dez anos a genética da migrânea seja elucidada. Isso irá, sem dúvida, alterar a forma de classificação das cefaléias, mas não é possível, no presente momento, dizer como serão essas modificações. Algumas enfermidades monogênicas serão, provavelmente, identificadas e será óbvio que nossos fenótipos clinicamente definidos revelar-se-ão heterogêneos. Por outro lado, mutações nos mesmos genes podem causar fenótipos bastante diferentes, como foi demonstrado recentemente em estudos com migrânea hemiplégica familiar. Portanto, a genética da migrânea pode simplesmente provar ser tão complexa que, na prática clínica diária, e talvez até certo ponto na pesquisa, continuaremos com os diagnósticos definidos clinicamente.

Uma classificação e seus critérios diagnósticos devem ser confiáveis, válidos e abrangentes. Por sorte, como foi discutido acima, a primeira edição da *Classificação* mostrou ter alto grau de confiabilidade e validade. Já foi provado, também, ser abrangente em vários estudos, desde estudos populacionais até clínicos. Acreditamos que a segunda edição é ainda mais confiável, válida e abrangente, mas somente futuras pesquisas poderão provar ou não essa nossa crença.

Como usar a classificação

Este extenso documento não é para ser decorado. Nem os membros do Subcomitê da Classificação conseguem lembrar todo seu conteúdo. É um documento a ser consultado várias e várias vezes. Dessa forma, você logo irá aprender os critérios diagnósticos para 1.1 *Migrânea sem aura*, 1.2 *Migrânea com aura*, a maioria dos subtipos do item 2. *Cefaléia do tipo tensional*, 3.1 *Cefaléia em salvas* e alguns outros. O restante será sempre algo a ser consultado. Na prática clínica você não necessita da classificação para os casos óbvios de migrânea ou cefaléia do tipo tensional, mas ela será útil quando o diagnóstico for incerto.

Para a pesquisa, a classificação é indispensável e cada paciente que entrar em um projeto de estudo, seja experimento com drogas, estudo fisiopatológico ou bioquímico, deve ter um diagnóstico que preencha os critérios estabelecidos.

1. Esta classificação é hierárquica e você deve decidir o quão detalhado quer fazer seu diagnóstico. Isso pode variar no nível do primeiro até o quarto dígitos. O primeiro dá uma noção grosseira sobre o grupo a que o paciente pertence. É, por exemplo: 1. Migrânea ou 2. Cefaléia do tipo tensional ou 3. Cefaléia em salvas e outras cefaléias trigêmino-autonômicas. A seguir, se obtêm informações, permitindo um diagnóstico mais detalhado. O detalhe desejado depende do propósito. Na prática clínica geral, apenas o primeiro e o segundo dígitos são empregados, enquanto, para os cefaliatras e nos centros terciários, é apropriado que se use até o terceiro ou quarto dígitos.

2. Os pacientes recebem um diagnóstico de acordo com o fenótipo da cefaléia que eles apresentam no momento ou que tenham apresentado no último ano. Para uso da genética e outros usos, é utilizada a ocorrência durante toda a vida.

3. Cada tipo distinto de cefaléia que o paciente relata deve ser, separadamente, diagnosticado e codificado. Assim, um paciente gravemente acometido pode receber vários diagnósticos diferentes e várias classificações: 1.1 Migrânea sem aura, 2.2 Cefaléia do tipo tensional episódica freqüente e 8.2 Cefaléia por abuso de medicação.

4. Quando um paciente recebe mais de um diagnóstico, eles devem ser listados de acordo com a importância relatada pelo paciente.

5. Se um tipo de cefaléia em um paciente em particular preenche igualmente dois critérios diagnósticos explícitos, então todas as outras informações disponíveis precisarão ser usadas para decidir qual alternativa é a correta ou a que mais se aproxima daquele diagnóstico. Isso pode incluir a história da cefaléia ao longo da vida do paciente (como a cefaléia começou?), a história familiar, o efeito das medicações, relação com menstruação, idade, sexo e uma gama de outros fatores. O preenchimento dos critérios diagnósticos para 1. Migrânea, 2. Cefaléia do tipo tensional ou 3. Cefaléia em salvas e outras cefaléias trigêmino-autonômicas, ou qualquer outro desses subtipos, sempre prevalece sobre o preenchimento de critérios para as categorias de diagnósticos prováveis de cada uma delas, as quais são descritas no final de cada grupo. Em outras palavras, um paciente que preencha critérios tanto para: 1.6 Migrânea provável e 2.1 Cefaléia do tipo tensional episódica infreqüente deve ser codificado pela última. Não obstante, considerações devem sempre ser feitas devido à possibilidade de algumas crises de cefaléia preencherem um conjunto de critérios e outras crises preencherem outro conjunto de critérios. Nesses casos, dois diagnósticos existem e os dois devem ser anotados.

6. Para receber um diagnóstico particular de cefaléia, o paciente deve, em muitos casos, apresentar um número mínimo de crises (ou dias) com aquele tipo de cefaléia. Esse número é especificado nos critérios diagnósticos explícitos de cada tipo, subtipo e subforma de cefaléia. A cefaléia deve ainda preencher um número de outros requisitos escritos dentro dos critérios sob letras: A, B, C etc. Alguns tópicos com letras são monotéticos, isto é, expressam um requisito único. Outros tópicos com letras são politéticos e requerem, por exemplo, duas dentre quatro características listadas.

7. Alguns tipos de cefaléia só permitem diagnóstico até o primeiro e segundo dígitos. Por isso, critérios diagnósticos até o terceiro ou quarto dígito demandam, como critério A, o preenchimento dos critérios para níveis 1 e/ou 2 e, no critério B e subseqüentes, especifica os demais critérios a serem preenchidos.

8. A freqüência das crises de cefaléias primárias varia de crises a cada um ou dois anos até crises diárias. A intensidade das crises também varia. A segunda edição da Classificação Internacional das Cefaléias não permite, geralmente, a classificação baseada na freqüência e intensidade das crises, mas recomenda que tanto freqüência como intensidade estejam especificadas em texto livre.

9. Cefaléia primária, secundária ou ambas: se uma nova cefaléia ocorre pela primeira vez em estreita relação temporal com outro transtorno que é reconhecido como uma causa de cefaléia, esta é classificada como uma cefaléia secundária ao outro transtorno. Isso permanece verdadeiro mesmo

quando a cefaléia tem características de migrânea, cefaléia do tipo tensional, cefaléia em salvas ou uma das outras cefaléias trigêmino-autonômicas. Quando uma cefaléia primária preexistente se agrava em estreita relação temporal com outro transtorno que é reconhecido como uma causa de cefaléia, há duas possibilidades e se requer discernimento. O paciente pode receber apenas o diagnóstico da cefaléia primária preexistente, ou pode receber ambos os diagnósticos, o da cefaléia primária e de cefaléia secundária ao outro transtorno. Os fatores que apóiam o acréscimo do diagnóstico de cefaléia secundária são: uma relação temporal muito estreita com o transtorno causador, uma piora acentuada da cefaléia primária, evidência muito boa de que o transtorno causador pode agravar a cefaléia primária da maneira observada e, finalmente, uma melhora ou o desaparecimento da cefaléia após a melhora do presumível transtorno causador.

10. Muitos pacientes com crises de cefaléia, preenchendo critérios diagnósticos explícitos, também têm crises que, embora similares, não satisfazem os critérios. Isso pode ser devido ao tratamento, falta de habilidade para detalhar os sintomas de forma precisa ou outros fatores. Peça ao paciente para descrever uma crise típica sem tratamento ou uma crise que não cessou com tratamento e certifique-se de que haja um número de crises suficiente para estabelecer o diagnóstico. Posteriormente, inclua as crises menos típicas quando descrever a freqüência das crises.

11. Quando há suspeita de que um paciente possui mais de um tipo de cefaléia, é altamente recomendado que se preencha o diário de dor, no qual, para cada episódio de cefaléia, as principais características da crise sejam anotadas. Foi demonstrado que o diário permite um diagnóstico mais apurado, bem como permite um julgamento mais preciso do consumo de medicação. Finalmente, o diário ensina o paciente a melhor distinguir os tipos ou subtipos de cefaléia, por exemplo: entre migrânea sem aura e cefaléia do tipo tensional episódica.

12. Em cada capítulo das cefaléias secundárias, as causas mais conhecidas e mais bem estabelecidas são mencionadas e os critérios para essas causas são dados. No entanto, em muitos capítulos, por exemplo, 9. Cefaléia atribuída a infecção, há um número quase infinito de etiologias. Para evitar uma lista muito longa, apenas as mais importantes são mencionadas. No exemplo, as causas mais raras estão sob o item 9.2.3 Cefaléia atribuída a outra infecção sistêmica. Esse mesmo sistema é usado em outros capítulos referentes a cefaléias secundárias.

13. O último critério para a maioria das cefaléias secundárias requer que a cefaléia melhore de forma significativa ou se resolva em um período específico após o alívio do distúrbio causal (através de tratamento ou remissão espontânea). Nesses casos, o preenchimento desses critérios é

parte essencial da evidência para uma relação causal. Muito freqüentemente, há necessidade de classificar esses pacientes antes de a doença ser tratada ou antes de o resultado do tratamento ser conhecido. Nesses casos, o diagnóstico deve ser Cefaléia provavelmente atribuída a [nome da patologia causal]. Assim que os resultados do tratamento são conhecidos, o diagnóstico se torna Cefaléia atribuída a [nome da patologia], ou o diagnóstico é trocado se não preencher os critérios.

14. Em alguns casos, tendo a cefaléia pós-traumática como um bom exemplo, ocorrem subformas crônicas de cefaléias. Nesses casos, a cefaléia aguda inicial pode persistir e a causa não é provada, nem excluída, pela duração da cefaléia em relação ao início do distúrbio causal nem pelo seu alívio. Em vez disso, o último critério distingue entre subformas agudas e crônicas, especificando a resolução da cefaléia dentro de um período de três meses (para a subforma aguda) ou com a permanência da cefaléia de base (na subforma crônica), além desse período, após a ocorrência, remissão ou cura do transtorno causal. No curso do distúrbio, o diagnóstico pode mudar após três meses para Cefaléia crônica atribuída a [nome da patologia]. No exemplo, 5.1 Cefaléia pós-traumática aguda muda para 5.2 Cefaléia pós-traumática crônica.

A maioria desses diagnósticos encontra-se no apêndice por falta de evidências suficientes para sua existência. Em geral não serão usados, mas estão lá para estimular pesquisas sobre critérios causais mais bem estabelecidos.

Classificação e Códigos OMS CID-10NA

Código IHS* CID-Cf-II	**Código OMS** CID-10NA	**Diagnóstico** [e código CID-10 etiológico para cefaléias secundárias]
1.	**[G43]**	**Migrânea**
1.1	[G43.0]	Migrânea sem aura
1.2	[G43.1]	Migrânea com aura
1.2.1	[G43.10]	Aura típica com cefaléia migranosa
1.2.2	[G43.10]	Aura típica com cefaléia não-migranosa
1.2.3	[G43.104]	Aura típica sem cefaléia
1.2.4	[G43.105]	Migrânea hemiplégica familiar (MHF)
1.2.5	[G43.105]	Migrânea hemiplégica esporádica
1.2.6	[G43.103]	Migrânea do tipo basilar
1.3	[G43.82]	Síndromes periódicas da infância comumente precursoras de migrânea
1.3.1	[G43.82]	Vômitos cíclicos
1.3.2	[G43.820]	Migrânea abdominal
1.3.3	[G43.821]	Vertigem paroxística benigna da infância
1.4	[G43.81]	Migrânea retiniana
1.5	[G43.3]	Complicações da migrânea
1.5.1	[G43.3]	Migrânea crônica
1.5.2	[G43.2]	Estado migranoso
1.5.3	[G43.3]	Aura persistente sem infarto
1.5.4	[G43.3]	Infarto migranoso
1.5.5	[G43.3]+ [G40.x ou G41.x][1]	Crise epiléptica desencadeada por migrânea
1.6	[G43.83]	Provável migrânea
1.6.1	[G43.83]	Provável migrânea sem aura
1.6.2	[G43.83]	Provável migrânea com aura
1.6.5	[G43.83]	Provável migrânea crônica
2.	**[G44.2]**	**Cefaléia do tipo tensional (CTT)**
2.1	[G44.2]	Cefaléia do tipo tensional episódica infreqüente
2.1.1	[G44.20]	Cefaléia do tipo tensional episódica infreqüente associada a dolorimento pericraniano
2.1.2	[G44.21]	Cefaléia do tipo tensional episódica infreqüente não-associada a dolorimento pericraniano
2.2	[G44.2]	Cefaléia do tipo tensional episódica freqüente
2.2.1	[G44.20]	Cefaléia do tipo tensional episódica freqüente associada a dolorimento pericraniano
2.2.2	[G44.21]	Cefaléia do tipo tensional episódica freqüente não-associada a dolorimento pericraniano
2.3	[G44.2]	Cefaléia do tipo tensional crônica
2.3.1	[G44.22]	Cefaléia do tipo tensional crônica associada a dolorimento pericraniano

* International Headache Society

1 O código adicional especifica o tipo de crise.

2.3.2	[G44.23]	Cefaléia do tipo tensional crônica não-associada a dolorimento pericraniano
2.4	[G44.28]	Provável cefaléia do tipo tensional
2.4.1	[G44.28]	Provável cefaléia do tipo tensional episódica infreqüente
2.4.2	[G44.28]	Provável cefaléia do tipo tensional episódica freqüente
2.4.3	[G44.28]	Provável cefaléia do tipo tensional crônica
3.	**[G44.0]**	**Cefaléia em salvas e outras cefaléias trigêmino-autonômicas**
3.1	[G44.0]	Cefaléia em salvas
3.1.1	[G44.01]	Cefaléia em salvas episódica
3.1.2	[G44.02]	Cefaléia em salvas crônica
3.2	[G44.03]	Hemicrania paroxística
3.2.1	[G44.03]	Hemicrania paroxística episódica
3.2.2	[G44.03]	Hemicrania paroxística crônica (HPC)
3.3	[G44.08]	Cefaléia de curta duração, unilateral, neuralgiforme com hiperemia conjuntival e lacrimejamento (*SUNCT*)
3.4	[G44.08]	Provável cefaléia trigêmino-autonômica
3.4.1	[G44.08]	Provável cefaléia em salvas
3.4.2	[G44.08]	Provável hemicrania paroxística
3.4.3	[G44.08]	Provável *SUNCT*
4.	**[G44.80]**	**Outras cefaléias primárias**
4.1	[G44.800]	Cefaléia primária em facada
4.2	[G44.803]	Cefaléia primária da tosse
4.3	[G44.804]	Cefaléia primária do esforço físico
4.4	[G44.805]	Cefaléia primária associada à atividade sexual
4.4.1	[G44.805]	Cefaléia pré-orgástica
4.4.2	[G44.805]	Cefaléia orgástica
4.5	[G44.80]	Cefaléia hípnica
4.6	[G44.80]	Cefaléia trovoada primária
4.7	[G44.80]	Hemicrania contínua
4.8	[G44.2]	Cefaléia persistente e diária desde o início (CPDI)
5.	**[G44.88]**	**Cefaléia atribuída a trauma cefálico e/ou cervical**
5.1	[G44.880]	Cefaléia pós-traumática aguda
5.1.1	[G44.880]	Cefaléia pós-traumática aguda atribuída a lesão cefálica moderada ou grave (S06)
5.1.2	[G44.880]	Cefaléia pós-traumática aguda atribuída a lesão cefálica leve (S09.9)
5.2	[G44.3]	Cefaléia pós-traumática crônica
5.2.1	[G44.30]	Cefaléia pós-traumática crônica atribuída a lesão cefálica moderada ou grave (S06)
5.2.2	[G44.31]	Cefaléia pós-traumática crônica atribuída a lesão cefálica leve (S09.9)
5.3	[G44.841]	Cefaléia aguda atribuída a lesão em chicotada (S13.4).

5.4	[G44.841]	Cefaléia crônica atribuída a lesão em chicotada (S13.4)
5.5	[G44.88]	Cefaléia atribuída a hematoma intracraniano traumático
5.5.1	[G44.88]	Cefaléia atribuída a hematoma epidural (S06.4)
5.5.2	[G44.88]	Cefaléia atribuída a hematoma subdural (S06.5)
5.6	[G44.88]	Cefaléia atribuída a outro trauma cefálico e/ou cervical (S06)
5.6.1	[G44.88]	Cefaléia aguda atribuída a outro trauma cefálico e/ou cervical (S06)
5.6.2	[G44.88]	Cefaléia crônica atribuída a outro trauma cefálico e/ou cervical (S06)
5.7	[G44.88]	Cefaléia pós-craniotomia
5.7.1	[G44.880]	Cefaléia aguda pós-craniotomia
5.7.2	[G44.30]	Cefaléia crônica pós-craniotomia
6.	**[G44.81]**	**Cefaléia atribuída a doença vascular craniana ou cervical**
6.1	[G44.810]	Cefaléia atribuída a acidente vascular cerebral isquêmico ou ataque isquêmico transitório
6.1.1	[G44.810]	Cefaléia atribuída a acidente vascular cerebral isquêmico (infarto cerebral) (I63)
6.1.2	[G44.810]	Cefaléia atribuída a ataque isquêmico transitório (AIT) (G45)
6.2	[G44.810]	Cefaléia atribuída a hemorragia intracraniana não-traumática (I62)
6.2.1	[G44.810]	Cefaléia atribuída a hemorragia intracerebral (I61)
6.2.2	[G44.810]	Cefaléia atribuída a hemorragia subaracnóidea (HSA) (I60)
6.3	[G44.811]	Cefaléia atribuída a malformação vascular não-rota (Q28)
6.3.1	[G44.811]	Cefaléia atribuída a aneurisma sacular (Q28.3)
6.3.2	[G44.811]	Cefaléia atribuída a malformação arteriovenosa (MAV) (Q28.2)
6.3.3	[G44.811]	Cefaléia atribuída a fístula arteriovenosa dural (I67.1)
6.3.4	[G44.811]	Cefaléia atribuída a angioma cavernoso (D18.0)
6.3.5	[G44.811]	Cefaléia atribuída a angiomatose encéfalo-trigeminal ou leptomeníngea (síndrome de Sturge-Weber) (Q85.8)
6.4	[G44.812]	Cefaléia atribuída a arterite (M31)
6.4.1	[G44.812]	Cefaléia atribuída a arterite de células gigantes (ACG) (M31.6)
6.4.2	[G44.812]	Cefaléia atribuída a angiite primária do sistema nervoso central (SNC) (I67.7)
6.4.3	[G44.812]	Cefaléia atribuída a angiite secundária do sistema nervoso central (SNC) (I68.2)
6.5	[G44.810]	Dor da artéria carótida ou vertebral (I63.0, I63.2, I 65.0 ou I67.0)

6.5.1	[G44.810]	Cefaléia ou dor cervical ou facial atribuída a dissecção arterial (I67.0)
6.5.2	[G44.814]	Cefaléia pós-endarterectomia (I97.8)
6.5.3	[G44.810]	Cefaléia da angioplastia carotídea
6.5.4	[G44.810]	Cefaléia atribuída a procedimentos endovasculares intracranianos
6.5.5	[G44.810]	Cefaléia da angiografia
6.6	[G44.810]	Cefaléia atribuída a trombose venosa cerebral (TVC) (I63.6)
6.7	[G44.81]	Cefaléia atribuída a outra doença vascular intracraniana
6.7.1	[G44.81]	Arteriopatia cerebral autossômica dominante com infartos subcorticais e leucoencefalopatia (*CADASIL*) (I67.8)
6.7.2	[G44.81]	Encefalopatia mitocondrial, acidose lática e episódios semelhantes a acidente vascular encefálico (*MELAS*) (G31.81)
6.7.3	[G44.81]	Cefaléia atribuída a angiopatia benigna do sistema nervoso central (I99)
6.7.4	[G44.81]	Cefaléia atribuída a apoplexia pituitária (E23.6)
7.	**[G44.82]**	**Cefaléia atribuída a transtorno intracraniano não-vascular**
7.1	[G44.820]	Cefaléia atribuída a hipertensão liquórica
7.1.1	[G44.820]	Cefaléia atribuída a hipertensão intracraniana idiopática (HII)
7.1.2	[G44.820]	Cefaléia atribuída a hipertensão intracraniana secundária a causas metabólica, tóxica ou hormonal
7.1.3	[G44.820] [G91.8]	Cefaléia atribuída a hipertensão intracraniana secundária a hidrocefalia.
7.2	[G44.820]	Cefaléia atribuída a hipotensão liquórica
7.2.1	[G44.820]	Cefaléia pós-punção dural (G97.0)
7.2.2	[G44.820]	Cefaléia por fístula liquórica (G96.0)
7.2.3	[G44.820]	Cefaléia atribuída a hipotensão liquórica espontânea (ou idiopática)
7.3	[G44.82]	Cefaléia atribuída a doença inflamatória não-infecciosa
7.3.1	[G44.823]	Cefaléia atribuída a neurossarcoidose (D86.8)
7.3.2	[G44.823]	Cefaléia atribuída a meningite asséptica (não-infecciosa) [codificar para especificar a etiologia]
7.3.3	[G44.823]	Cefaléia atribuída a outra doença inflamatória não-infecciosa [codificar para especificar a etiologia]
7.3.4	[G44.82]	Cefaléia atribuída a hipofisite linfocítica (E23.6)
7.4	[G44.822]	Cefaléia atribuída a neoplasia intracraniana
7.4.1	[G44.822]	Cefaléia atribuída a hipertensão intracraniana ou hidrocefalia causada por neoplasia [codificar para especificar a neoplasia]
7.4.2	[G44.822]	Cefaléia atribuída diretamente a neoplasia [codificar para especificar a neoplasia]

7.4.3 [G44.822] Cefaléia atribuída a meningite carcinomatosa [C79.3]

7.4.4 [G44.822 Cefaléia atribuída a hiper ou hipossecreção hipotalâmica ou hipofisária [E23.0]

7.5 [G44.824] Cefaléia atribuída a injeção intratecal [G97.8]

7.6 [G44.82] Cefaléia atribuída a crise epiléptica [G40.x ou G41.x para especificar o tipo de crise]

7.6.1 [G44.82] Hemicrania epiléptica [G40.x ou G41.x para especificar o tipo de crise]

7.6.2 [G44.82] Cefaléia pós-crise epiléptica [G40.x ou G41.x para especificar o tipo de crise]

7.7 [G44.82] Cefaléia atribuída a malformação de Chiari tipo I (MC1) [Q07.0]

7.8 [G44.82] Síndrome de cefaléia e déficits neurológicos transitórios com linfocitose liquórica (CDNL)

7.9 [G44.82] Cefaléia atribuída a outro transtorno não-vascular intracraniano

8. [G44.4 ou G44.83] Cefaléia atribuída a uma substância[2] ou a sua supressão

8.1 [G44.40] Cefaléia induzida pelo uso ou exposição aguda a substância

8.1.1 [G44.400] Cefaléia induzida por doador de óxido nítrico (NO) [X44]

8.1.1.1 [G44.400] Cefaléia imediata induzida por doador de NO

8.1.1.2 [G44.400] Cefaléia tardia induzida por doador de NO

8.1.2 [G44.40] Cefaléia induzida por inibidor da fosfodiesterase (FDE) [X44]

8.1.3 [G44.402] Cefaléia induzida por monóxido de carbono [X47]

8.1.4 [G44.83] Cefaléia induzida por álcool [F10]

8.1.4.1 [G44.83] Cefaléia imediata induzida por álcool [F10]

8.1.4.2 [G44.83] Cefaléia tardia induzida por álcool [F10]

8.1.5 [G44.4] Cefaléia induzida por componentes alimentares e aditivos

8.1.5.1 [G44.401] Cefaléia induzida por glutamato monossódico [X47]

8.1.6 [G44.83] Cefaléia induzida por cocaína [F14]

8.1.7 [G44.83] Cefaléia induzida por maconha [F12]

8.1.8 [G44.83] Cefaléia induzida por histamina [X44]

8.1.8.1 [G44.40] Cefaléia imediata induzida por histamina [X44]

8.1.8.2 [G44.40] Cefaléia tardia induzida por histamina [X44]

---

2 Na CID-10, as substâncias estão classificadas conforme a presença ou ausência da propriedade de produzir dependência. As cefaléias associadas a substâncias psicoativas (que produzem dependência) estão classificadas em G44.83 com um código adicional para indicar a natureza do transtorno relacionado ao uso da substância, por exemplo: intoxicação [F1x0], dependência [F1x2], abstinência [F1x3], etc. O 3º caractere pode ser usado para indicar a substância específica envolvida, por exemplo F10 para álcool, F15 para cafeína, etc. O abuso de substâncias que não produzem dependência está classificado em F55, com um 4º caractere para indicar a substância, por exemplo, F55.2 abuso de analgésicos. As cefaléias relacionadas a substâncias que não produzem dependência estão classificadas em G44.4.

8.1.9	[G44.40]	Cefaléia induzida por peptídeo relacionado com o gene da calcitonina (CGRP) [X44]
8.1.9.1	[G44.40]	Cefaléia imediata induzida por CGRP [X44]
8.1.9.2	[G44.40]	Cefaléia tardia induzida por CGRP [X44]
8.1.10	[G44.41]	Cefaléia como efeito adverso agudo atribuído a medicação usada para outras indicações [codificar para especificar a substância]
8.1.11	[G44.4 ou G44.83]	Cefaléia induzida pelo uso ou exposição aguda a outra substância [codificar para especificar a substância]
8.2	[G44.41 ou G44.83]	Cefaléia por uso excessivo de medicação (CEM)
8.2.1	[G44.411]	Cefaléia por uso excessivo de ergotamina [Y52.5]
8.2.2	[G44.41]	Cefaléia por uso excessivo de triptanos
8.2.3	[G44.410]	Cefaléia por uso excessivo de analgésicos [F55.2]
8.2.4	[G44.83]	Cefaléia por uso excessivo de opióides [F11.2]
8.2.5	[G44.410]	Cefaléia por uso excessivo de combinação de medicamentos [F55.2]
8.2.6	[G44.410]	Cefaléia atribuída ao uso excessivo de outra medicação [codificar para especificar a substância]
8.2.7	[G44.41 ou G44.83]	Provável cefaléia por uso excessivo de medicação [codificar para especificar a substância]
8.3	[G44.4]	Cefaléia como efeito adverso atribuído ao uso crônico de medicação [codificar para especificar a substância]
8.3.1	[G44.418]	Cefaléia induzida por hormônio exógeno [Y42.4]
8.4	[G44.83]	Cefaléia atribuída a supressão de substância
8.4.1	[G44.83]	Cefaléia da supressão de cafeína [F15.3]
8.4.2	[G44.83]	Cefaléia da supressão de opióides [F11.3]
8.4.3	[G44.83]	Cefaléia da supressão de estrógenos [Y42.4]
8.4.4	[G44.83]	Cefaléia atribuída a supressão de outras substâncias de uso crônico [codificar para especificar a substância]
9.		**Cefaléia atribuída a infecção**
9.1	[G44.821]	Cefaléia atribuída a infecção intracraniana [G00-G09]
9.1.1	[G44.821]	Cefaléia atribuída a meningite bacteriana [G00.9]
9.1.2	[G44.821]	Cefaléia atribuída a meningite linfocitária [G03.9]
9.1.3	[G44.821]	Cefaléia atribuída a encefalite [G04.9]
9.1.4	[G44.821]	Cefaléia atribuída a abscesso cerebral [G06.0]
9.1.5	[G44.821]	Cefaléia atribuída a empiema subdural [G06.2]
9.2	[G44.881]	Cefaléia atribuída a infecção sistêmica [A00-897]
9.2.1	[G44.881]	Cefaléia atribuída a infecção sistêmica bacteriana [codificar para especificar a etiologia]
9.2.2	[G44.881]	Cefaléia atribuída a infecção sistêmica viral [codificar para especificar a etiologia]

9.2.3	[G44.881]	Cefaléia atribuída a outra infecção sistêmica [codificar para especificar a etiologia]
9.3	[G44.821]	Cefaléia atribuída ao HIV/AIDS [B22]
9.4	[G44.821 ou G44.881]	Cefaléia crônica pós-infecção [codificar para especificar a etiologia]
9.4.1	[G44.821]	Cefaléia crônica pós-meningite bacteriana [G00.9]
10.	**[G44.882]**	**Cefaléia atribuída a transtorno da homeostase**
10.1	[G44.882]	Cefaléia atribuída a hipóxia e/ou hipercapnia
10.1.1	[G44.882]	Cefaléia das grandes altitudes [W94]
10.1.2	[G44.882]	Cefaléia do mergulho
10.1.3	[G44.882]	Cefaléia da apnéia do sono [G47.3]
10.2	[G44.882]	Cefaléia da diálise [Y84.1]
10.3	[G44.813]	Cefaléia atribuída a hipertensão arterial [I10]
10.3.1	[G44.813]	Cefaléia atribuída a feocromocitoma [D35.0 (benigno) ou C74.1 (maligno)]
10.3.2	[G44.813]	Cefaléia atribuída a crise hipertensiva sem encefalopatia hipertensiva [I10]
10.3.3	[G44.813]	Cefaléia atribuída a encefalopatia hipertensiva [I67.4]
10.3.4	[G44.813]	Cefaléia atribuída a pré-eclâmpsia [O13-O14]
10.3.5	[G44.813]	Cefaléia atribuída a eclâmpsia [O15]
10.3.6	[G44.813]	Cefaléia atribuída a resposta pressórica aguda a um agente exógeno [codificar para especificar a etiologia]
10.4	[G44.882]	Cefaléia atribuída ao hipotireoidismo [E03.9]
10.5	[G44.882]	Cefaléia atribuída ao jejum [T73.0]
10.6	[G44.882]	Cefaléia cardíaca [codificar para especificar a etiologia]
10.7	[G44.882]	Cefaléia atribuída a outro transtorno da homeostase [codificar para especificar a etiologia]
11.	**[G44.84]**	**Cefaléia ou dor facial atribuída a transtorno do crânio, pescoço, olhos, ouvidos, nariz, seios da face, dentes, boca ou outras estruturas faciais ou cranianas**
11.1	[G44.840]	Cefaléia atribuída a transtorno de osso craniano [M80-M89.8]
11.2	[G44.841]	Cefaléia atribuída a transtorno do pescoço [M99]
11.2.1	[G44.841]	Cefaléia cervicogênica [M99]
11.2.2	[G44.842]	Cefaléia atribuída a tendinite retrofaríngea [M79.8]
11.2.3	[G44.841]	Cefaléia atribuída a distonia craniocervical [G24]
11.3	[G44.843]	Cefaléia atribuída a transtorno dos olhos
11.3.1	[G44.843]	Cefaléia atribuída a glaucoma agudo [H40]
11.3.2	[G44.843]	Cefaléia atribuída a erros de refração [H52]

11.3.3	[G44.843]	Cefaléia atribuída a heteroforia ou heterotropia (estrabismo latente ou manifesto) [H50.5]
11.3.4	[G44.843]	Cefaléia atribuída a inflamação ocular [codificar para especificar a etiologia]
11.4	[G44.844]	Cefaléia atribuída a transtorno dos ouvidos [H60-H95]
11.5	[G44.845]	Cefaléia atribuída a rinossinusite [J01]
11.6	[G44.846]	Cefaléia atribuída a transtorno dos dentes, mandíbula ou estruturas relacionadas [K00-K14]
11.7	[G44.846]	Cefaléia ou dor facial atribuída a transtorno da articulação temporomandibular (ATM) [K07.8]
11.8	[G44.84]	Cefaléia atribuída a outro transtorno do crânio, pescoço, olhos, ouvidos, nariz, seios da face, dentes, boca ou outras estruturas faciais ou cervicais [codificar para especificar a etiologia]
12.	**[R51]**	**Cefaléia atribuída a transtorno psiquiátrico**
12.1	[R51]	Cefaléia atribuída a transtorno de somatização
12.2	[R51]	Cefaléia atribuída a transtorno psicótico [codificar para especificar a etiologia]
13.	**[G44.847, G44.848 ou G44.85]**	**Neuralgias cranianas e causas centrais de dor facial**
13.1	[G44.847]	Neuralgia do trigêmeo
13.1.1	[G44.847]	Neuralgia clássica do trigêmeo [G50.00]
13.1.2	[G44.847]	Neuralgia sintomática do trigêmeo [G53.00]+[codificar para especificar a etiologia]
13.2	[G44.847]	Neuralgia do glossofaríngeo
13.2.1	[G44.847]	Neuralgia clássica do glossofaríngeo [G52.10]
13.2.2	[G44.847]	Neuralgia sintomática do glossofaríngeo [G53.830]+[codificar para especificar etiologia]
13.3	[G44.847]	Neuralgia do intermédio [G51.80]
13.4	[G44.847]	Neuralgia do laríngeo superior [G52.20]
13.5	[G44.847]	Neuralgia do nasociliar [G52.80]
13.6	[G44.847]	Neuralgia do supra-orbitário [G52.80]
13.7	[G44.847]	Outras neuralgias de ramos terminais [G52.80]
13.8	[G44.847]	Neuralgia do occipital [G52.80]
13.9	[G44.851]	Síndrome pescoço-língua
13.10	[G44.801]	Cefaléia por compressão externa
13.11	[G44.802]	Cefaléia por estímulo frio
13.11.1	[G44.8020]	Cefaléia atribuída a aplicação externa de estímulo frio
13.11.2	[G44.8021]	Cefaléia atribuída a ingestão ou inalação de estímulo frio

13.12	[G44.848]	Dor constante causada por compressão, irritação ou distensão de nervos cranianos ou raízes cervicais superiores por lesão estrutural [G53.8]+[codificar para especificar a etiologia]
13.13	[G44.848]	Neurite óptica [H46]
13.14	[G44.848]	Neuropatia ocular diabética [E10-E14]
13.15	[G44.881 ou G44.847]	Dor facial ou cefálica atribuída ao herpes-zóster
13.15.1	[G44.881]	Dor facial ou cefálica atribuída ao herpes-zóster agudo [B02.2]
13.15.2	[G44.847]	Neuralgia pós-herpética [B02.2]
13.16	[G44.850]	Síndrome de Tolosa-Hunt
13.17	[G43.80]	"Migrânea" oftalmoplégica
13.18	[G44.810 ou G44.847]	Causas centrais de dor facial
13.18.1	[G44.847]	Anestesia dolorosa [G52.800]+[codificar para especificar a etiologia]
13.18.2	[G44.810]	Dor central pós-acidente vascular encefálico [G46.21]
13.18.3	[G44.847]	Dor facial atribuída a esclerose múltipla [G35]
13.18.4	[G44.847]	Dor facial idiopática persistente [G50.1]
13.18.5	[G44.847]	Síndrome da ardência bucal [codificar para especificar a etiologia]
13.19	[G44.847]	Outra neuralgia craniana ou outra dor facial centralmente mediada [codificar para especificar etiologia]
14.	**[R51]**	**Outra cefaléia, neuralgia craniana e dor facial central ou primária**
14.1	[R51]	Cefaléia não classificada em outro local
14.2	[R51]	Cefaléia não especificada

• Parte 1 •

Cefaléias Primárias

1. Migrânea
2. Cefaléia do tipo tensional
3. Cefaléia em salvas e outras cefaléias trigêmino-autonômicas
4. Outras cefaléias primárias

1. Migrânea

1.1	Migrânea sem aura
1.2	Migrânea com aura
1.2.1	Aura típica com cefaléia migranosa
1.2.2	Aura típica com cefaléia não-migranosa
1.2.3	Aura típica sem cefaléia
1.2.4	Migrânea hemiplégica familiar (MHF)
1.2.5	Migrânea hemiplégica esporádica
1.2.6	Migrânea do tipo basilar
1.3	Síndromes periódicas da infância comumente precursoras de migrânea
1.3.1	Vômitos cíclicos
1.3.2	Migrânea abdominal
1.3.3	Vertigem paroxística benigna da infância
1.4	Migrânea retiniana
1.5	Complicações da migrânea
1.5.1	Migrânea crônica
1.5.2	Estado migranoso
1.5.3	Aura persistente sem infarto
1.5.4	Infarto migranoso
1.5.5	Crise epiléptica desencadeada por migrânea
1.6	Provável migrânea
1.6.1	Provável migrânea sem aura
1.6.2	Provável migrânea com aura
1.6.5	Provável migrânea crônica

Classificado em outro lugar

Uma cefaléia migrânea-símile secundária a outro transtorno (*migrânea sintomática*) é classificada de acordo com o transtorno.

Comentário Geral

Cefaléia primária, secundária ou ambas?

Quando uma cefaléia com características de migrânea ocorre pela primeira vez em estreita relação temporal com um outro transtorno que é uma causa reconhecida de cefaléia, ela é classificada como uma cefaléia secundária a esse transtorno. Quando uma migrânea preexistente piora em estreita relação temporal com um outro transtorno que é uma causa reconhecida de cefaléia, há duas possibilidades e é necessário discernimento. O paciente pode receber somente o diagnóstico de migrânea ou pode receber ambos os diagnósticos, o de migrânea e o de uma cefaléia secundária ao outro transtorno. Os fatores que apóiam o acréscimo do último diagnóstico são: uma relação temporal muito estreita com o transtorno; piora acentuada da migrânea; evidência muito clara de que o transtorno possa causar ou agravar a migrânea; e a melhora ou o desaparecimento da migrânea após o alívio do transtorno.

Introdução

A migrânea é uma cefaléia primária comum e incapacitante. Os estudos epidemiológicos têm documentado sua elevada prevalência, bem como seu impacto socioeconômico e pessoal. A migrânea figura no *ranking* da Organização Mundial de Saúde na 19ª posição mundial entre todas as doenças causadoras de incapacidade.

A migrânea pode ser dividida em dois subtipos principais. A 1.1 *Migrânea sem aura* é uma síndrome clínica caracterizada por cefaléia com características específicas e sintomas associados. A 1.2 *Migrânea com aura* é primariamente caracterizada pelos sintomas neurológicos focais que normalmente precedem ou, às vezes, acompanham a cefaléia. Alguns pacientes também experimentam uma fase premonitória, antecedendo em horas ou dias o aparecimento da cefaléia, e uma fase de resolução da cefaléia. Os sintomas premonitórios e de resolução incluem hiperatividade, hipoatividade, depressão, apetite específico para determinados alimentos, bocejos repetidos e outros sintomas inespecíficos relatados por alguns pacientes.

Quando um paciente preenche os critérios para mais de um subtipo de migrânea, todos os subtipos devem ser diagnosticados e codificados. Por exemplo, um paciente que tem crises freqüentes com aura, mas também algumas crises sem aura, deve ser codificado como 1.2 *Migrânea com aura* e 1.1 *Migrânea sem aura.*

1.1 Migrânea sem aura

Termos previamente utilizados

Migrânea comum, hemicrania simples.

Descrição

Cefaléia recorrente manifestando-se em crises que duram de 4 a 72 horas.

As características típicas da cefaléia são: localização unilateral; caráter pulsátil; intensidade moderada ou forte; exacerbação por atividade física rotineira e associação com náusea e/ou fotofobia e fonofobia.

Critérios diagnósticos

A. Pelo menos 5 crises[1] preenchendo os critérios de B a D
B Cefaléia durando de 4 a 72 horas (sem tratamento ou com tratamento ineficaz)[2-4]

C A cefaléia preenche ao menos duas das seguintes características:
1. localização unilateral[5,6]
2. caráter pulsátil[7]
3. intensidade moderada ou forte
4. exacerbada por ou levando o indivíduo a evitar atividades físicas rotineiras (por exemplo: caminhar ou subir escada)

D. Durante a cefaléia, pelo menos um dos seguintes:
1. náusea e/ou vômitos
2. fotofobia e fonofobia[8]

E. Não atribuída a outro transtorno[9]

Notas

1. A diferenciação entre a 1.1 *Migrânea sem aura* e a 2.1 *Cefaléia do tipo tensional episódica infreqüente* pode ser difícil. Por esse motivo, pelo menos cinco crises são requeridas. Indivíduos que preenchem os critérios para a 1.1 *Migrânea sem aura*, mas tiveram menos do que cinco crises devem ser codificados como 1.6.1 *Provável migrânea sem aura*.
2. Quando o paciente adormece durante a crise de migrânea e acorda sem a mesma, considera-se a duração da crise como sendo até o momento do despertar.
3. Em crianças, as crises podem durar de 1 a 72 horas (embora a evidência de duração menor do que duas horas em crises não-tratadas em crianças ainda requeira confirmação através de estudo prospectivo com diário).
4. Quando as crises ocorrem em^3 15 dias/mês durante mais de três meses, codificar como 1.1. *Migrânea sem aura* e como 1.5.1 *Migrânea crônica*.
5. A cefaléia da migrânea é geralmente bilateral em crianças; um padrão semelhante ao do adulto, com dor unilateral, geralmente emerge ao final da adolescência ou início da vida adulta.
6. A cefaléia da migrânea é geralmente frontotemporal. Em crianças, a cefaléia occipital, seja unilateral ou bilateral, é rara e requer cautela no diagnóstico; muitos casos são atribuíveis a lesões estruturais.
7. Pulsátil significa latejante ou variando com os batimentos cardíacos.
8. Em crianças pequenas, a fotofobia e a fonofobia devem ser inferidas através do comportamento das mesmas.
9. A história e os exames físico e neurológico não sugerem nenhum transtorno dentre os listados nos grupos de cinco a 12, ou a história e/ou os exames físico e/ou neurológico sugerem tal transtorno, mas este é excluído através de investigação apropriada, ou tal transtorno está presente, mas as crises não ocorrem pela primeira vez em estreita relação temporal com o transtorno.

Comentários

A 1.1 *Migrânea sem aura* é o subtipo mais comum de migrânea. Tem uma freqüência de crises maior e geralmente é mais incapacitante do que a 1.2 *Migrânea com aura*.

A migrânea sem aura freqüentemente tem uma estreita relação com a menstruação. Em contraste com a primeira edição da Classificação Internacional das Cefaléias, esta edição estabelece critérios para a A1.1.1 *Migrânea menstrual pura* e para a A1.1.2 *Migrânea relacionada com a menstruação*, mas no apêndice, devido a incertezas sobre se elas deveriam ser consideradas entidades separadas.

As crises muito freqüentes de migrânea são agora distinguidas como 1.5.1 *Migrânea crônica*, contanto que não haja abuso de medicamentos. A migrânea sem aura é a doença mais propensa a cronificar com o uso freqüente de medicamento sintomático, resultando em uma nova cefaléia, que é codificada como 8.2 *Cefaléia por uso excessivo de medicamento.*

Durante as crises de migrânea sem aura, o fluxo sangüíneo cerebral regional não revela quaisquer alterações sugestivas da depressão cortical alastrante, não obstante possam ocorrer modificações do fluxo sangüíneo no tronco encefálico e alterações corticais secundárias à ativação pela dor. Isto contrasta com a oligoemia alastrante, patognomônica da migrânea com aura. Tudo indica que a depressão cortical alastrante não esteja envolvida com a migrânea sem aura. Por outro lado, os mensageiros moleculares óxido nítrico (NO) e peptídeo relacionado com o gene da calcitonina (CGRP) estão claramente envolvidos. Embora essa doença tenha sido inicialmente considerada primariamente vascular, a importância da sensibilização das terminações nervosas perivasculares e a possibilidade de que as crises possam ter início no sistema nervoso central receberam crescente atenção nas últimas décadas. Ao mesmo tempo, o circuito da dor da migrânea e vários aspectos da neurotransmissão relacionados a este sistema foram reconhecidos. O advento dos triptanos, agonistas dos receptores 5HT1B/D, foi uma contribuição significativa. Essas drogas apresentam eficácia notável no tratamento das crises de migrânea e, devido à sua alta especificidade por receptores, seu mecanismo de ação propiciou uma nova compreensão acerca dos mecanismos da migrânea. Está claro, no momento, que a migrânea sem aura é um transtorno neurobiológico e a ciência, tanto clínica, quanto básica, propicia avanços crescentes em nosso conhecimento a respeito dos mecanismos da migrânea.

1.2 Migrânea com aura

Termos previamente utilizados

Migrânea clássica, oftálmica, migrânea hemiparestésica, hemiplégica ou afásica, migrânea acompanhada, migrânea complicada.

Classificada em outro lugar
13.17 "Migrânea" oftalmoplégica.

Descrição
Transtorno recorrente que se manifesta na forma de crises de sintomas neurológicos focais reversíveis que geralmente se desenvolvem gradualmente em 5 a 20 minutos e que duram menos de 60 minutos. Uma cefaléia com características de migrânea sem aura geralmente sucede os sintomas da aura. Menos comumente faltam à cefaléia as características da migrânea ou esta encontra-se completamente ausente.

Critérios diagnósticos
A. Pelo menos 2 crises preenchendo o critério B
B. Aura de migrânea preenchendo os critérios B e C para uma das subformas 1.2.1 a 1.2.6
C. Não atribuída a outro transtorno[1]

Nota
1. A história e os exames físico e neurológico não sugerem nenhum transtorno dentre os listados nos grupos de 5 a 12, ou a história e/ou os exames físico e/ ou neurológico sugerem tal transtorno, mas este é excluído através de investigação apropriada, ou tal transtorno está presente, mas as crises não ocorrem pela primeira vez em estreita relação temporal com o transtorno.

Comentários
A aura é o complexo de sintomas neurológicos que acontece imediatamente antes ou no início da cefaléia da migrânea. A maioria dos pacientes com migrânea tem exclusivamente crises sem aura. Muitos pacientes que têm crises com aura freqüentemente, também apresentam crises sem aura (codificar como 1.2 *Migrânea com aura* e 1.1 *Migrânea sem aura*).

Os sintomas premonitórios acontecem de horas a um ou dois dias antes de uma crise de migrânea (com ou sem aura). Incluem várias combinações de fadiga, dificuldade de concentração, rigidez do pescoço, foto ou fonofobia, náusea, visão borrada, bocejos e palidez. Os termos pródromo e sinais de alerta devem ser evitados por serem muitas vezes erroneamente utilizados para incluir a aura.

A maioria das auras de migrânea está associada a cefaléia que preenche os critérios para a 1.1 *Migrânea sem aura*. Por isto, a entidade 1.2.1 *Aura típica com cefaléia migranosa* foi individualizada adiante. A aura de migrânea está, às vezes, associada a cefaléia que não preenche os critérios para migrânea sem aura e, em outros casos, a aura pode ocorrer sem cefaléia. Estes dois subtipos também são agora distinguidos.

Aura com características similares tem sido descrita em associação com outras cefaléias bem definidas, incluindo cefaléia em salvas; as relações entre aura e cefaléia ainda não são completamente compreendidas.

Antes de, ou simultaneamente com o início dos sintomas da aura, ocorre diminuição do fluxo sangüíneo cerebral em regiões corticais que correspondem clinicamente à área afetada e, freqüentemente, a uma área maior. A redução do fluxo normalmente inicia-se posteriormente e expande-se anteriormente, geralmente acima do limiar de isquemia. Após uma a várias horas, ocorre transição gradual para hiperemia na mesma região. A depressão alastrante de Leão tem sido implicada.

Os estudos sistemáticos demonstraram que muitos pacientes com auras visuais ocasionalmente apresentam sintomas nas extremidades. Reciprocamente, pacientes com sintomas nas extremidades quase sempre apresentam aura visual. Assim, uma distinção entre migrânea com aura visual e migrânea hemiparestésica é provavelmente artificial, não sendo reconhecida nesta classificação. Os pacientes com paresia são classificados separadamente por causa da forma com herança de caráter dominante 1.2.4 *Migrânea hemiplégica familiar*, e por causa de diferenças clínicas. A relação genética entre a migrânea com aura e a migrânea hemiplégica familiar não foi estabelecida.

As síndromes previamente definidas migrânea com aura prolongada e migrânea com início agudo da aura foram abandonadas. A grande maioria de pacientes com tais crises tem outras crises que preenchem os critérios para uma das subformas da 1.2 *Migrânea com aura* e devem ser codificados com aqueles diagnósticos. O restante deve ser codificado como 1.6.2 *Provável migrânea com aura*, especificando a característica atípica (aura prolongada ou aura de início agudo) entre parênteses.

1.2.1 Aura típica com cefaléia migranosa

Descrição

Aura típica consistindo em sintomas visuais e/ou sensitivos e/ou da fala. A evolução gradual, a duração menor do que uma hora, uma mistura de características positivas e negativas e a completa reversibilidade caracterizam a aura, que se associa a uma cefaléia que preenche os critérios para 1.1 *Migrânea sem aura*.

Critérios diagnósticos

A. Pelo menos 2 crises preenchendo os critérios de B a D
B. Aura consistindo em pelo menos um dos seguintes, mas sem nenhuma paresia:
   1. Sintomas visuais completamente reversíveis, incluindo características positivas (*p.ex.*, luzes tremulantes, manchas ou linhas) e/ou características negativas (*i.e.*, perda de visão)
   2. Sintomas sensitivos completamente reversíveis, incluindo características positivas (i.e., formigamento) e/ou características negativas (i.e., dormência)
   3. Disfasia completamente reversível

C. Pelo menos dois dos seguintes:
   1. Sintomas visuais homônimos[1] e/ou sintomas sensitivos unilaterais
   2. Pelo menos um sintoma de aura desenvolve-se gradualmente em ≥ 5 minutos e/ou diferentes sintomas de aura ocorrem em sucessão em ≥ 5 minutos
   3. Cada sintoma dura ≥ 5 minutos e ≤ 60 minutos
D. Cefaléia preenchendo os critérios de B a D para *1.1 Migrânea sem aura* começa durante a aura ou a sucede com intervalo de até 60 minutos
E. Não atribuída a outro transtorno[2]

Notas

1. Podem ocorrer perda ou borramento adicional da visão central.
2. A história e os exames físico e neurológico não sugerem nenhum transtorno dentre os listados nos grupos de 5 a 12, ou a história e/ou os exames físico e/ou neurológico sugerem tal transtorno, mas este é excluído através de investigação apropriada, ou tal transtorno está presente, mas as crises não ocorrem pela primeira vez em estreita relação temporal com o transtorno.

Comentários

Esta é a síndrome de migrânea mais freqüentemente associada à aura. O diagnóstico é geralmente evidente após uma história cuidadosa, embora existam raros simuladores secundários, incluindo a dissecção de carótida, malformação arteriovenosa e crise epiléptica.

A aura visual é o tipo mais comum de aura, freqüentemente apresentando-se como espectro de fortificação, i.e., uma figura em ziguezague perto do ponto de fixação que pode expandir-se para a direita ou a esquerda e assume uma forma lateralmente convexa com uma borda cintilante angulada deixando graus variáveis de escotoma total ou relativo em seu rastro. Em outros casos, um escotoma sem fenômenos positivos pode acontecer; este é percebido freqüentemente como sendo de início agudo, mas, numa análise minuciosa, geralmente aumenta gradativamente. A seguir, em freqüência, estão os distúrbios sensitivos na forma de formigamento que se movem lentamente a partir do ponto de origem, afetando uma parte maior ou menor de um lado do corpo e da face. Um adormecimento pode ocorrer a seguir, ou pode ser o único sintoma. Menos freqüentes são as perturbações da fala, normalmente disfásicas, mas freqüentemente difíceis de classificar. Se a aura inclui paresia, codificar como 1.2.4 *Migrânea hemiplégica familiar* ou 1.2.5 *Migrânea hemiplégica esporádica*.

Os sintomas geralmente sucedem-se um ao outro, começando com a alteração visual, seguindo-se dos sintomas sensitivos e da disfasia, mas a ordem inversa e outras foram observadas. Os pacientes freqüentemente consideram difícil descrever seus sintomas; nesses casos eles devem ser instruídos a cronometrálos e registrá-los. Depois de tal observação prospectiva, o quadro clínico freqüentemente se torna mais claro. Erros comuns são relatos incorretos de lateralização da cefaléia, de começo súbito quando é gradual e de perturbações visuais monoculares quando são homônimos, como também duração incorreta da aura e se confundir entre perda sensitiva e fraqueza. Depois de uma consulta inicial, o uso de um diário da aura pode esclarecer o diagnóstico.

1.2.2 Aura típica com cefaléia não-migranosa

Descrição

Aura típica que consiste em sintomas visuais e/ou sensoriais e/ou da fala. O desenvolvimento gradual, a duração menor do que uma hora, uma mistura de características positivas e negativas e a completa reversibilidade caracterizam a aura, que se associa a uma cefaléia que não preenche os critérios para a 1.1 *Migrânea sem aura.*

Critérios diagnósticos

A. Pelo menos 2 crises preenchendo os critérios de B a D
B. Aura consistindo em pelo menos um dos seguintes, mas sem nenhuma paresia:
   1. Sintomas visuais completamente reversíveis, incluindo características positivas (*p.ex.*, luzes tremulantes, manchas ou linhas) e/ou características negativas (i.e., perda de visão)
   2. Sintomas sensitivos completamente reversíveis, incluindo características positivas (i.e., formigamento) e/ou características negativas (i.e., adormecimento)
   3. Disfasia completamente reversível
C. Pelo menos dois dos seguintes:
   1. Sintomas visuais homônimos[1] e/ou sintomas sensitivos unilaterais
   2. Pelo menos um sintoma de aura desenvolve-se gradualmente em ≥ 5 minutos e/ou diferentes sintomas de aura ocorrem em sucessão em ≥ 5 minutos
   3. Cada sintoma dura ≥ 5 minutos e ≤ 60 minutos
D. Uma cefaléia que não preenche os critérios de B a D para 1.1 *Migrânea sem aura* começa durante a aura ou a sucede dentro de 60 minutos
E. Não atribuída a outro transtorno[2]

Notas

1. Podem ocorrer perda ou borramento adicional da visão central.
2. A história e os exames físico e neurológico não sugerem nenhum transtorno dentre os listados nos grupos de 5 a 12, ou a história e/ou os exames físico e/ou neurológico sugerem tal transtorno, mas este é excluído através de investigação apropriada, ou tal transtorno está presente, mas as crises não ocorrem pela primeira vez em estreita relação temporal com o transtorno.

Comentários

Na ausência de cefaléia que preencha os critérios para a 1.1 *Migrânea sem aura*, tornam-se muito mais importantes o diagnóstico preciso da aura e a diferenciação com simuladores que podem sinalizar uma doença grave (p.ex., um ataque isquêmico transitório).

1.2.3 Aura típica sem cefaléia

Descrição

Aura típica que consiste em sintomas visuais e/ou sensitivos e/ou da fala. O desenvolvimento gradual, a duração menor do que uma hora, uma mistura de características positivas e negativas e a completa reversibilidade caracterizam a aura, que não é associada a cefaléia.

Critérios diagnósticos

A. Pelo menos 2 crises preenchendo os critérios de B a D
B. Aura consistindo em pelo menos um dos seguintes, mas sem nenhuma paresia:
   1. Sintomas visuais completamente reversíveis, incluindo características positivas (*p.ex.*, luzes tremulantes manchas ou linhas) e/ou características negativas (i.e., perda de visão)
   2. Sintomas sensitivos completamente reversíveis, incluindo características positivas (i.e., formigamento) e/ou características negativas (i.e., adormecimento)
   3. Disfasia completamente reversível
C. Pelo menos dois dos seguintes:
   1. Sintomas visuais homônimos[1] e/ou sintomas sensitivos unilaterais
   2. Pelo menos um sintoma de aura desenvolve-se gradualmente em $\geq$ 5 minutos e/ou diferentes sintomas de aura ocorrem em sucessão em $\geq$ 5 minutos
   3. Cada sintoma dura $\geq$ 5 minutos e $\leq$ 60 minutos
D. Não ocorre cefaléia nem durante a aura nem dentro de 60 minutos após a mesma
E. Não atribuída a outro transtorno[2]

Notas

1. Podem ocorrer perda ou borramento adicional da visão central.
2. A história e os exames físico e neurológico não sugerem nenhum transtorno dentre os listados nos grupos de 5 a 12, ou a história e/ou os exames físico e/ou neurológico sugerem tal transtorno, mas este é excluído através de investigação apropriada, ou tal transtorno está presente, mas as crises não ocorrem pela primeira vez em estreita relação temporal com o transtorno.

Comentários

Em alguns pacientes, a aura típica é sempre seguida por uma cefaléia migranosa, porém muitos pacientes apresentam, também, crises em que a aura é seguida por uma cefaléia não migranosa ou mesmo em que não ocorre cefaléia. Um pequeno número de pacientes tem exclusivamente 1.2.3 *Aura típica sem cefaléia*. Mais freqüentemente, à medida que os pacientes com 1.2.1 *Aura típica com cefaléia migranosa* envelhecem, a cefaléia pode perder as características de migrânea ou desaparecer por completo, embora suas auras continuem. Alguns indivíduos, principalmente do sexo masculino, têm 1.2.3. *Aura típica sem cefaléia* desde o começo.

Na ausência de cefaléia que preencha os critérios para a 1.1 *Migrânea sem aura*, tornam-se muito mais importantes o diagnóstico preciso da aura e a diferenciação com simuladores que podem sinalizar uma doença grave (p.ex., um ataque isquêmico transitório). Essa distinção pode requerer investigação. Especialmente quando a aura tem início depois dos 40 anos de idade, quando as características negativas são predominantes (p.ex., hemianopia), ou quando a aura é prolongada ou muito curta, outras causas devem ser excluídas.

1.2.4 Migrânea hemiplégica familiar (MHF)

Descrição

Migrânea com aura que inclui paresia e pelo menos um parente de primeiro ou segundo grau apresentando aura migranosa que inclui paresia.

Critérios diagnósticos

A. Pelo menos 2 crises preenchendo os critérios de B e C
B. Aura consistindo em paresia totalmente reversível e ao menos um dos seguintes:
   1. Sintomas visuais completamente reversíveis, incluindo características positivas (*p.ex.*, luzes tremulantes, manchas ou linhas) e/ou características negativas (*i.e.*, perda de visão)
   2. Sintomas sensitivos completamente reversíveis, incluindo características positivas (i.*e*., formigamento) e/ou características negativas (i.e., adormecimento)
   3. Disfasia completamente reversível
C. Pelo menos dois dos seguintes:
   1. Pelo menos um sintoma de aura desenvolve-se gradualmente em ≥ 5 minutos e/ou diferentes sintomas de aura ocorrem em sucessão em ≥ 5 minutos
   2. Cada sintoma de aura dura ≥ 5 minutos e ≤ 24 horas
   3. Uma cefaléia que preenche os critérios de B a D para *1.1 Migrânea sem aura*, inicia-se durante a aura ou dentro de 60 minutos do início da mesma

D. Ao menos um parente de primeiro ou segundo grau teve crises que preenchem os critérios de A a E
E. Não atribuída a outro transtorno

Nota

1. A história e os exames físico e neurológico não sugerem nenhum transtorno dentre os listados nos grupos de 5 a 12, ou a história e/ou os exames físico e/ou neurológico sugerem tal transtorno, mas este é excluído através de investigação apropriada, ou tal transtorno está presente, mas as crises não ocorrem pela primeira vez em estreita relação temporal com o transtorno.

Comentários

Pode ser difícil distinguir paresia de alteração sensitiva.

Dados genéticos recentes têm propiciado uma definição mais precisa da MHF. Subtipos genéticos específicos de 1.2.4 *Migrânea hemiplégica familiar* já foram identificados: na MHF1 ocorrem mutações no gene CACNA1A do cromossomo 19, e na MHF2 ocorrem mutações no gene ATP1A2 do cromossomo 1. Se testes genéticos forem realizados, o subtipo deve ser especificado entre parênteses.

Tem-se demonstrado que a MHF1 muito freqüentemente apresenta sintomas do tipo basilar em associação com sintomas de aura típica, e que a cefaléia está praticamente sempre presente. Durante as crises de MHF1, podem ocorrer distúrbios da consciência (às vezes incluindo coma), febre, pleocitose liquórica e confusão. As crises de MHF1 podem ser desencadeadas por trauma craniano (leve). Em aproximadamente 50% das famílias com MHF1 ocorre ataxia cerebelar crônica progressiva independentemente das crises de migrânea. A MHF1 é freqüentemente confundida com epilepsia e (sem sucesso) tratada como tal.

1.2.5 Migrânea hemiplégica esporádica

Descrição

Migrânea com aura, incluindo paresia, mas nenhum parente de primeiro ou de segundo grau apresenta aura incluindo paresia.

Critérios diagnósticos

A. Pelo menos 2 crises preenchendo os critérios B e C
B. Aura consistindo em paresia totalmente reversível e, ao menos, um dos seguintes:
   1. Sintomas visuais completamente reversíveis, incluindo características positivas (*p.ex.*, luzes tremulantes, manchas ou linhas) e/ou características negativas (i.e., perda de visão)

2. Sintomas sensitivos completamente reversíveis, incluindo características positivas (i.e., formigamento) e/ou características negativas (i.e., adormecimento)
3. Disfasia completamente reversível

C. Pelo menos dois dos seguintes:
1. Pelo menos um sintoma de aura desenvolve-se gradualmente em ≥ 5 minutos e/ou diferentes sintomas de aura ocorrem em sucessão em ≥ 5 minutos
2. Cada sintoma de aura dura ≥ 5 minutos e ≤ 24 horas
3. Uma cefaléia que preenche os critérios de B a D para 1.1 *Migrânea sem aura*, inicia-se durante a aura ou dentro de 60 minutos do início da mesma

D. Ausência de parentes de primeiro ou de segundo grau que preencham os critérios de A a E

E. Não atribuída a outro transtorno[1]

Nota

1. A história e os exames físico e neurológico não sugerem quaisquer dos transtornos listados nos grupos de 5 a 12, ou a história e/ou os exames físico e/ou neurológico sugerem tais transtornos, mas estes são excluídos através de investigação apropriada, ou tais transtornos estão presentes, porém as crises não acontecem pela primeira vez em estreita relação temporal com o transtorno.

Comentários

Os estudos epidemiológicos têm demonstrado que casos esporádicos ocorrem com aproximadamente a mesma prevalência que os casos com agregação familiar. Essas crises têm as mesmas características clínicas das descritas em 1.2.4 *Migrânea hemiplégica familiar.*

Os casos esporádicos sempre requerem exames de neuroimagem e outros testes para excluir outras causas. Uma punção liquórica também é necessária para se afastar a pseudomigrânea com sintomas neurológicos temporários e pleocitose linfocítica. Essa condição é mais prevalente em homens e freqüentemente associa-se a hemiparesia transitória e afasia.

1.2.6 Migrânea do tipo basilar

Termos previamente utilizados

Migrânea da artéria basilar, Migrânea basilar.

Descrição

Migrânea com sintomas de aura claramente originados no tronco encefálico e/ou em ambos os hemisférios cerebrais simultaneamente, mas sem nenhuma paresia.

Critérios diagnósticos

A. Pelo menos 2 crises preenchendo os critérios de B a D
B. Aura consistindo em pelo menos dois dos seguintes sintomas totalmente reversíveis, mas sem paresia:
   1. disartria
   2. vertigem
   3. zumbido
   4. hipoacusia
   5. diplopia
   6. sintomas visuais ocorrendo simultaneamente nos campos temporal e nasal dos dois olhos
   7. ataxia
   8. diminuição no nível de consciência
   9. parestesias bilaterais simultâneas
C. Pelo menos um dos seguintes:
   1. Pelo menos um sintoma de aura desenvolve-se gradualmente em ≥ 5 minutos e/ou diferentes sintomas de aura ocorrem em sucessão em ≥ 5 minutos
   2. Cada sintoma de aura dura ≥ 5 minutos e ≤ 60 minutos
D. Uma cefaléia que preenche os critérios de B a D para 1.1 *Migrânea sem aura*, inicia-se durante a aura ou dentro de 60 minutos após a mesma
E. Não atribuída a outro transtorno[1]

Nota

1. A história e os exames físico e neurológico não sugerem nenhum transtorno dentre os listados nos grupos de 5 a 12, ou a história e/ou os exames físico e/ou neurológico sugerem tal transtorno, mas este é excluído através de investigação apropriada, ou tal transtorno está presente, mas as crises não ocorrem pela primeira vez em estreita relação temporal com o transtorno.

Comentários

As crises do tipo basilar são mais freqüentemente observadas em adultos jovens. Muitos pacientes que apresentam crises do tipo basilar também relatam crises com aura típica (codificar para ambos os transtornos).

Se houver fraqueza motora, codificar como 1.2.4 *Migrânea hemiplégica familiar* ou 1.2.5 *Migrânea hemiplégica esporádica*. Pacientes com 1.2.4 *Migrânea hemiplégica familiar* têm sintomas do tipo basilar em 60% dos casos. Assim, 1.2.6 *Migrânea do tipo basilar* deve ser diagnosticada apenas quando não houver paresia.

Muitos dos sintomas listados no critério B são sujeitos a má interpretação, uma vez que eles podem também ocorrer na ansiedade e na hiperventilação.

Originalmente, os termos *migrânea da artéria basilar* ou *migrânea basilar* eram utilizados, mas uma vez que o envolvimento do território da artéria basilar é incerto (o distúrbio pode ser biemisférico), o termo *Migrânea do tipo basilar* é o preferível.

1.3 Síndromes periódicas da infância comumente precursoras de migrânea

1.3.1 Vômitos cíclicos

Descrição
Crises episódicas recorrentes, geralmente estereotipados para um mesmo indivíduo, de vômitos e náusea intensa. As crises são associados a palidez e letargia. Há completo desaparecimento dos sintomas entre as crises.

Critérios diagnósticos
A. Pelo menos 2 crises preenchendo os critérios B e C
B. Crises estereotipadas para um mesmo paciente, de náusea intensa e/ou vômito durando de uma hora a cinco dias
C. Durante as crises, os vômitos ocorrem pelo menos quatro vezes por hora por pelo menos um hora
D. Sem sintomas entre os ataques
E. Não atribuído a outro transtorno[1]

Notas
1. A história e o exame físico não mostram sinais de doença gastrointestinal.

Comentários
Os vômitos cíclicos são uma condição autolimitada da infância, com período de completa normalidade entre os ataques. Esse transtorno não foi considerado uma síndrome periódica da infância na primeira edição da *Classificação Internacional das Cefaléias*. As características clínicas dessa síndrome lembram as encontradas em associação com migrânea, e múltiplas pesquisas, nos últimos anos, têm sugerido que os vômitos cíclicos sejam uma condição associada com a migrânea.

1.3.2 Migrânea abdominal

Descrição
Um transtorno recorrente idiopático visto principalmente em crianças e caracterizado por dor abdominal episódica localizada na linha média, manifestando-se por crises que duram de uma a 72 horas com normalidade entre os episódios. A dor tem intensidade moderada a forte e é associada a sintomas vasomotores, náusea e vômitos.

Critérios diagnósticos

A. No mínimo 5 crises preenchendo os critérios de B a D
B. Crises de dor abdominal durando de 1 a 72 horas (se não tratadas ou tratadas sem sucesso)
C. A dor abdominal tem todas as seguintes características:
 1. localização na linha média, periumbilical ou mal localizada
 2. caráter em peso ou simplesmente dor
 3. intensidade moderada ou forte
D. Durante a dor abdominal, ao menos dois dos seguintes:
 1. anorexia
 2. náusea
 3. vômito
 4. palidez
E. Não atribuída a outro transtorno[1]

Nota

1. Em particular, a história e o exame físico não mostram sinais de doença renal ou gastrointestinal ou tal doença foi descartada através de investigação apropriada.

Comentários

A dor é forte o bastante para interferir nas atividades diárias normais.

As crianças podem achar difícil distinguir anorexia de náusea. A palidez é freqüentemente acompanhada por olheiras. Em poucos pacientes, o rubor é o fenômeno vasomotor predominante.

A maioria das crianças com migrânea abdominal desenvolverá cefaléia da migrânea posteriormente em sua vida.

1.3.3 Vertigem paroxística benigna da infância

Descrição

Este transtorno provavelmente heterogêneo é caracterizado por episódios recorrentes e breves de vertigem, ocorrendo sem aviso e resolvendo-se espontaneamente em uma criança saudável.

Critérios diagnósticos

A. No mínimo 5 crises preenchendo os critérios de B a D
B. Vários episódios de vertigem intensa[1], ocorrendo sem aviso e resolvendo-se espontaneamente após minutos ou horas
C. Exame neurológico normal; função audiométrica e vestibular normais entre os ataques
D. Eletroencefalograma normal

Nota

1. Freqüentemente associada a nistagmo ou vômitos; pode ocorrer em alguns episódios cefaléia pulsátil unilateral.

1.4 Migrânea retiniana

Descrição

Crises recorrentes de distúrbio visual monocular, incluindo cintilações, escotomas ou amaurose, associado a cefaléia da migrânea.

Critérios diagnósticos

A. Pelo menos 2 crises preenchendo os critérios B e C
B. Fenômenos visuais monoculares positivos e/ou negativos (p.ex., cintilações, escotomas ou amaurose) totalmente reversíveis, confirmado por exame durante uma crise ou (após instrução apropriada) por desenho feito pelo paciente de um defeito do campo visual monocular, durante uma crise
C. Uma cefaléia preenchendo os critérios de B a D para a *1.1 Migrânea sem aura*, inicia-se durante os sintomas visuais ou os sucede dentro de 60 minutos
D. Exame oftalmológico normal entre as crises
E. Não atribuível a outro transtorno[1]

Nota

1. Investigações apropriadas excluem outras causas de amaurose monocular transitória.

Comentário

Alguns pacientes que reclamam de distúrbio monocular apresentam, na verdade, hemianopsia. Alguns casos sem cefaléia têm sido relatados, mas sua natureza migranosa não pode ser confirmada. Outras causas de amaurose monocular transitória (amaurose fugaz), como neuropatia óptica ou dissecção carotídea devem ser excluídas.

1.5 Complicações da migrânea

Comentário

Codificar separadamente o subtipo de migrânea prévio e a complicação.

1.5.1 Migrânea crônica

Descrição

Cefaléia da migrânea ocorrendo em 15 ou mais dias por mês por mais de três meses, na ausência de uso excessivo de medicação.

Critérios diagnósticos

A. Cefaléia preenchendo os critérios C e D para a 1.1 *Migrânea sem aura* em ≥ 15 dias por mês por > 3 meses
B. Não atribuída a outro transtorno[1,2]

Notas

1. A história e os exames físico e neurológico não sugerem nenhum transtorno dentre os listados nos grupos de 5 a 12, ou a história e/ou os exames físico e/ou neurológico sugerem tal transtorno, mas este é excluído através de investigação apropriada, ou tal transtorno está presente, mas as crises não ocorrem pela primeira vez em estreita relação temporal com o transtorno.
2. Quando o uso excessivo de medicamento está presente e preenche o critério B para qualquer uma das subformas de 8.2 *Cefaléia por uso excessivo de medicação*, é duvidoso se o critério B para 1.5.1 *Migrânea crônica* pode ser preenchido até dois meses após a medicação ter sido retirada sem melhora (ver comentários).

Comentários

A maioria dos casos de migrânea crônica inicia-se como 1.1 *Migrânea sem aura*. Desta forma, a cronicidade pode ser considerada uma complicação da migrânea episódica.

À medida que a cronicidade se desenvolve, a cefaléia tende a perder sua apresentação episódica, embora não tenha sido claramente demonstrado que seja sempre assim.

Quando há uso excessivo de medicação (i.e., preenchendo o critério B para qualquer uma das subformas de 8.2 *Cefaléia por uso excessivo de medicação*), esta é a causa mais provável dos sintomas crônicos. Assim, a regra é codificar tais pacientes de acordo com o subtipo de migrânea precedente (geralmente 1.1 *Migrânea sem aura*) mais 1.6.5 *Provável migrânea crônica* mais 8.2.7 *Provável cefaléia por uso excessivo de medicação*. Quando estes critérios permanecem preenchidos dois meses após ter cessado o uso excessivo de medicamento, deve-se diagnosticar a 1.5.1 *Migrânea crônica* mais o subtipo de migrânea precedente, e excluir a 8.2.7 *Provável cefaléia por uso excessivo de medicação*. Se, em qualquer momento, eles não forem mais preenchidos, por ter ocorrido uma melhora do quadro, codificar como 8.2 *Cefaléia por uso excessivo de medicação* mais o subtipo de migrânea precedente e excluir a 1.6.5 *Provável migrânea crônica*. Esses critérios requerem estudos adicionais.

1.5.2 Estado migranoso

Descrição

Uma crise debilitante de migrânea durando mais de 72 horas.

Critérios diagnósticos

A. A crise atual, ocorrendo em um paciente com 1.1 *Migrânea sem aura*, é típica das crises prévias, exceto pela duração
B. A cefaléia apresenta ambas as características a seguir:
   1. ausência de remissão por > 72 horas
   2. forte intensidade
C. Não atribuída a outro transtorno

Comentário

A interrupção durante o sono não é considerada. O alívio de curta duração devido à medicação também não é considerado. O estado migranoso pode muitas vezes ser causado por uso excessivo de medicação e deve ser codificado de acordo. As crises não debilitantes durando mais de 72 horas, mas, afora isso, preenchendo estes critérios são codificadas como 1.6.1 *Provável migrânea sem aura.*

1.5.3 Aura persistente sem infarto

Descrição

Sintomas de aura persistindo por mais de uma semana sem evidência de infarto em exame de neuroimagem.

Critérios diagnósticos

A. A crise atual, ocorrendo em um paciente com 1.2 *Migrânea com aura*, é típica das crises prévias, exceto pelo fato de um ou mais dos sintomas persistir por > 1 semana
B. Não atribuível a outro transtorno

Comentários

Sintomas de aura persistentes são raros, porém bem documentados. São freqüentemente bilaterais e podem persistir por meses ou anos. Desconhece-se um tratamento eficaz. Entretanto, a acetazolamida e o ácido valpróico auxiliaram em alguns poucos casos.

Excluir leucoencefalopatia posterior por RM por difusão entre outras coisas. Excluir 1.5.4 *Infarto migranoso* pela RM.

1.5.4 Infarto migranoso

Descrição

Um ou mais sintomas de aura migranosa associado a uma lesão cerebral isquêmica em território apropriado demonstrada por exame de neuroimagem.

Critérios diagnósticos

A. A crise atual, ocorrendo em um paciente com 1.2 *Migrânea com aura*, é típica das crises prévias, exceto pelo fato de um ou mais dos sintomas persistir por > de 60 minutos

B. A neuroimagem demonstra um infarto isquêmico em uma área relevante
C. Não atribuído a outro transtorno

Comentários

Um acidente vascular encefálico isquêmico num paciente migranoso pode ser classificado como um infarto cerebral por outra causa coexistindo com migrânea, um infarto cerebral por outra causa manifestando-se com sintomas semelhantes aos da migrânea com aura, ou um infarto cerebral ocorrendo durante o curso de uma crise típica de migrânea com aura. Somente o último preenche os critérios para 1.5.4 *Infarto migranoso.*

O aumento do risco de acidente vascular cerebral em pacientes com migrânea tem sido demonstrado em mulheres com menos de 45 anos em vários estudos. A evidência de uma associação entre a migrânea e acidente vascular cerebral em mulheres mais idosas e homens é inconsistente.

1.5.5 Crise epiléptica desencadeada por migrânea

Descrição

Uma crise epiléptica desencadeada por uma aura de migrânea.

Critérios diagnósticos

A. Migrânea preenchendo os critérios para 1.2 *Migrânea com aura*
B. Uma crise epiléptica preenchendo os critérios diagnósticos para algum tipo de crise epiléptica ocorre durante ou dentro de uma hora após uma aura migranosa

Comentário

A migrânea e a epilepsia são protótipos de distúrbios cerebrais paroxísticos. Ao mesmo tempo em que cefaléias migrânea-símiles são vistas com bastante freqüência no período pós-ictal, às vezes uma crise epiléptica ocorre durante ou após uma crise de migrânea. Este fenômeno, às vezes referido como *migralepsia*, tem sido descrito em pacientes com migrânea com aura.

1.6 Provável Migrânea

Termo previamente utilizado

Distúrbio migranoso

Classificada em outros locais

Uma cefaléia migrânea-símile secundária a outro transtorno (migrânea sintomática) é classificada de acordo com esse transtorno.

Descrição

Crises e/ou cefaléia para as quais falta uma das características necessárias para preencher todos os critérios para um dos transtornos codificados anteriormente (1.6.3 *Prováveis síndromes periódicas da infância comumente precursoras de migrânea* e 1.6.4 *Provável migrânea retiniana* não são atualmente reconhecidas).

1.6.1 Provável migrânea sem aura

Critérios diagnósticos

A. Crises preenchendo todos menos um dos critérios de A a D para 1.1 *Migrânea sem aura*
B. Não atribuível a outro transtorno

Comentários

Não codificar como 1.6.1 *Provável migrânea sem aura* se o paciente preenche os critérios para 1.5.1 *Migrânea crônica* ou 1.5.2 *Estado migranoso.*

1.6.2 Provável migrânea com aura

Critérios diagnósticos

A. Crises preenchendo todos menos um dos critérios de A a D para 1.2 *Migrânea com aura* ou seus subformas
B. Não atribuível a outros transtornos

1.6.5 Provável migrânea crônica

Critérios diagnósticos

A. Cefaléia preenchendo os critérios C e D para 1.1 *Migrânea sem aura* em $\geq$ 15 dias por mês por > 3 meses
B. Não atribuída a outros transtornos[1], mas há, ou houve, nos últimos dois meses o uso excessivo de medicação que preenche o critério B para qualquer das subformas de 8.2 *Cefaléia por uso excessivo de medicação*

Nota

1. A história e os exames físico e neurológico não sugerem nenhum transtorno dentre os listados nos grupos de 5 a 12 (exceto 8.2 Cefaléia por uso excessivo de medicação), ou a história e/ou os exames físico e/ou neurológico sugere tal transtorno, mas este é excluído através de investigação apropriada, ou tal transtorno está presente, mas as crises não ocorrem pela primeira vez em estreita relação temporal com o transtorno.

Fatores agravantes

A migrânea pode ser agravada por vários fatores. Assim, numa pessoa que já preenche critérios para migrânea, fatores individuais podem estar associados a um aumento na intensidade ou freqüência de crises, por um tempo relativamente longo (geralmente, semanas a meses). Exemplos de fatores agravantes comumente citados são: estresse psicossocial, consumo freqüente de bebidas alcoólicas, outros fatores ambientais.

Fatores desencadeantes

Os fatores desencadeantes aumentam a probabilidade da ocorrência de uma crise de migrânea num período curto de tempo (geralmente < 48 horas) num migranoso. Embora alguns fatores desencadeantes tenham sido razoavelmente bem estudados epidemiologicamente (p.ex., menstruação) ou em séries clínicas (p.ex., aspartame), uma relação causal em um dado paciente pode ser difícil.

Referências bibliográficas

1. Migrânea em geral

Bille B. Migraine in childhood and its prognosis. Cephalalgia 1991;1:71–5.

Blau JN. Migraine prodromes separated from the aura: complete migraine. BMJ 1980;281:658–60.

Diener HC, Tfelt-Hansen P. Headaches associated with chronic use of substances. In Olesen J, Tfelt-Hansen P, Welch KMA (eds). The Headaches. New York, Haven Press 1993;721–7.

Goadsby PJ, Lipton RB, Ferrari MD. Migraine – current understanding and treatment. New Engl J Med 2002;346:257–70.

Lance JW, Anthony M. Some clinical aspects of migraine. A prospective survey of 500 patients. Arch Neurol 1966;15:356–61.

Olesen J, Lipton RB. Migraine classification and diagnosis. International Headache Society criteria. Neurology 1994;44(Suppl 4):6–10.

Rasmussen BK. Epidemiology of headache. Cephalalgia 1995;15:45–68.

1.1 Migrânea sem aura

Bille B. A 40-year follow-up of school children with migraine. Cephalalgia 1997;17:488–91.

Friedman AP, Storch TJC, Merritt HH. Migraine and tension headaches. A clinical study of 2000 cases. Neurology 1954;4:773–8.

Guidetti V, Galli F. Evolution of headache in childhood and adolescence: an 8-year follow-up. Cephalalgia. 1998;18:449–54.

Lance JW, Anthony M. Some clinical aspects of migraine. Arch Neurol 1966;15:356–61.

Lewis DW, Ashwal S, Dahl G et al. Practice parameter: evaluation of children and adolescents with recurrent headaches: report of the Quality Standards Subcommittee of the American Academy of Neurology and the Practice Committee of the Child Neurology Society. Neurology 2002;59:490–8.

Maytal J, Young M, Shechter A et al. Pediatric migraine and the International Headache Society (IHS) criteria. Neurology 1997;48:602–7.

Olesen J. Some clinical features of the acute migraine attack. An analysis of 750 patients. Headache 1978;18:268–71.

Olesen J, Lipton RB. Migraine classification and diagnosis. International Headache Society criteria. Neurology 1994;44(Suppl 4):6–10.

Rasmussen BK, Jensen R, Olesen J. Apopulation-based analysis of the diagnostic criteria of the International Headache Society. Cephalalgia 1991;11:129–34.

Rasmussen BK, Jensen R, Schroll M et al. Interrelations between migraine and tension-type headache in the general population. Arch Neurol 1992;49:914–8.

Rothner AD, Winner P. Headaches in children and adolescents. In Silberstein SD, Lipton RB, Dalessio DJ. Wolff's Headache and other Head Pain. New York, Oxford University Press 2001;539–61.

Silberstein SD, Lipton RB. Overview of diagnosis and treatment of migraine. Neurology 1994;44(Suppl 7):6–16.
Silberstein SD. Migraine symptoms: results of a survey of selfreported migraineurs. Headache 1995;35:387–96.
Solomon S. Migraine diagnosis and clinical symptomatology. Headache 1994;34:S8–12.

1.2 Migrânea com aura

Blau JN. Migraine prodromes separated from the aura: complete migraine. BMJ 1980;281:658–60.
Blau JN. Resolution of migraine attacks: sleep and the recovery phase. J Neurol Neurosurg Psychiatr 1982;45:223–6.
Diamond S, Freitag FG, Prager J et al. Olfactory aura in migraine. N Engl J Med 1985;312:1390–1.
Goadsby PJ, Lipton RB, Ferrari MD. Migraine–current understanding and treatment. N Engl J Med 2002;346:257–70.
Goadsby PJ. Migraine, aura, and cortical spreading depression: why are we still talking about it? Ann Neurol 2001;49:4–6.
Jensen K, Tfelt-Hansen P, Lauritzen M, Olesen J. Classic migraine, a prospective recording of symptoms. Acta Neurol Scand 1986;73:359–62.
Lauritzen M. Pathophysiology of the migraine aura. The spreading depression theory. Brain 1994;117:199–210.
Leão AA. Spreading depression of activity in cerebral cortex. J Neurophysiol 1944;7:359–90.
Manzoni G, Farina S, Lanfranchi M et al. Classic migraine: clinical findings in 164 patients. Eur Neurol 1985;24:163–9.
Olesen J, Friberg L, Olsen TS et al. Timing and topography of cerebral blood flow, aura, and headache during migraine attacks. Ann Neurol 1990;28:791–8.
Podoll K, Robinson D. Illusory splitting as visual aura symptom in migraine. Cephalalgia 2000;20:228–32.
Queiroz LP, Rapoport AM, Weeks RE et al. Characteristics of migraine visual aura. Headache 1997;37:137–41.
Rasmussen BK, Olesen J. Migraine with aura and migraine without aura: an epidemiological study. Cephalalgia 1992;12:221–8.
Russell MB, Iversen HK, Olesen J. Improved description of the migraine aura by a diagnostic aura diary. Cephalalgia 1994;14:107–17.
Russel MB, Olesen J. A nosographic analysis of the migraine aura in a general population. Brain 1996;119:355–61.
Selby G, Lance JW. Observations on 500 cases of migraine and allied vascular headaches. J Neurol Neurosur Psychiatr 1960;23:23–32.
Silberstein SD, Young WB. Migraine aura and prodrome. Semin Neurol 1995;15:175–82.

1.2.2 Aura típica com cefaléia não-migranosa

Matharu MJ, Goadsby PJ. Post-traumatic chronic paroxysmal hemicrania (CPH) with aura. Neurology 2001;56:273–5.
Peres MF, Siow HC, Rozen TD. Hemicrania continua with aura. Cephalalgia 2002;22:246–8.
Silberstein SD, Niknam R, Rozen TD et al. Cluster headache with aura. Neurology 2000;54:219–21.

1.2.3 Aura típica sem cefaléia

Evans RW, Tietjen GE. Migrainous aura versus transient ischemic attack in an elderly migraineur. Headache 2001;41:201–3.
Fisher CM. Late-life migraine accompaniments as a cause of unexplained transient ischemic attacks. Can J Neurol Sci 1980;7:9–17.
Lipton RB, Pfeffer D, Newman LC et al. Headaches in the elderly. J Pain Symptom Manage 1993;8:87–97.

Russell MB, Olesen J. A nosographic analysis of the migraine aura in a general population. Brain 1996;119:355–61.

Whitty CVM. Migraine without headache. Lancet 1967;ii:283–85.

Willey RG. The scintillating scotoma without headache. Ann Ophthalmol 1979;11:581–5.

Ziegler DK, Hanassein RS. Specific headache phenomena: their frequency and coincidence. Headache 1990;30:152–60.

1.2.4 Migrânea hemiplégica familiar e 1.2.5 Migrânea hemiplégica esporádica

Carrera P, Stenirri S, Ferrari M et al. Familial hemiplegic migraine: a ion channel disorder. Brain Res Bull 2001;56:239–41.

De Fusco M, Marconi R, Silvestri L et al. Haploinsufficiency of ATP1A2 encoding the Na/K pump a2 subunit associated with familial hemiplegic migraine type 2. Nat Genet 2003; advance online publication.

Ducros A, Denier C, Joutel A et al. The clinical spectrum of familial hemiplegic migraine associated with mutations in a neuronal calcium channel. N Engl J Med 2001;345:17–24.

Gomez-Aranda F, Canadillas F, Marti-Masso JF et al. Pseudomigraine with temporary neurological symptoms and lymphocytic pleocytosis. A report of 50 cases. Brain 1997;120:1105–13.

Haan J, Terwindt GM, Ferrari MD. Genetics of migraine. Neurol Clin 1997;15:43–60.

Kors EE, Terwindt GM, Vermeulen FL, Fitzsimons RB, Jardine PE, Heywood P, Love S, van den Maagdenberg AM, Haan J, Frants RR, Ferrari MD. Delayed cerebral edema and fatal coma after minor head trauma: role of the CACNA1A calcium channel subunit gene and relationship with familial hemiplegic migraine. Ann Neurol 2001;49:753–60.

Ophoff RA, Terwindt GM, Vergouwe MN et al. Familial hemiplegic migraine and episodic ataxia type-2 are caused by mutations in the Ca2+ channel gene CACNL1A4. Cell 1996;87:543–52.

Ophoff RA, Terwindt GM, Vergouwe MN et al. Wolff Award 1997. Involvement of a Ca2+ channel gene in familial hemiplegic migraine and migraine with and without aura. Dutch Migraine Genetics Research Group. Headache 1997;37:479–85.

Staehelin-Jensen T, Olivarius B, Kraft M, Hansen H. Familial hemiplegic migraine. A reappraisal and long-term followup study. Cephalalgia 1981;1:33–9.

Thomsen LL, Ostergaard E, Olesen J, Russell MB. Evidence for a separate type of migraine with aura: Sporadic hemiplegic migraine. Neurology 2003;60:595–601.

Thomsen LL, Eriksen MK, Roemer SF et al. A population based study of familial hemiplegic migraine suggests revised diagnostic criteria. Brain 2002;125:1379–91.

Migrânea do tipo basilar

Bickerstaff ER. Basilar artery migraine. Lancet 1967;i:1517.

Diamond S. Basilar artery migraine. A commonly misdiagnosed disorder. Postgrad Med 1987;81:45–6.

Erdemoglu AK. Psychogenic basilar migraine. Neurology 1996;47:302–3.

Kuhn WF, Kuhn SC, Daylida L. Basilar migraine. Eur J Emerg Med 1997;4:33–8.

Muellbacher W, Mamoli B. Prolonged impaired consciousness in basilar artery migraine. Headache 1994;34:282–5.

Panayiotopoulos CP. Basilar migraine. Neurology 1991;41:1707.

Sturzenegger MH, Meienberg O. Basilar artery migraine: a follow-up study of 82 cases. Headache 1985;25:408–15.

Sudo K, Tashiro K. Psychogenic basilar migraine. Neurology 1996;46:1786–7.

Swanson JW, Vick NA. Basilar artery migraine. Neurology 1978;28:782–6.

Thomsen LL, Eriksen MK, Roemer SF, Andersen I, Olesen J, Russell MB. A population-based study of familial hemiplegic migraine suggests revised diagnostic criteria. Brain 2002;125:1379–91.

1.3.1 Vômitos cíclicos

Fleisher DR. Cyclic vomiting syndrome and migraine. J Pediatr 1999;134:533–5.
Haan J, Kors EE, Ferrari MD. Familial cyclic vomiting syndrome [In Process Citation]. Cephalalgia 2002;22:552–4.
Li BU. Cyclic vomiting syndrome: age-old syndrome and new insights. Semin Pediatr Neurol 2001;8:13–21.
Rashed H, Abell TL, Familoni BO et al. Autonomic function in cyclic vomiting syndrome and classic migraine. Dig Dis Sci 1999;44(8 Suppl):74S–78S.
Welch KM. Scientific basis of migraine: speculation on the relationship to cyclic vomiting. Dig Dis Sci 1999;44(8 Suppl):26–30.

1.3.2 Migrânea abdominal

Abu-Arafeh I, Russel G. Prevalence and clinical features of abdominal migraine compared with those of migraine headache. Arch Dis Child 1995;72:413–7.
Al-Twaijri WA, Shevell MI. Pediatric migraine equivalents: occurrence and clinical features in practice. Pediatr Neurol 2002;26:365–8.
Dignan F, Abu-Arafeh I, Russell G. The prognosis of childhood abdominal migraine. Arch Dis Child 2001;84:415–8.
Farquar HA. Abdominal migraine in children. BMJ 1956;i:1082–5.
Russell G, Abu-Arafeh I, Symon DN. Abdominal migraine: evidence for existence and treatment options. Paediatr Drugs 2002;4:1–8.

1.3.3 Vertigem paroxística benigna da infância

Drigo P, Carli G, Laverda AM. Benign paroxysmal vertigo of childhood. Brain Dev (Netherlands) 2001;23:38–41.
Dunn DW, Snyder CH. Benign paroxysmal vertigo of childhood. Am J Dis Child 1976;130:1099–100.
Fenichel GM. Migraine as a cause of benign paroxysmal vertigo of childhood. J Pediatr 1967;71:114–5.

1.4 Migrânea retiniana

Carroll D. Retinal migraine. Headache 1970;10:9–13.
Chronicle EP, Mulleners WM. Visual system dysfunction in migraine: a review of clinical and psychophysical findings. Cephalalgia 1996;16:525–35.
Hedges TR. Isolated ophthalmic migraine in the differential diagnosis of cerebro-ocular ischemia. Stroke 1976;7:379–81.
Martin TJ, Corbett JJ. Disorders of the eye. In Silberstein SD, Lipton RB, Dalessio DJ. Wolff's Headache and other Head Pain. New York, Oxford University Press;2001:459–74.
Troost T, Zagami AS. Ophthalmoplegic migraine and retinal migraine. In Olesen J, Tfelt-Hansen P, Welch KMA. The Headaches. Philadelphia, Lippincott Willians & Wilkins 2000;511–6.

1.5.1 Migrânea crônica

Bigal ME, Sheftell FD, Rapoprt AM, Lipton RB, Tepper SJ. Chronic daily headache in a tertiary care population: correlation between the International Headache Society diagnostic criteria and proposed revisions of criteria for chronic daily headache. Cephalalgia 2002;22:432–8.
Diamond S. A view of chronic daily headache. Headache Quarterly 2000;11:177.
Mathew NT, Stubits E, Nigam MR. Transformation of migraine into daily headache: analysis of factors. Headache 1982;22:66–8.

Mathew NT, Stubits E, Nigam MP. Transformed or evolutive migraine. Headache 1987;27:102–6.
Scher AI, Stewart WF, Liberman J, Lipton RB. Prevalence of frequent headache in a population sample. Headache 1998;38:497–506.
Silberstein SD, Lipton RB, Sliwinski M. Classification of daily and near-daily headaches: field trial of revised IHS criteria. Neurology 1996;47:871–5.
Silberstein SD, Lipton RB, Solomon S, Mathew N. Classification of daily and near-daily headaches in the headache clinic. Proposed revision to the International Headache Society Criteria. In: Olesen J. Frontiers in Headache Research, vol 4: Headache Classificaton and Epidemiology. New York: Raven Press 1994;117–26.
Silberstein SD, Lipton RB, Solomon S, Mathew NT. Classification of daily and near-daily headaches: proposed revisions to the IHS criteria. Headache 1994;34:1–7.
Stewart WF, Scher AI, Lipton RB. Stressful life events and risk of chronic daily headache: results from the frequent headache epidemiology study. Cephalalgia 2001;21:279.

1.5.2 Estado de mal migranoso

Couch JR, Diamond S. Status migrainosus. Causative and therapeutic aspects. Headache 1983;23:94–101.
Raskin NH. Treatment of status migrainosus: the American experience. Headache 1990;30(Suppl 2):550–3.

1.5.3 Aura persistente sem infarto

Ambrosini A, de Noordhout AM, Schoenen J. Neuromuscular transmission in migraine patients with prolonged aura. Acta Neurol Belg 2001;101:166–70.
Bento MS, Esperanca P. Migraine with prolonged aura. Headache 2000;40:52–3.
Evans RW, Lay CL. A persistent migraine aura. Headache 2000;40:696–8.
Haan J, Sluis P, Sluis IH, Ferrari MD. Acetazolamide treatment for migraine aura status. Neurology 2000;55:1588–9.
Haas DC. Prolonged migraine aura status. Ann Neurol 1982;11:197–9.
Liu GT, Schatz NJ, Galetta SK et al. Persistent positive visual phenomena in migraine. Neurology 1995;45:664–8.
Luda E, Bo E, Sicuro L et al. Sustained visual aura: a totally new variation of migraine. Headache 1991;31:582–3.
Rothrock JF. Successful treatment of persistent migraine aura with divalproex sodium. Neurology 1997;48:261–2.
Smith M, Cros D, Sheen V. Hyperperfusion with vasogenic leakage by fMRI in migraine with prolonged aura. Neurology 2002;58:1308–10.

1.5.4 Infarto migranoso

Bousser MG, Conard J, Kittner S et al. Recommendations on the risk of ischaemic stroke associated with use of combined oral contraceptives and hormone replacement therapy in women with migraine. The International Headache Society Task Force on Combined Oral Contraceptives & Hormone Replacement Therapy. Cephalalgia 2000;20:155–6.
Chang CL, Donaghy M, Poulter N. Migraine and stroke in young women: case-control study. The World Health Organisation Collaborative Study of Cardiovascular Disease and Steroid Hormone Contraception. BMJ 1999;318:13–8.
Connor CCR. Complicated migraine. A study of permanent neurological and visual defects. Lancet 1962;ii:1072–5.
MacGregor EA, Guillebaud J. Combined oral contraceptives, migraine and ischaemic stroke. Clinical and Scientific Committee of the Faculty of Family Planning and Reproductive Health Care and the Family Planning Association. Br J Fam Plann 1998;24:55–60.

Olesen J, Friberg L, Olsen TS, Andersen AR, Lassen NA, Hansen PE et al. Ischaemia-induced (symptomatic) migraine attacks may be more frequent than migraineinduced ischaemic insults. Brain 1993;116:187–202.

Rothrock JF, Walicke P, Swenson MR et al. Migrainous stroke. Arch Neurol 1988;45:63–7.

Tietjen GE. The relationship of migraine and stroke. Neuroepidemiology 2000;19:13–9.

Tzourio C, Kittner SJ, Bousser MG et al. Migraine and stroke in young women. Cephalalgia 2000;20:190–9.

1.5.5 Crise epiléptica desencadeada por migrânea

Friedenberg S, Dodick DW. Migraine-associated seizure: a case of reversible MRI abnormalities and persistent nondominant hemisphere syndrome. Headache 2000;40:487–90.

Marks DA, Ehrenberg BL. Migraine-related seizures in adults with epilepsy, with EEG correlation. Neurology 1993;43:2476–83.

Ter Berg HW. Migraine-associated seizure: a case of reversible MRI abnormalities and persistent nondominant hemisphere syndrome. Headache 2001;41:326–8.

Velioglu SK, Ozmenoglu M. Migraine-related seizures in na epileptic population. Cephalalgia 1999;19:797–801.

1.6 Provável migrânea

Granella F, Alessandro RD, Manzoni GC et al. International Headache Society classification: interobserver reliability in the diagnosis of primary headaches. Cephalalgia 1994;14:16–20.

Rains JC, Penzien DB, Lipchik GL et al. Diagnosis of migraine: empirical analysis of a large clinical sample of atypical migraine (IHS 1.7) patients and proposed revision of the IHS criteria. Cephalalgia 2001;21:584–95.

Rasmussen BK, Jensen R, Olesen J. Apopulation-based analysis of the diagnostic criteria of the International Headache Society. Cephalalgia 1991;11:129–34.

Russell MB, Olesen J. Migrainous disorder and its relation to migraine without aura and migraine with aura. A genetic epidemiological study. Cephalalgia 1996;16:431–5.

2. Cefaléia do tipo tensional (CTT)

2.1 Cefaléia do tipo tensional episódica infreqüente
- 2.1.1 Cefaléia do tipo tensional episódica infreqüente associada a dolorimento pericraniano
- 2.1.2 Cefaléia do tipo tensional episódica infreqüente não-associada a dolorimento pericraniano

2.2 Cefaléia do tipo tensional episódica freqüente
- 2.2.1 Cefaléia do tipo tensional episódica freqüente associada a dolorimento pericraniano
- 2.2.2 Cefaléia do tipo tensional episódica freqüente não-associada a dolorimento pericraniano

2.3 Cefaléia do tipo tensional crônica
- 2.3.1 Cefaléia do tipo tensional crônica associada a dolorimento pericraniano
- 2.3.2 Cefaléia do tipo tensional crônica não-associada a dolorimento pericraniano

2.4 Provável Cefaléia do tipo tensional crônica
- 2.4.1 Provável cefaléia do tipo tensional episódica infreqüente
- 2.4.2 Provável cefaléia do tipo tensional episódica freqüente
- 2.4.3 Provável cefaléia do tipo tensional crônica

Termos previamente utilizados

Cefaléia de tensão, cefaléia de contração muscular, cefaléia psicomiogênica, cefaléia do estresse, cefaléia comum, cefaléia essencial, cefaléia idiopática e cefaléia psicogênica.

Classificado em outro tópico

Uma cefaléia do tipo tensional-símile atribuída a outro distúrbio é classificada no grupo do mesmo.

Comentário Geral

Cefaléia primária, secundária ou ambas?

Quando uma cefaléia com características de cefaléia do tipo tensional ocorre pela primeira vez em estreita relação temporal com outro transtorno que é reconhecido como uma causa de cefaléia, ela é classificada como uma cefaléia secundária a esse transtorno. Quando uma cefaléia do tipo tensional preexistente piora em estreita relação temporal com outro transtorno que é reconhecido como uma causa de cefaléia, há duas possibilidades, e é necessário discernimento. O paciente pode receber somente o diagnóstico de cefaléia do tipo tensional, ou pode receber ambos os diagnósticos, o de cefaléia do tipo tensional e o de cefaléia secundária àquele outro transtorno. Os fatores que apóiam o acréscimo do último diagnóstico são: uma relação temporal muito estreita com o transtorno; piora acentuada da cefaléia do tipo tensional; evidência muito clara de que o transtorno possa causar ou agravar a cefaléia do tipo tensional e; finalmente, uma melhora ou o desaparecimento da cefaléia do tipo tensional após o alívio do transtorno.

Introdução

Este é o tipo mais comum de cefaléia primária: sua prevalência ao longo da vida na população geral varia em diferentes estudos de 30% a 78%. Ao mesmo tempo, é a menos estudada das cefaléias primárias, a despeito do fato de ter o mais alto impacto socioeconômico.

Embora esse tipo de cefaléia tenha sido previamente considerado como primariamente psicogênico, vários estudos surgidos após a primeira edição da Classificação Internacional das Cefaléias sugeriram uma base neurobiológica, pelo menos, para os subtipos mais graves de cefaléia do tipo tensional.

A divisão nos subtipos *episódico* e *crônico*, que foi introduzida na primeira edição da classificação, provou-se extremamente útil. O subtipo crônico é uma doença causadora de grande comprometimento da qualidade de vida e alta incapacidade. Na edição atual decidimos subdividir a cefaléia do tipo tensional episódica num subtipo infreqüente, com crises de cefaléia ocorrendo menos do que uma vez por mês, e noutro subtipo freqüente. O subtipo infreqüente tem um impacto muito pequeno no indivíduo e não merece muita atenção do profissional médico. Porém, os sofredores freqüentes podem enfrentar considerável incapacidade, o que às vezes demanda o uso de drogas de alto custo e medicação profilática. O subtipo crônico está sempre claramente associado a incapacidade e a elevado ônus pessoal e socioeconômico.

A primeira edição, arbitrariamente, separou os pacientes em *com* e *sem* transtorno dos músculos pericranianos. Isto provou ser uma subdivisão válida, mas a única característica diferenciadora realmente útil é o dolorimento à palpação manual e não, como foi sugerido na primeira edição, as evidências oriundas de EMG de superfície ou de algometria de pressão. Então, no momento usamos somente a palpação manual, preferivelmente como palpação pressão-controlada para subdividir todos os três subtipos de cefaléia do tipo tensional.

Os mecanismos exatos da cefaléia do tipo tensional não são conhecidos. Os mecanismos periféricos, muito provavelmente, exercem um papel na 2.1 *Cefaléia do tipo tensional episódica infreqüente* e na 2.2. *Cefaléia do tipo tensional episódica freqüente*, ao passo que mecanismos centrais exercem um papel mais importante na 2.3 *Cefaléia do tipo tensional crônica*. O subcomitê de classificação encoraja a pesquisa adicional a respeito dos mecanismos fisiopatológicos e do tratamento da cefaléia do tipo tensional.

Há razões para crer que, com os critérios diagnósticos divulgados na primeira edição, os pacientes classificados como cefaléia do tipo tensional episódica incluíam alguns que tinham uma forma leve de migrânea sem aura e pacientes classificados como tendo cefaléia do tipo tensional crônica incluíam alguns com migrânea crônica. A experiência clínica favorece esta suspeita, especialmente em pacientes que também têm crises de migrânea, e alguns pacientes podem exibir características fisiopatológicas típicas de migrânea (Schoenen et al, 1987). Dentro do subcomitê de classificação houve uma tentativa para estreitar os critérios diagnósticos de cefaléia do tipo tensional para a segunda edição, com a esperança de excluir os pacientes com migrânea cuja cefaléia fenotipicamente se assemelhasse à cefaléia do tipo tensional. Porém, isto teria comprometido a sensibilidade dos critérios e não havia nenhuma evidência que mostrasse os efeitos benéficos de tal mudança. Portanto, um consenso não foi alcançado, mas uma proposta para critérios diagnósticos novos mais rígidos encontra-se publicada em A2. *Cefaléia do tipo tensional*, no apêndice. O subcomitê de classificação recomenda comparações entre pacientes diagnosticados de acordo com os critérios explícitos e outros diagnosticados de acordo com os critérios do apêndice. Isto não só diz respeito às características clínicas, mas também aos mecanismos fisiopatológicos e à resposta ao tratamento.

2.1 Cefaléia do tipo tensional episódica infreqüente

Descrição

Episódios infreqüentes de cefaléia durando de minutos a dias. A dor é tipicamente bilateral, com caráter em pressão ou aperto, de intensidade fraca a moderada, e não piora com a atividade física rotineira. Não há náusea, mas fotofobia ou fonofobia podem estar presentes.

Critérios diagnósticos

A. Pelo menos 10 crises ocorrendo em < 1 dia por mês em média (< 12 dias por ano) e preenchendo os critérios de B a D
B. Cefaléia durando de 30 minutos a 7 dias
C. A cefaléia tem pelo menos duas das seguintes características:
   1. localização bilateral
   2. caráter em pressão/aperto (não pulsátil)
   3. intensidade fraca ou moderada
   4. não é agravada por atividade física rotineira como caminhar ou subir escadas
D. Ambos os seguintes:
   1. ausência de náusea ou vômito (anorexia pode ocorrer)
   2. fotofobia ou fonofobia (apenas uma delas pode estar presente)
E. Não atribuída a outro transtorno[1].

Nota

1. A história e os exames físico e neurológico não sugerem nenhum transtorno dentre os listados nos grupos de 5 a 12, ou a história e/ou os exames físico e/ou neurológico sugerem tal transtorno, mas este é excluído através de investigação apropriada, ou tal transtorno está presente, mas as crises não ocorrem pela primeira vez em estreita relação temporal com o transtorno.

2.1.1 Cefaléia do tipo tensional episódica infreqüente associada a dolorimento pericraniano

Critérios diagnósticos

A. Crises preenchendo os critérios de A a E para 2.1 *Cefaléia do tipo tensional episódica infreqüente*
B. Aumento da sensibilidade dolorosa pericraniana à palpação manual

2.1.2 Cefaléia do tipo tensional episódica infreqüente não-associada a dolorimento pericraniano

Critérios diagnósticos

A. Crises preenchendo os critérios de A a E para 2.1 *Cefaléia do tipo tensional episódica infreqüente*
B. Sem aumento da sensibilidade dolorosa pericraniana

Comentários

O aumento da sensibilidade dolorosa pericraniana detectado pela palpação manual é o achado anormal mais significativo nos pacientes com cefaléia do tipo tensional. O dolorimento aumenta com a intensidade e a freqüência da cefaléia e acentua-se ainda mais durante a crise. O valor diagnóstico da EMG e da algometria de pressão é limitado e esses registros foram, em conseqüência, omitidos na segunda edição. O dolorimento pericraniano é facilmente pesquisado através da palpação manual utilizando-se pequenos movimentos giratórios e uma pressão firme com o segundo e terceiro dedos sobre os músculos frontal, temporal, masseter, pterigóideo, esternoclidomastóideo, esplênio e trapézio (preferivelmente com auxílio de um palpômetro). Uma pontuação de dolorimento local de zero a três em cada músculo pode ser somada para produzir uma contagem total de dolorimento para cada indivíduo. Foi demonstrado que o exame físico torna-se mais válido e reprodutível utilizando-se um dispositivo sensível à pressão que permita a palpação com pressão controlada. Porém, tal equipamento geralmente não está disponível para os clínicos e é recomendável que estes executem a palpação manual simplesmente como no exame clínico convencional.

A palpação é um guia útil para a estratégia de tratamento. Também acrescenta valor e credibilidade às explicações dadas ao paciente.

2.2 Cefaléia do tipo tensional episódica freqüente

Descrição

Episódios freqüentes de cefaléia durando de minutos a dias. A dor é tipicamente bilateral, com caráter em pressão ou aperto, de fraca a moderada intensidade, e não piora com atividade física rotineira. Não há náusea, mas fotofobia ou fonofobia pode estar presente.

Critérios diagnósticos

A. Pelo menos 10 crises que ocorrem em ≥ 1 dia, porém < 15 dias por mês durante pelo menos três meses (≥ 12 dias e < 180 dias por ano) preenchendo os critérios de B a D
B. Cefaléia durando de 30 minutos a sete dias
C. A cefaléia tem pelo menos duas das seguintes características:
   1. localização bilateral
   2. caráter em pressão/aperto (não pulsátil)
   3. intensidade fraca ou moderada
   4. não é agravada por atividade física rotineira como caminhar ou subir escadas
D. Ambos os seguintes
   1. ausência de náusea ou vômito (anorexia pode ocorrer)
   2. fotofobia ou fonofobia (apenas uma delas pode estar presente).
E. Não atribuída a outro transtorno[1]

Nota

1. A história e os exames físico e neurológico não sugerem nenhum transtorno dentre os listados nos grupos de 5 a 12, ou a história e/ou os exames físico e/ou neurológico sugerem tal transtorno, mas este é excluído através de investigação apropriada, ou tal transtorno está presente, mas as crises não ocorrem pela primeira vez em estreita relação temporal com o transtorno.

Comentário

A cefaléia do tipo tensional freqüente coexiste muitas vezes com a migrânea sem aura. A coexistência de cefaléia do tipo tensional em migranosos deve ser identificada preferivelmente por um diário diagnóstico de cefaléia. O tratamento da migrânea difere consideravelmente daquele da cefaléia do tipo tensional e é importante educar os pacientes para diferençar entre esses tipos de dor de cabeça com o objetivo de selecionar o tratamento adequado e prevenir o uso excessivo de medicação para a cefaléia.

2.2.1 Cefaléia do tipo tensional episódica freqüente associada a dolorimento pericraniano

Critérios diagnósticos

A. Crises preenchendo os critérios de A a E para 2.2 *Cefaléia do tipo tensional episódica freqüente*
B. Aumento da sensibilidade dolorosa pericraniana à palpação manual

2.2.2 Cefaléia do tipo tensional episódica freqüente não-associada a dolorimento pericraniano

Critérios diagnósticos

A. Crises preenchendo os critérios de A a E para 2.2 *Cefaléia do tipo tensional episódica freqüente*
B. Sem aumento da sensibilidade dolorosa pericraniana à palpação manual

2.3 Cefaléia do tipo tensional crônica

Classificada em outro tópico

4.8 *Cefaléia persistente e diária desde o início* (*CPDI*)

Descrição

Transtorno que evolui da cefaléia do tipo tensional episódica, com crises diárias ou muito freqüentes de cefaléia que duram de minutos a dias. A dor é tipicamente bilateral, com caráter em pressão ou aperto, de fraca a moderada intensidade, e não piora com atividade física rotineira. Pode haver náusea leve, fotofobia ou fonofobia.

Critérios diagnósticos

A. Cefaléia que ocorre em ≥ 15 dias por mês, em média, por > três meses (≥ 180 dias por ano)[1], e preenchendo os critérios de B a D
B. A cefaléia dura horas ou pode ser contínua
C. A cefaléia tem pelo menos duas das seguintes características:
   1. localização bilateral
   2. caráter em pressão/aperto (não pulsátil)
   3. intensidade fraca ou moderada
   4. não é agravada por atividade física rotineira como caminhar ou subir escadas
D. Ambos os seguintes:
   1. não mais do que um dos seguintes sintomas: fotofobia, fonofobia ou náusea leve
   2. nem náusea moderada ou intensa, nem vômitos
E. Não atribuída a outro transtorno[2,3]

Notas

1. A 2.3 *Cefaléia do tipo tensional crônica* evolui ao longo do tempo a partir da cefaléia do tipo tensional episódica; quando os critérios de A a E são preenchidos por uma cefaléia que, inequivocamente, é diária e não remite dentro de três dias da sua instalação, codificar como 4.8 *Cefaléia diária persistente de início súbito*. Quando o modo de instalação não é lembrado ou é duvidoso, codificar como 2.3 *Cefaléia do tipo tensional crônica*.
2. A história e os exames físico e neurológico não sugerem nenhum transtorno dentre os listados nos grupos de cinco a 12, ou a história e/ou os exames físico e/ou neurológico sugerem tal transtorno, mas este é excluído através de investigação apropriada, ou tal transtorno está presente, mas as crises não ocorrem pela primeira vez em estreita relação temporal com o transtorno.
3. Quando o uso excessivo de medicação está presente e preenche o critério B para qualquer dos subtipos de 8.2 *Cefaléia por uso excessivo de medicação*, é duvidoso se o critério E é preenchido até dois meses após o medicamento ter sido retirado sem melhora (Ver comentários).

Comentários

A introdução do código 1.5.1 *Migrânea crônica* na segunda edição da *Classificação Internacional das Cefaléias* cria um problema em relação ao diagnóstico diferencial entre o mesmo e o 2.3. *Cefaléia do tipo tensional crônica*. Ambos os diagnósticos requerem a cefaléia (obedecendo aos critérios para migrânea ou cefaléia do tipo tensional, respectivamente) por pelo menos 15 dias num mês. Portanto, é teoricamente possível que um paciente possa ter ambos os diagnósticos. Um grupo muito pequeno de pacientes tem 15 ou mais dores de cabeça por mês que preenchem os critérios diagnósticos tanto para a 1.5.1 *Migrânea crônica* quanto para a 2.3 *Cefaléia do tipo tensional crônica*. Isto é possível quando duas (e apenas duas) das quatro características da dor estão presentes e as crises de cefaléia são associadas a náusea leve. Nestes casos raros, outra evidência clínica que não faça parte dos critérios diagnósticos explícitos deve ser levada em conta e o clínico deve fundamentar nisso a melhor escolha diagnóstica. Quando é incerto o número de crises que preenchem um ou outro grupo de critérios, é recomendável usar um diário de cefaléia prospectivamente.

Em muitos casos duvidosos há uso excessivo de medicamento. Quando este preenche o critério B para qualquer das subformas de 8.2 *Cefaléia por uso excessivo de medicação*, a regra é codificar em 2.4.3 *Provável cefaléia do tipo tensional crônica* e 8.2.7 *Provável cefaléia por uso excessivo de medicação*. Quando estes critérios permanecem preenchidos após dois meses da interrupção do uso excessivo de medicamento, a 2.3 *Cefaléia do tipo tensional crônica* deve ser diagnosticada e a 8.2.7 *Provável cefaléia por uso excessivo de medicamento,* excluída. Se, em qualquer momento antes dos dois meses, esses critérios não forem mais preenchidos por ter ocorrido melhora do quadro, a *8.2 Cefaléia por uso excessivo de medicamento* deve ser diagnosticada e a *2.4.3 Provável cefaléia do tipo tensional crônica*, excluída.

Deve ser lembrado que alguns pacientes com cefaléia do tipo tensional crônica desenvolvem características semelhantes às da migrânea, quando apresentam dor intensa e, reciprocamente, alguns migranosos desenvolvem dores cada vez mais freqüentes com características de cefaléia do tipo tensional no intervalo entre as crises; a natureza disto permanece obscura.

2.3.1 Cefaléia do tipo tensional crônica associada a dolorimento pericraniano

Critérios diagnósticos

A. Cefaléia preenchendo os critérios de A a E para 2.3. *Cefaléia do tipo tensional crônica*
B. Aumento da sensibilidade dolorosa pericraniana à palpação manual

2.3.2 Cefaléia do tipo tensional crônica não-associada a dolorimento pericraniano

Critérios diagnósticos

A. Cefaléia preenchendo os critérios de A a E para 2.3. *Cefaléia do tipo tensional crônica*
B. Sem aumento da sensibilidade dolorosa pericraniana à palpação manual

2.4 Provável cefaléia do tipo tensional

Comentário

Pacientes que reúnem um destes conjuntos de critérios também podem reunir os critérios para uma das subformas de 1.6 *Provável migrânea*. Em tais casos, todas as outras informações disponíveis devem ser usadas para decidir qual das alternativas é mais provável.

2.4.1 Provável cefaléia do tipo tensional episódica infreqüente

Critérios diagnósticos

A. Crises preenchendo todos os critérios, exceto um, de A a D para 2.1 *Cefaléia do tipo tensional episódica infreqüente*
B. As crises não preenchem os critérios para 1.1 *Migrânea sem aura.*
C. Não atribuída a outro transtorno

2.4.2 Provável cefaléia do tipo tensional episódica freqüente

Critérios diagnósticos

A. Crises preenchendo todos os critérios, exceto um, de A a D para 2.2 *Cefaléia do tipo tensional episódica freqüente*

B. As crises não preenchem os critérios para 1.1 *Migrânea sem aura*
C. Não atribuída a outro transtorno

2.4.3 Provável cefaléia do tipo tensional crônica

Critérios diagnósticos

A. Cefaléia ocorrendo em ≥ 15 dias por mês em média por > 3 meses (≥ 180 dias por ano) e preenchendo os critérios de B a D
B. A cefaléia dura horas ou pode ser contínua
C. A cefaléia tem pelo menos duas das seguintes características:
   1. localização bilateral
   2. caráter em pressão/aperto (não pulsátil)
   3. intensidade fraca ou moderada
   4. não é agravada por atividade física rotineira como caminhar ou subir escadas
D. Ambos os seguintes:
   1. não mais do que um dos seguintes sintomas: fotofobia, fonofobia ou náusea leve
   2. nem náusea moderada ou intensa, nem vômitos
E. Não atribuída a outro transtorno, mas há ou houve nos últimos dois meses o uso excessivo de medicação preenchendo o critério B para qualquer das subformas de 8.2 *Cefaléia por uso excessivo de medicação.*

Referências bibliográficas

Ad hoc committee on classification of headache. Classification of headache. JAMA 1962;179:127–8.

Andersson HI, Ejlertsson G, Leden I, Rosenberg C. Chronic pain in a geographically defined general population: studies. Clin J Pain 1993;9:174–82.

Ashina M, Bendtsen L, Jensen R, Ekman R, Olesen J. Plasma levels of substance P, neuropeptide Y and vasoactive intestinal polypeptide in patients with chronic tension-type headache. Pain 1999;83:541–7.

Ashina M, Bendtsen L, Jensen R, Olesen J. Nitric oxide induced headache in patients with chronic tension-type headache. Brain 2000;23:1830–7.

Ashina M, Bendtsen L, Jensen R, Sakai F, Olesen J. Muscle hardness in patients with chronic tension-type headache: relation to actual headache state. Pain 1999;79:201–5.

Ashina M, Bendtsen L, Jensen R, Sakai F, Olesen J. Possible mechanisms of glyceryl trinitrate induced headache in patients with chronic tension-type headache. Cephalalgia 2000;20;919–24.

Ashina M, Bendtsen L, Jensen R, Schifter S, Janssen-Olesen I, Olesen J. Plasma levels of calcitonin gene-related peptide in chronic tension-type headache. Neurology 2000;55:1335–9.

Ashina M, Bendtsen L, Jensen R, Schifter S, Janssen-Olesen I, Olesen J. Calcitonin gene-related peptide (CGRP) in chronic tension-type headache. Adv Stud Med 2001;1:54–5.

Ashina M, Bendtsen L, Jensen R, Schifter S, Olesen J. Evidence for increased plasma levels of calcitonin gene-related peptide in migraine outside of attacks. Pain 2000;86:133–8.

Ashina M, Lassen LH, Bendtsen L, Jensen R, Olesen J. Effect of inhibition of nitric oxide synthase on chronic tensiontype headache: a randomised crossover trial. Lancet 1999;353:287–9.

Ashina M, Lassen LH, Bendtsen L, Jensen R, Sakai F, Olesen J. Possible mechanisms of action of nitric oxide synthase inhibitors in chronic tension-type headache. Brain 1999;122:1629–35.

Ashina M, Stallknecht B, Bendtsen L et al. In vivo evidence of altered skeletal muscle blood flow in chronic tension-type headache. Brain 2002;125:320–6.

Bach F, Langemark M, Secher NH, Olesen J. Plasma and cerebrospinal fluid b-endorphin in chronic tension-type headache. Pain 1992;51:163–8.

Bendtsen L. Central sensitization in tension-type headache – possible pathophysiological mechanisms. Cephalalgia 2000;20:486–508.

Bendtsen L, Jensen R. Amitriptyline reduces myofascial tenderness in patients with chronic tension-type headache. Cephalalgia 2000;20;603–10.

Bendtsen L, Jensen R, Brennum J, Arendt-Nielsen L, Olesen J. Exteroceptive suppression of temporal muscle activity is normal in chronic tension-type headache and not related to actual headache state. Cephalalgia 1996;16:251–6.

Bendtsen L, Jensen R, Jensen NK, Olesen J. Pressure-controlled palpation: a new technique which increases the reliability of manual palpation. Cephalalgia 1995;15:205–10.

Bendtsen L, Jensen R, Olesen J. Decreased pain detection and tolerance thresholds in chronic tension-type headache. Arch Neurol 1996;53:373–6.

Bendtsen L, Jensen R, Olesen J. Qualitatively altered nociception in chronic myofascial pain. Pain 1996;65:259–64.

Bovim G. Cervicogenic headache, migraine and tension headache. Pressure pain thresholds measurements. Pain 1992;51:169–73.

Clark GT, Sakai S, Merrill R, Flack VF, McCreary C. Crosscorrelation between stress, pain, physical activity, and temporalis muscle EMG in tension-type headache. Cephalalgia 1995;15:511–8.

Diehr P, Wood RW, Barr V, Wolcott B, Slay L, Tompkins RK. Acute headaches: presenting symptoms and diagnostic rules to identify patients with tension and migraine headache. J Chron Dis 1981;34:147–58.

Drummond PD. Scalp tenderness and sensitivity to pain in migraine and tension headache. Headache 1987;27:45–50.

Friedman AP. Characteristics of tension-type headache. A profile of 1420 cases. Psychosomatics 1979;20:451–61.

Friedman AP, von Storch TJC, Merritt HH. Migraine and tension headaches: a clinical study of two thousand cases. Neurology 1954;4:773–8.

Göbel H, Petersen-Braun M, Soyka D. The epidemiology of headache in Germany: a nationwide survey of a representative sample on the basis of the headache classification of the International Headache Society. Cephalalgia 1994;14:97–106.

Göbel H, Weigle L, Kropp P, Soyka D. Pain sensitivity and pain reactivity of pericranialmuscles in migraine and tension-type headache. Cephalalgia 1992;12:142–51.

Hatch JP, Moore PJ, Cyr-Provost M, Boutros NN, Seleshi E, Borcherding S. The use of electromyography and muscle palpation in the diagnosis of tension-type headache with and without pericranial muscle involvement. Pain 1992;49:175–8.

Headache Classification Committee of the International Headache Society. Classification and Diagnostic criteria for headache disorders, cranial neuralgias and facial pain. Cephalalgia 1988;8(Suppl 7):1–96.

Jensen K. Quantification of tenderness by palpation and use of pressure algometer. Adv Pain Res Ther 1990;17:165–81.

Jensen R. Mechanisms of spontaneous tension-type headaches: an analysis of tenderness, pain thresholds and EMG. Pain 1996;64:251–6.

Jensen R. Pathophysiological mechanisms of tension-type headache: a review of epidemiological and experimental studies. Cephalalgia 1999;19:602–21.

Jensen R. The tension-type headache alternative. Peripheral pathophysiological mechanisms. Cephalalgia 1999;19(Suppl 25):9–10.

Jensen R. Tension-type headache. Cur Treat Opt Neurol 2001;3:169–80.

Jensen R. Mechanisms of tension-type headache. Cephalalgia 2001;21:786–9.

Jensen R. Chronic tension-type headache. Adv Stud Med 2001;1(11):449–50.

Jensen R, Bendtsen L, Olesen J. Muscular factors are of importance in tension-type headache. Headache 1998;38:10–17.

Jensen R, Fuglsang-Frederiksen A. Quantitative surface EMG of pericranial muscles. Relation to age and sex in a general population. Electroenceph Clin Neurophysiol 1994;93:175–83.

Jensen R, Fuglsang-Frederiksen A, Olesen J. Quantitative surface EMG of pericranial muscles in headache. A population study. Electroenceph Clin Neurophysiol 1994;93:335–44.

Jensen R, Olesen J. Initiating mechanisms of experimentally induced tension-type headache. Cephalalgia 1996;16:175–82.

Jensen R, Olesen J. Tension-type headache: an update on mechanisms and treatment. Cur Opin Neurol 2000;13:285–9.

Jensen R, Rasmussen BK. Muscular disorders in tension-type headache. Cephalalgia 1996;16:97–103.

Jensen R, Rasmussen BK, Pedersen B, Lous I, Olesen J. Cephalic muscle tenderness and pressure pain threshold in a general population. Pain 1992;48:197–203.

Jensen R, Rasmussen BK, Pedersen B, Olesen J. Muscle tenderness and pressure pain thresholds in headache. A population study. Pain 1993;52:193–9.

Kunkel RS. Diagnosis and treatment of muscle contraction (tension-type) headaches. Med Clin North Am 1991;75:595–603.

Langemark M, Bach FW, Ekman R, Olesen J. Increased cerebrospinal fluid metenkephalin immunoreactivity in patients with chronic tension-type headache. Pain 1995;63:103–7.

Langemark M, Bach FW, Jensen TS, Olesen J. Decreased nociceptive flexion reflex threshold in chronic tension-type headache. Arch Neurol 1993;50:1061–4.

Langemark M, Jensen K. Myofascial mechanisms of pain. In: Olesen J, Edvinson EL (Eds). Basic Mechanisms of Headache. Elsevier, Amsterdam 1988;331–341.

Langemark M, Jensen K, Jensen TS, Olesen J. Pressure pain thresholds and thermal nociceptive thresholds in chronic tension-type headache. Pain 1989;38:203–10.

Langemark M, Jensen K, Olesen J. Temporal muscle blood flow in chronic tension-type headache. Arch Neurol 1990;47:654–8.

Langemark M, Olesen J. Pericranial tenderness in tension headache. Cephalalgia 1987;7:249–55.

Langemark M, Olesen J, Poulsen DL, Bech P. Clinical characteristics of patients with tension-type headache. Headache 1988;28:590–6.

Lipchik GL, Holroyd KA, France CR, Kvaal SA, Segal D, Cordingley GE, Rokicki LA, McCool HR. Central and peripheral mechanisms in chronic tension-type headache. Pain 1996;64;467–75.

Lipton RB, Schwartz BS, Stewart WF. Epidemiology of tension-type headache. Cephalalgia 1997;17:233.

Lous I, Olesen J. Evaluation of pericranial tenderness and oral function in patients with common migraine, muscle contraction headache and combination headache. Pain 1982;12:385–93.

Marcus DA. Serotonin and its role in headache pathogenesis and treatment. Clin J Pain 1993;9:159–67.

Martin PR, Mathews AM. Tension headaches: psychosociological investigation and treatment. J Psychosom Res 1978;22:389–99.

Mennel J. Myofascial trigger points as a cause of headaches. J Manipulative Physiol Therap 1989;12:308–13.

Mense S. Nociception from skeletal muscle in relation to clinical muscle pain. Pain 1993;54:241–89.

Olesen J. Clinical and pathophysiological observations in migraine and tension-type headache explained by integration of vascular, supraspinal and myofascial inputs. Pain 1991;46:125–32.

Olesen J, Jensen R. Getting away from simple muscle contraction as a mechanism of tension-type headache. Pain 1991;46:123–4.

Östergaard S, Russell MB, Bendtsen L, Olesen J. Increased familial risk of chronic tension-type headache. BMJ 1997;314:1092–3.

Passchier J, Van der Helm-Hylkema H, Orlebeke JF. Psychophysiological characteristics of migraine and tension headache patients. Differential effects of sex and pain state. Headache 1984;24:131–9.

Peterson AL, Talcott GW, Kelleher WJ, Haddock CK. Site specificity of pain and tension in tension-type headaches. Headache 1995;35:89–92.

Pikoff H. Is the muscular model of headache still viable? A review of conflicting data. Headache 1984;24:186–98.

Quinter JL, Cohen ML. Referred pain of peripheral nerve origin: An alternative to the myofascial pain construct. Clin J Pain 1994;10:243–51.

Rasmussen BK. Migraine and tension-type headache in a general population: precipitating factors, female hormones, sleep pattern and relation to lifestyle. Pain 1993;53:65–72.

Rasmussen BK, Jensen R, Olesen J. Apopulation-based analysis of the criteria of the International Headache Society. Cephalalgia 1991;11:129–34.

Rasmussen BK, Jensen R, Olesen J. Questionnaire versus clinical interview in the diagnosis of headache. Headache 1991;31:290–5.

Rasmussen BK, Jensen R, Olesen J. Impact of headache on sickness absence and utilisation of medical services: a Danish population study. J Epidemiol Community Health 1992;46:443–6.

Rasmussen BK, Jensen R, Schroll M, Olesen J. Epidemiology of headache in a general population. A prevalence study. J Clin Epidemiol 1991;44:1147–57.

Sakai F, Ebihara S, Akiyama M, Horikawa M. Pericranial muscle hardness in tension-type headache. A non-invasive measurement method and its clinical application. Brain 1995;118:523–31.

Sandrini G, Antonaci F, Pucci E, Bono G, Nappi G. Comparative study with EMG, pressure algometry and manual palpation in tension-type headache and migraine. Cephalalgia 1994;14:451–7.

Sandrini G, Ruiz L, Alfonsi E, Cravera, Nappi G. Antinociceptive system in primary headache disorders: A neurophysiological approach. In: Nappi G et al. (Eds.) Headache and Depression: Serotonin pathways as a common clue. Raven Press, New York 1991;67–78.

Simons DG. Clinical and etiological update of myofascial pain from trigger points. J Musculoskeletal Pain 1996;4:93–121.

Schoenen J, Bottin D, Hardy F, Gerard P. Cephalic and extracephalic pressure pain thresholds in chronic tension-type headache. Pain 1991;47:145–9.

Schoenen J, Gerard P, De Pasqua V, Juprelle M. EMG activity in pericranial muscles during postural variation and mental activity in healthy volunteers and patients with chronic tension-type headache. Headache 1991;31:321–4.

Schoenen J, Gerard P, De Pasqua V, Sianard-Gainko J. Multiple clinical and paraclinical analyses of chronic tension-type headache associated or unassociated with disorder of pericranial muscles. Cephalalgia 1991;11:135–9.

Schoenen J, Jamart B, Gerard P, Lenarduzzi P, Delwaide PJ. Exteroceptive suppression of temporalis muscle activity in chronic headache. Neurology 1987;37:1834–6.

Solomon S, Lipton RB, Newman LC. Clinical features of chronic daily headache. Headache 1992;32:325–9.

Travell JG, Simons DG. Myofascial pain and dysfunction. The trigger point manual. Williams & Wilkins, Baltimore 1983.

Ulrich V, Russel MB, Jensen R, Olesen J. A comparision of tension-type headache in migraineurs and in nonmigraineurs: a population-based study. Pain 1996;67:501–6.

Wang W, Schoenen J. Reduction of temporalis exteroceptive suppression by peripheral electrical stimulation in migraine and tension-type headaches. Pain 1994;59:327–34.

Zwart JA, Sand T. Exteroceptive suppression of temporalis muscle activity: a blind study of tension-type headache, migraine and cervicogenic headache. Headache 1995;5:338–43.

3. Cefaléia em salvas e outras cefaléias trigêmino-autonômicas

3.1 Cefaléia em salvas
- 3.1.1 Cefaléia em salvas episódica
- 3.1.2 Cefaléia em salvas crônica

3.2 Hemicrania paroxística
- 3.2.1 Hemicrania paroxística episódica
- 3.2.2 Hemicrania paroxística crônica (HPC)

3.3 Cefaléia breve, unilateral, neuralgiforme com hiperemia conjuntival e lacrimejamento (*SUNCT*)

3.4 Provável cefaléia trigêmino-autonômica
- 3.4.1 Provável cefaléia em salvas
- 3.4.2 Provável hemicraniana paroxística
- 3.4.3 Provável *SUNCT*

Codificada em outra parte
4.7 Hemicrania contínua

Comentário Geral
Cefaléia primária, cefaléia secundária ou ambas?

Quando uma cefaléia com características de cefaléia trigêmino-autonômica (CTA) ocorre pela primeira vez em estreita relação temporal com um transtorno que é uma causa reconhecida de cefaléia, ela é classificada como uma cefaléia secundária a esse transtorno. Quando uma CTA preexistente piora em estreita relação temporal com outro transtorno que é uma causa reconhecida de cefaléia, há duas possibilidades e é necessário discernimento. O paciente pode receber apenas o diagnóstico da CTA ou pode receber ambos os diagnósticos, o da CTA e o de uma cefaléia secundária àquele transtorno. Os fatores que apóiam o acréscimo do último diagnóstico são: uma relação temporal muito estreita com o transtorno, piora acentuada da CTA, evidência muito clara de que o transtorno possa causar ou agravar uma CTA e, finalmente, a melhora ou o desaparecimento da CTA após a melhora da doença.

Introdução
As cefaléias trigêmino-autonômicas compartilham os aspectos clínicos de cefaléia e proeminentes sintomas autonômicos parassimpáticos cranianos. O imageamento experimental e em humanos sugere que essas síndromes ativem um reflexo trigêmino-parassimpático normal humano, sendo os sinais clínicos de disfunção simpática craniana secundários.

A hemicrania contínua, na qual os aspectos autonômicos são menos pronunciados, encontra-se sob o código 4. *Outras cefaléias primárias.*

3.1 Cefaléia em salvas

Termos previamente utilizados
Neuralgia ciliar, eritromelalgia da cabeça, eritroprosopalgia de Bing, hemicrania angioparalítica, hemicrania neuralgiforme crônica, cefalalgia histamínica, cefaléia de Horton, doença de Harris-Horton, neuralgia migranosa (de Harris), neuralgia petrosa (Gardner).

Classificada em outra parte
A cefaléia em salvas sintomática é classificada de acordo com a doença causal subjacente.

Descrição
Crises de dor forte, estritamente unilateral, na região orbital, supra-orbital, temporal ou em qualquer combinação dessas áreas, durando de 15 a 180 minutos e ocorrendo desde uma vez a cada dois dias até oito vezes por dia. As crises associam-se a um ou mais dos seguintes aspectos, todos os quais ipsilaterais à dor: hiperemia conjuntival, lacrimejamento, congestão nasal, rinorréia, sudorese na fronte e na face, miose, ptose, edema palpebral. Durante as crises, a maioria dos pacientes fica inquieta ou agitada.

Critérios diagnósticos
A. Pelo menos 5 crises preenchendo os critérios de B a D
B. Dor forte e muito forte unilateral, orbitária, supra-orbitária e/ou temporal, durando de 15 a 180 minutos, se não tratada[1]
C. A cefaléia acompanha-se de pelo menos um dos seguintes:
   1. hiperemia conjuntival e/ou lacrimejamento ipsilaterais
   2. congestão nasal e/ou rinorréia ipsilaterais
   3. edema palpebral ipsilateral
   4. sudorese frontal e facial ipsilateral
   5. miose e/ou ptose ipsilateral
   6. sensação de inquietude ou agitação
D. As crises têm uma freqüência de uma a cada dois dias a oito por dia[2]
E. Não atribuída a outro transtorno[3]

Notas
1. Durante uma parte (porém, menos da metade) do período de salva, as crises podem ser menos fortes e/ou ter duração mais curta ou mais longa.
2. Durante uma parte (porém, menos da metade) do período de salva, as crises podem ser menos freqüentes.

3. A história e os exames físico e neurológico não sugerem nenhum transtorno dentre os listados nos grupos de 5 a 12, ou a história e/ou os exames físico e/ ou neurológico sugerem tal transtorno, mas este é excluído através de investigação apropriada, ou tal transtorno está presente, mas as crises não ocorrem pela primeira vez em estreita relação temporal com o transtorno.

Comentários

As crises agudas envolvem a ativação da substância cinzenta hipotalâmica posterior. A cefaléia em salvas pode ser hereditária (transmissão autossômica dominante) em cerca de 5% dos casos.

As crises geralmente ocorrem em séries (*salvas*) que duram semanas ou meses, separados por períodos de remissão geralmente durando de meses a anos. Contudo, cerca de 10% a 15% dos pacientes apresentam sintomas crônicos sem remissões.

Numa casuística ampla e com bom acompanhamento, 27% dos pacientes apresentaram um único período de salva. Estes pacientes devem ser codificados como 3.1 *Cefaléia em salvas*.

Durante uma salva e no subtipo crônico, as crises ocorrem de maneira regular e podem ser provocados por álcool, histamina ou nitroglicerina. A dor apresenta maior intensidade na região orbitária, supra-orbitária, temporal ou em qualquer combinação dessas áreas, mas pode estender-se a outras regiões da cabeça. A dor quase invariavelmente recorre no mesmo lado durante uma salva. Nas crises mais fortes, a intensidade da dor é excruciante. O paciente geralmente é incapaz de deitar-se e caracteristicamente fica andando de um lado para outro.

A idade de início é, em geral, entre os 20 e 40 anos. Por razões desconhecidas, a prevalência é três a quatro vezes maior em homens do que em mulheres.

Cefaléia em salvas coexistindo com neuralgia do trigêmeo (*síndrome salva-tic*):

Foram descritos alguns pacientes que apresentam 3.1 *Cefaléia em salvas* e 13.1 *Neuralgia trigeminal*. Eles devem receber os dois diagnósticos. A importância dessa observação é que ambas as condições necessitam ser tratadas a fim de que o paciente fique sem dor.

3.1.1 Cefaléia em salvas episódica

Descrição

Crises de cefaléia em salvas ocorrendo em períodos que duram de 7 dias a um ano, separadas por períodos assintomáticos que duram um mês ou mais.

Critérios diagnósticos

A. Crises preenchendo os critérios de A a E para 3.1 *Cefaléia em salvas*

B. Pelo menos dois períodos de salva durando de 7 a 365 dias[1] e separados por períodos de remissão ≥ 1 mês

Nota

1. Os períodos de salva geralmente duram de 2 semanas a 3 meses.

Comentário

A duração do período de remissão foi aumentada nesta segunda edição para o mínimo de um mês.

3.1.2 Cefaléia em salvas crônica

Descrição

Crises de cefaléia em salvas ocorrendo por mais de um ano sem remissão ou com remissões durando menos de um mês.

Critérios diagnósticos

A. Crises preenchendo os critérios de A a E para 3.1 *Cefaléia em salvas*
B. As crises recorrem por mais de um ano sem períodos de remissão ou com períodos de remissão durando < 1 mês

Comentários

A cefaléia em salvas pode ser crônica desde o início (previamente denominada cefaléia em salvas crônica primária) ou evoluir a partir do subtipo episódico (previamente denominada cefaléia em salvas crônica secundária). Alguns pacientes podem passar da forma crônica para a forma episódica de cefaléia em salvas.

3.2 Hemicrania paroxística

Descrição

Crises similares às da cefaléia em salvas quanto à dor e os sintomas e sinais associados, porém mais freqüentes e de duração mais curta, que ocorrem mais comumente em mulheres e respondem de maneira absoluta à indometacina.

Critérios diagnósticos

A. Pelo menos 20 crises preenchendo os critérios de B a D
B. Crises de dor forte unilateral, orbitária, supra-orbitária e/ou temporal durando de dois a 30 minutos
C. A cefaléia acompanha-se de pelo menos um dos seguintes:
   1. hiperemia conjuntival ipsilaterais e/ou lacrimejamento
   2. congestão nasal ipsilaterais e/ou rinorréia
   3. edema palpebral ipsilateral
   4. sudorese frontal e facial ipsilateral
   5. miose e/ou ptose ipsilateral

D. As crises têm uma freqüência superior a 5 por dia em mais da metade do tempo, ainda que períodos de menor freqüência possam ocorrer
E. As crises são completamente evitadas por doses terapêuticas de indometacina[1]
F. Não atribuída a outro transtorno[2]

Notas

1. A fim de se excluir uma resposta incompleta, a indometacina deve ser usada em dose ≥ 150 mg por dia, por via oral ou retal, ou dose ≥ 100 mg injetável; contudo, para a manutenção, em geral, são suficientes doses menores.
2. A história e os exames físico e neurológico não sugerem nenhum transtorno dentre os listados nos grupos de 5 a 12, ou a história e/ou os exames físico e/ou neurológico sugerem tal transtorno, mas este é excluído através de investigação apropriada, ou tal transtorno está presente, mas as crises não ocorrem pela primeira vez em estreita relação temporal com o transtorno.

Comentários

Não há predomínio masculino. O início ocorre geralmente na idade adulta, apesar de já terem sido relatados casos em crianças.

Na primeira edição, todas as hemicranias paroxísticas eram designadas como *hemicrania paroxística crônica*. Acumularam-se evidências clínicas suficientes para o subtipo episódico para separá-lo, de maneira análoga, à cefaléia em salvas.

Hemicrania paroxística coexistindo com neuralgia trigeminal (síndrome HPC-tic):

Os pacientes que preenchem os critérios tanto para 3.2 *Hemicrania paroxística* quanto para 13.1 *Neuralgia do trigêmeo* devem receber ambos os diagnósticos. A importância dessa observação é que ambas as condições requerem tratamento. O significado fisiopatológico da associação não está elucidado.

3.2.1 Hemicrania paroxística episódica

Descrição

Crises de hemicrania paroxística ocorrendo em períodos que duram de 7 dias a um ano, separados por períodos sem dor que duram um mês ou mais.

Critérios diagnósticos

A. Crises preenchendo os critérios de A a F para 3.2 *Hemicrania paroxística*
B. Pelo menos dois períodos de crises durando de 7 a 365 dias e separados por períodos de remissão sem dor ≥ 1 mês

3.2.2 Hemicrania paroxística crônica (HPC)

Descrição

Crises de hemicrania paroxística ocorrendo por mais de um ano sem remissão ou com remissões durando menos de um mês.

Critérios diagnósticos

A. Crises preenchendo os critérios de A a F para 3.2 *Hemicrania paroxística*
B. As crises recorrem por > 1 ano sem períodos de remissão ou com períodos de remissão durando < 1 mês

3.3 Cefaléia de curta duração, unilateral, neuralgiforme com hiperemia conjuntival e lacrimejamento (SUNCT)

Descrição

Esta síndrome se caracteriza por crises de dor unilateral de curta duração, muito mais breve do que aquelas vistas em qualquer outra cefaléia trigêmino-autonômica e freqüentemente acompanhada de lacrimejamento proeminente e vermelhidão no olho ipsilateral.

Critérios diagnósticos

A. Pelo menos 20 crises preenchendo os critérios de B a D
B. Crises de dor unilateral, orbitária, supra-orbitária ou temporal, em pontada ou pulsátil durando de cinco a 240 segundos
C. A dor se acompanha de hiperemia conjuntival ipsilaterais e lacrimejamento
D. As crises ocorrem com freqüência de 3 a 200 por dia
E. Não atribuída outro transtorno[1]

Nota

1. A história e os exames físico e neurológico não sugerem nenhum transtorno dentre os listados nos grupos de 5 a 12, ou a história e/ou os exames físico e/ou neurológico sugerem tal transtorno, mas este é excluído através de investigação apropriada, ou tal transtorno está presente, mas as crises não ocorrem pela primeira vez em estreita relação temporal com o transtorno.

Comentários

Esta síndrome foi descrita após a publicação da primeira edição da *Classificação Internacional das Cefaléias* e se tornou bastante conhecida na última década.

Alguns pacientes podem ser vistos apresentando apenas um dos sintomas, hiperemia conjuntival ou lacrimejamento, ou podem ser percebidos outros sintomas autonômicos cranianos, como congestão nasal, rinorréia ou edema palpebral. A 3.3 *SUNCT* pode ser uma subforma de A3.3 *Cefaléia de curta duração, unilateral, neuralgiforme com sintomas autonômicos cranianos* (*SUNA*), descrita no apêndice.

A literatura sugere que os quadros que mais comumente mimetizam 3.3 *SUNCT* são causados por lesões na fossa posterior ou envolvendo a hipófise.

SUNCT coexistindo com neuralgia do trigêmeo:

Foram descritos pacientes em que há superposição de 3.3 *SUNCT* e 13.1 *Neuralgia do trigêmeo*. Tais pacientes devem receber ambos os diagnósticos. Esta diferenciação é clinicamente difícil.

3.4 Provável cefaléia trigêmino-autonômica

Descrição

Crises de cefaléia que se crê serem um subtipo de uma cefaléia trigêmino-autonômica, mas que não preenchem os critérios diagnósticos para quaisquer dos subtipos descritos acima.

Critérios diagnósticos

A. Crises preenchendo todos menos um dos critérios específicos para um dos subtipos de cefaléia trigêmino-autonômica
B. Não atribuída a outro transtorno

Comentário

Os pacientes codificados como 3.4 *Provável cefaléia trigêmino-autonômica* ou uma de suas subformas sofreram número insuficiente de crises típicas ou deixaram de preencher um dos critérios.

3.4.1 Provável cefaléia em salvas

Critérios diagnósticos

A. Crises preenchendo todos menos um dos critérios de A a D para 3.1 *Cefaléia em salvas*
B. Não atribuída a outro transtorno

3.4.2 Provável hemicrania paroxística

Critérios diagnósticos

A. Crises preenchendo todos menos um dos critérios de A a E para 3.2 *Hemicrania paroxística*
B. Não atribuída a outro transtorno

3.4.3 Provável cefaléia de curta duração, unilateral, neuralgiforme com hipermia conjuntival e lacrimejamento (SUNCT)

Critérios diagnósticos

A. Crises preenchendo todos menos um dos critérios de A a D para 3.3 *Cefaléia de curta duração, unilateral, neuralgiforme com hiperemia conjuntival e lacrimejamento (SUNCT)*
B. Não atribuída a outro transtorno

Referências bibliográficas

Geral

Goadsby PJ. Pathophysiology of cluster headache: a trigeminal autonomic cephalgia. Lancet Neurology 2002;1:37–43.

Goadsby PJ, Lipton RB. A review of paroxysmal hemicranias, SUNCT syndrome and other short-lasting headaches with autonomic features, including new cases. Brain 1997;120:193–209.

May A, Goadsby PJ. The trigeminovascular system in humans: pathophysiological implications for primary headache syndromes of the neural influences on the cerebral circulation. Journal of Cerebral Blood Flow and Metabolism 1999;19:115–27.

3.1 Cefaléia em salvas

Alberca R, Ochoa JJ. Cluster tic syndrome. Neurology 1994;44:996–9.

Bahra A, May A, Goadsby PJ. Diagnostic patterns in cluster headache. In: Olesen J, Goadsby PJ, editors. Cluster Headache and Related Conditions. Oxford: Oxford University Press 1999;61–65.

Bahra A, May A, Goadsby PJ. Cluster headache: a prospective clinical study in 230 patients with diagnostic implications. Neurology 2002;58:354–61.

Bing R. Uber traumatische Erythromelalgie und Erthroprosopalgie. Nervenarzt 1930;3:506–12.

de Fine Olivarius B. Hemicrania neuralgiformis chronica (Chronic migrainous neuralgia). Quoted by Sjaastad O, ed. Proceedings of the Scandinavian Migraine Society Annual Meeting 1971;8.

Ekbom K. Ergotamine tartrate orally in Horton's 'histaminic cephalalgia' (also called Harris's ciliary neuralgia). Acta Psychiatrica Scandinavia 1947;46:106.

Ekbom K. Nitroglycerin as a provocative agent in cluster headache. Archives of Neurology 1968;19:487–93.

Eulenberg A. Lehrbuch der Nervenkrankheiten. 2nd edn. Berlin: Hirschwald 1878.

Harris W. Ciliary (migrainous) neuralgia and its treatment. British Medical Journal 1936;1:457–60.

Horton BT. Histaminic cephalgia. Lancet 1952;ii:92–8.

Kudrow L. Cluster headache: Mechanisms and Management. Oxford: Oxford University Press 1980.

Manzoni GC. Gender ratio of cluster headache over the years: a possible role of changes in lifestyle. Cephalalgia 1998;18:138–42.

Manzoni GC, Micieli G, Granella F, Tassorelli C, Zanferrari C, Cavallini A. Cluster headache-course over ten years in 189 patients. Cephalalgia 1991;11:169–74.

Manzoni GC, G.Terzano M, Bono G, Micieli G, Martucci N, Nappi G. Cluster headache – clinical findings in 180 patients. Cephalalgia 1983;3:21–30.

May A, Bahra A, Buchel C, Frackowiak RSJ, Goadsby PJ. Hypothalamic activation in cluster headache attacks. Lancet 1998;351:275–8.

Mulleners WM, Verhagen WIM. Cluster-tic syndrome. Neurology 1996;47:302.

Pascual J, Berciano J. Relief of cluster-tic syndrome by the combination of lithium and carbamazepine. Cephalalgia 1993;13:205–6.

Romberg MH. Lehrbuch der Nervenkrankheiten des Menschen. Berlin: Dunker 1840.

Russell MB, Andersson PG, Thomsen LL, Iselius L. Cluster headache is an autosomal dominantly inherited disorder in some families: a complex segregation analysis. Journal of Medical Genetics 1995;32:954–6.

Sjostrand C, Waldenlind E, Ekbom K. A follow up study of 60 patients after an assumed first period of cluster headache. Cephalalgia 2000;20:653–7.

Sluder G. The syndrome of sphenopalatine ganglion neurosis. American Journal of Medicine 1910;140:868–78.

Solomon S, Apfelbaum RI, Guglielmo KM. The cluster-tic syndrome and its surgical therapy. Cephalalgia 1985;5:83–9.

Torelli P, Cologno D, Cademartiri C, Manzoni GC. Application of the International Headache Society classification criteria in 652 cluster headache patients. Cephalalgia 2001;21:145–50.

Vail HH. Vidian neuralgia. Ann Otol Rhinol Laryngol 1932;41:837–56.

Watson P, Evans R. Cluster-tic syndrome. Headache 1985;25:123–6.

3.2 Hemicrania paroxística

Antonaci F, Pareja JA, Caminero AB, Sjaastad O. Chronic paroxysmal hemicrania and hemicrania continua. Parenteral indomethacin: the 'Indotest'. Headache 1998;38:122–8.

Antonaci F, Sjaastad O. Chronic paroxysmal hemicrania (CPH): a review of the clinical manifestations. Headache 1989;29:648–56.

Broeske D, Lenn NJ, Cantos E. Chronic paroxysmal hemicrania in a young child: possible relation to ipsilateral occipital infarction. Journal of Child Neurology 1993;8:235–6.

Caminero AB, Pareja JA, Dobato JL. Chronic paroxysmal hemicrania- tic syndrome. Cephalalgia 1998;18:159–61.

Hannerz J. The second case of chronic paroxysmal hemicrania-tic syndrome [Editorial Comment]. Cephalalgia 1998;18:124.

Kudrow DB, Kudrow L. Successful aspirin prophylaxis in a child with chronic paroxysmal hemicrania. Headache 1989;29:280–1.

Sjaastad O, Dale I. Evidence for a new (?) treatable headache entity. Headache 1974;14:105–108.

Zukerman E, Peres MFP, Kaup AO, Monzillo PH, Costa AR. Chronic paroxysmal hemicrania-tic syndrome. Neurology 2000;54:1524–6.

3.3 *SUNCT*

Benoliel R, Sharav Y. Trigeminal neuralgia with lacrimation or SUNCT syndrome? Cephalalgia 1998;18:85 90.

Bouhassira D, Attal N, Esteve M, Chauvin M. SUNCT syndrome. A case of transformation from trigeminal neuralgia. Cephalalgia 1994;14:168–70.

Bussone G, Leone M, Volta GD, Strada L, Gasparotti R. Shortlasting unilateral neuralgiform headache attacks with tearing and conjunctival injection: the first symptomatic case. Cephalalgia 1991;11:123–7.

De Benedittis G. SUNCT syndrome associated with cavernous angioma of the brain stem. Cephalalgia 1996;16:503–6.

Ferrari MD, Haan J, van Seters AP. Bromocriptine-induced trigeminal neuralgia attacks in a patient with pituitary tumor. Neurology 1988;38:1482–4.

Goadsby PJ, Lipton RB. A review of paroxysmal hemicranias, SUNCT syndrome and other short-lasting headaches with autonomic features, including new cases. Brain 1997;120:193–209.

Goadsby PJ, Matharu MS, Boes CJ. SUNCT syndrome or trigeminal neuralgia with lacrimation. Cephalalgia 2001;21:82–3.

Levy MJ, Matharu MS, Goadsby PJ. Prolactinomas, dopamine agonist and headache: two case reports. European Journal of Neurology 2003;10:169–74.

Massiou H, Launay JM, Levy C, El Amran M, Emperauger B, Bousser M-G. SUNCT syndrome in two patients with prolactinomas and bromocriptine-induced attacks. Neurology 2002;58:1698–9.

Matharu MS, Levy MJ, Merry RT, Goadsby PJ. SUNCT syndrome secondary to prolactinoma. J. Neurol. Neurosurg. Psychiatry 2003; in press.

Morales F, Mostacero E, Marta J, Sanchez S. Vascular malformation of the cerebellopontine angle associated with SUNCT syndrome. Cephalalgia 1994;14:301–2.

Moris G, Ribacoba R, Solar DN, Vidal JA. SUNCT syndrome and seborrheic dermatitis associated with craneosynostosis. Cephalalgia 2001;21:157–9.

Pareja JA, Sjaastad O. SUNCT syndrome. A clinical review. Headache 1997;37:195–202.

Penart A, Firth M, Bowen JRC. Short-lasting unilateral neuralgiform headache with conjunctival injection and tearing (SUNCT) following presumed dorsolateral brainstem infarction. Cephalalgia 2001;21:236–9.

Sjaastad O, Saunte C, Salvesen R, Fredriksen TA, Seim A, Roe OD et al. Shortlasting unilateral neuralgiform headache attacks with conjunctival injection, tearing, sweating, and rhinorrhea. Cephalalgia 1989;9:147–56.

ter Berg HWM, Goadsby PJ. Significance of atypical presentation of symptomatic SUNCT: a case report. J Neurol Neurosurg Psychiat 2001;70:244–46.

4. Outras cefaléias primárias

4.1	Cefaléia primária em facada
4.2	Cefaléia primária da tosse
4.3	Cefaléia primária do esforço físico
4.4	Cefaléia primária associada à atividade sexual
4.4.1	Cefaléia pré-orgástica
4.4.2	Cefaléia orgástica
4.5	Cefaléia hípnica
4.6	Cefaléia trovoada primária
4.7	Hemicrania contínua
4.8	Cefaléia persistente e diária desde o início (CPDI)

Comentário Geral

Cefaléia primária, secundária ou ambas?

Quando uma nova cefaléia ocorre pela primeira vez em estreita relação temporal com um outro transtorno que, reconhecidamente, é uma causa de cefaléia, ela é classificada como uma cefaléia secundária a esse transtorno. Essa regra também se aplica quando a cefaléia tem características de migrânea ou de outras cefaléias primárias. Quando uma cefaléia primária preexistente piora em estreita relação temporal com outro transtorno que é uma causa reconhecida de cefaléia, há duas possibilidades, e é necessário discernimento. O paciente pode receber somente o diagnóstico da cefaléia primária preexistente ou pode receber ambos os diagnósticos, o da cefaléia primária preexistente e de uma cefaléia secundária a esse transtorno. Os fatores que apóiam o acréscimo do último diagnóstico são: uma relação temporal muito estreita, piora acentuada da cefaléia primária, evidência muito clara de que o transtorno possa causar ou agravar uma cefaléia primária e, finalmente, a melhora ou desaparecimento da cefaléia primária após o alívio do transtorno.

Introdução

Este capítulo inclui cefaléias heterogêneas. A patogênese desses tipos de cefaléia ainda é pouco compreendida e seu tratamento é sugerido com base em relatos isolados e ensaios clínicos não controlados.

Vários tipos de cefaléia incluídos neste capítulo podem ser sintomáticos e necessitam de uma avaliação cuidadosa com exames de imagem e/ou outros testes apropriados.

O início de algumas dessas cefaléias, especialmente da 4.6 *Cefaléia trovoada primária*, pode ser agudo e os pacientes afetados são usualmente atendidos em unidades de emergência. A investigação apropriada e completa (em particular, neuroimagem) é indispensável nestes casos.

Este capítulo inclui também algumas entidades clínicas, tais como 4.1 *Cefaléia primária em facada* e 4.5 *Cefaléia hípnica* (esta última recentemente descrita) que são primárias na maioria dos casos.

4.1 Cefaléia primária em facada

Termos previamente utilizados
Cefaléia do furador de gelo, cefaléia das pontadas e sobressaltos, oftalmodinia periódica.

Descrição
Dor em pontadas, localizada e de curta duração, na cabeça, que ocorre espontaneamente, na ausência de doença orgânica em estruturas subjacentes ou nos nervos cranianos.

Critérios diagnósticos

A. Dor cefálica ocorrendo como um pontada única ou como uma série de pontadas e preenchendo os critérios de B a D
B. Sentida exclusiva ou predominantemente na distribuição da primeira divisão do nervo trigêmeo (órbita, têmpora ou região parietal)
C. As pontadas têm duração de até alguns segundos e recorrem com freqüência irregular que varia de uma a várias vezes ao dia
D. Ausência de sintomas acompanhantes
E. Não atribuída a outro transtorno[1]

Nota

1. A história e os exames físico e neurológico não sugerem nenhum transtorno dentre os listados nos grupos de 5 a 12, ou a história e/ou os exames físico e/ou neurológico sugerem tal transtorno, mas este é excluído através de investigação apropriada, ou tal transtorno está presente, mas as crises não ocorrem pela primeira vez em estreita relação temporal com o transtorno.

Comentários
Em um único estudo descritivo publicado, 80% das dores em pontadas duraram três segundos ou menos. Em casos raros, as dores em pontadas ocorrem repetidamente durante dias, e existe um relato de *status* durando uma semana.

As pontadas podem acometer áreas diferentes num mesmo paciente, tanto no mesmo lado como no hemicrânio oposto. Quando são estritamente localizadas em uma região, devem ser excluídas alterações estruturais neste local ou na distribuição do nervo craniano afetado.

As dores em facada são mais comumente vivenciadas por pessoas sujeitas a cefaléia migranosa (40%) ou cefaléia em salvas (30%); nestes casos são sentidas no local habitualmente afetado pela cefaléia.

Resposta positiva à indometacina tem sido relatada em alguns estudos não controlados, enquanto outros têm observado resposta parcial ou ausente.

4.2 Cefaléia primária da tosse

Termos previamente utilizados

Cefaléia benigna da tosse; cefaléia da manobra de Valsalva.

Descrição

Cefaléia desencadeada pela tosse ou **esforço abdominal**, na ausência de qualquer lesão intracraniana.

Critérios diagnósticos

A. Cefaléia preenchendo os critérios B e C
B. Início súbito, com duração entre 1 segundo a 30 minutos
C. Precipitada por e ocorrendo somente em associação com tosse, manobra de Valsalva ou contração da musculatura abdominal
D. Não atribuída a outro transtorno[1]

Nota

1. A cefaléia da tosse é sintomática em cerca de 40% dos casos e a grande maioria destes apresenta malformação de Arnold-Chiari tipo I. Outras causas relatadas de cefaléia da tosse sintomática são aneurismas cerebrais e patologia carotídea ou vertebrobasilar. A investigação por neuroimagem desempenha um importante papel na diferenciação entre a cefaléia secundária da tosse e a 4.2 *Cefaléia primária da tosse*.

Comentário

A cefaléia primária da tosse é geralmente bilateral e afeta predominantemente pacientes com idade superior a 40 anos. Apesar de a indometacina ser usualmente eficaz no tratamento da cefaléia primária da tosse, uma resposta positiva a esta medicação também tem sido relatada em alguns casos sintomáticos.

4.3 Cefaléia primária do esforço físico

Termo previamente utilizado

Cefaléia benigna do esforço.

Classificada em outro local

Migrânea induzida por exercício sob o código 1. *Migrânea* de acordo com o seu subtipo.

Descrição

Cefaléia precipitada por qualquer forma de exercício. Subformas, tais como "cefaléia dos halterofilistas", são reconhecidas.

Critérios diagnósticos

A. Cefaléia pulsátil preenchendo os critérios B e C
B. Duração entre 5 minutos e 48 horas
C. Desencadeada por e ocorrendo somente durante ou após esforço físico
D. Não atribuída a outro distúrbio[1]

Nota

1. No primeiro episódio deste tipo de cefaléia é obrigatória a exclusão de hemorragia subaracnóidea e dissecção arterial.

Comentários

A cefaléia primária do esforço físico ocorre predominantemente em clima quente ou em altitude elevada. Existem relatos de prevenção em alguns pacientes pela ingestão de tartarato de ergotamina. A indometacina tem sido considerada eficaz na maioria dos casos.

A cefaléia descrita em halterofilistas tem sido considerada uma subforma de 4.3 *Cefaléia primária do esforço*; devido ao seu início súbito e mecanismo presumido pode ter mais semelhanças com 4.2 *Cefaléia primária da tosse*.

4.4 Cefaléia primária associada à atividade sexual

Termos previamente utilizados

Cefaléia benigna da atividade sexual, cefaléia coital, cefaléia vascular benigna da atividade sexual, cefaléia sexual.

Descrição

Cefaléia desencadeada por atividade sexual, começando geralmente como uma dor bilateral em peso enquanto a excitação sexual aumenta e subitamente tornando-se intensa no orgasmo, na ausência de qualquer lesão intracraniana.

4.4.1 Cefaléia pré-orgástica

Critérios diagnósticos

A. Dor em peso na cabeça e pescoço associada a sensação de contração da musculatura do pescoço e/ou mandíbula e preenchendo o critério B

B. Ocorre durante a atividade sexual e aumenta com a excitação sexual
C. Não atribuída a outro transtorno

4.4.2 Cefaléia orgástica

Classificada em outro local
Uma cefaléia postural semelhante àquela da hipotensão liquórica, desenvolvendo-se após o coito, tem sido relatada. Esta cefaléia deve ser codificada como 7.2.3 *Cefaléia atribuída à hipotensão liquórica espontânea (ou idiopática)* porque se deve ao extravasamento de liquor.

Critérios diagnósticos
A. Cefaléia súbita e intensa ("explosiva") preenchendo o critério B
B. Ocorre no orgasmo
C. Não atribuída a outro transtorno[1]

Nota
1. No primeiro episódio deste tipo de cefaléia é obrigatória a exclusão de hemorragia subaracnóidea e dissecção arterial.

Comentários
Uma associação entre 4.4 *Cefaléia primária associada à atividade sexual*, 4.3 *Cefaléia primária do esforço físico* e migrânea é relatada em aproximadamente 50% dos casos.

Dois subtipos (tipo em peso e tipo explosivo) foram incluídos na primeira edição da *Classificação Internacional das Cefaléias*. Nenhuma investigação específica foi feita desde então com o intuito de esclarecer se as duas são entidades separadas. Na maioria dos casos publicados de cefaléia com atividade sexual, somente a cefaléia explosiva ("tipo vascular") tem sido relatada. O tipo em peso pode ser um subtipo da cefaléia tensional, porém não existem evidências que apóiem esta hipótese.

Não existem dados disponíveis sobre a duração da cefaléia primária associada à atividade sexual, mas é geralmente aceita uma duração entre um minuto a três horas.

4.5 Cefaléia hípnica

Termos previamente utilizados
Síndrome da cefaléia hípnica, cefaléia do despertador.

Descrição
Crises de cefaléia em peso que sempre acordam o paciente.

Critérios diagnósticos

A. Cefaléia em peso preenchendo os critérios de B a D
B. Aparece somente durante o sono e acorda o paciente
C. Presença de pelo menos duas das características abaixo:
1. ocorre > 15 vezes por mês
2. dura ≥ 15 minutos após acordar
3. ocorre pela primeira vez após os 50 anos de idade
D. Ausência de sinais autonômicos e presença de não mais do que um dos sintomas a seguir: náusea, fotofobia ou fonofobia
E. Não atribuída a outro transtorno[1]

Nota

1. Transtornos intracranianos devem ser afastados. É necessária a distinção com as cefaléias trigêmino-autonômicas para o manejo clínico eficaz.

Comentários

A dor da cefaléia hípnica é geralmente fraca a moderada, porém, dor forte é relatada por 20% dos pacientes. A dor é bilateral em cerca de dois terços dos casos. A crise dura geralmente de 15 a 180 minutos, porém duração maior tem sido descrita.

A cafeína e o lítio foram tratamentos eficazes em vários casos relatados.

4.6 Cefaléia trovoada primária

Termo previamente utilizado

Cefaléia benigna em trovoada.

Classificada em outro local

A 4.2 Cefaléia primária da tosse, a 4.3 Cefaléia primária do esforço físico e a 4.4 Cefaléia primária associada à atividade sexual podem se apresentar como cefaléia trovoada, porém devem ser classificadas como esses tipos de cefaléia e não como 4.6 Cefaléia trovoada primária.

Descrição

Cefaléia intensa com início abrupto que simula a da ruptura de um aneurisma cerebral.

Critérios diagnósticos

A. Dor de cabeça de forte intensidade que preenche os critérios B e C
B. Ambas as seguintes características:
   1. início súbito, atingindo a intensidade máxima em < 1 minuto
   2. duração de uma hora a dez dias
C. Não recorre regularmente ao longo das semanas ou meses subseqüentes[1]
D. Não atribuída a outro transtorno[2]

Notas

1. A cefaléia pode recorrer dentro da primeira semana após o início.
2. Exames de imagem e de LCR normais são necessários.

Comentários

As evidências de que a cefaléia trovoada primária exista como uma condição primária são escassas: a busca por uma causa subjacente deve ser exaustiva e persistente. A cefaléia trovoada está freqüentemente associada a transtornos vasculares intracranianos graves, particularmente hemorragia subaracnóidea e é obrigatória a sua exclusão, bem como a de outras condições, que incluem: hemorragia intracerebral, trombose venosa cerebral, malformação vascular não-rota (principalmente aneurisma), dissecção arterial (intra e extracraniana), angiite do SNC, angiopatia benigna e reversível do SNC e apoplexia hipofisária. Outras causas orgânicas de cefaléia trovoada primária são cisto colóide do terceiro ventrículo, hipotensão liquórica e sinusite aguda (particularmente com barotrauma). A 4.6 Cefaléia trovoada primária deve ser diagnosticada somente quando todas as causas orgânicas tiverem sido excluídas.

4.7 Hemicrania contínua

Descrição

Cefaléia persistente estritamente unilateral responsiva à indometacina.

Critérios diagnósticos

A. Cefaléia por > 3 meses preenchendo os critérios de B a D
B. Todas as características seguintes:
   1. dor unilateral sem mudança de lado
   2. diária e contínua, sem intervalos livres de dor
   3. intensidade moderada, porém com exacerbações para dor intensa
C. Pelo menos uma das características autonômicas seguintes, ocorrendo durante as exacerbações e ipsilaterais à dor:
   1. hiperemia conjuntival e/ou lacrimejamento
   2. congestão nasal e/ou rinorréia
   3. ptose e/ou miose
D. Resposta completa a doses terapêuticas de indometacina
E. Não atribuída a outro transtorno[1]

Nota

1. A história e os exames físico e neurológico não sugerem nenhum transtorno dentre os listados nos grupos de 5 a 12, ou a história e/ou os exames físico e/ou neurológico sugerem tal transtorno, mas este é excluído através de investigação apropriada, ou tal transtorno está presente, mas as crises não ocorreram pela primeira vez em estreita relação temporal com o transtorno.

Comentário

A hemicrania contínua geralmente não apresenta remissão, porém casos raros de remissão foram relatados. Ainda não foi estabelecido se este tipo de cefaléia pode ser subdividido de acordo com a duração da história e a persistência.

4.8 Cefaléia persistente e diária desde o início (CPDI)

Termos previamente utilizados

Cefaléia crônica de novo; cefaléia crônica de início agudo.

Descrição

Cefaléia que é diária e sem remissão desde o início (em, no máximo, três dias). A dor é tipicamente bilateral, em pressão ou aperto, e de fraca a moderada intensidade. Pode haver fotofobia, fonofobia ou náusea leve.

Critérios diagnósticos

A. Cefaléia por > 3 meses que preenche os critérios de B a D.
B. A cefaléia é diária e sem remissão desde o início ou desde no máximo três dias após o início
C. Dor com pelo menos duas das seguintes características:
   1. localização bilateral
   2. caráter em aperto ou pressão
   3. intensidade fraca a moderada
   4. não agravada por atividades físicas de rotina, tais como andar ou subir escadas
D. Ambas as seguintes:
   1. não mais do que um dos sintomas dentre fotofobia, fonofobia ou náusea leve
   2. ausência de náusea moderada a forte ou de vômitos
E. Não atribuída a outro transtorno[1].

Notas

1. A cefaléia pode não ter remissão desde o momento em que surge ou evoluir muito rapidamente para uma dor contínua e sem remissão. O surgimento ou desenvolvimento rápido deve ser claramente descrito e lembrado pelo paciente. Caso contrário, classificar como item 2.3 *Cefaléia do tipo tensional crônica.*
2. A história e os exames físico e neurológico não sugerem quaisquer dos transtornos listados nos grupos de 5 a 12 (incluindo 8.2 *Cefaléia por uso excessivo de medicação* e suas subformas), ou a história e/ou os exames físico e/ou neurológico sugerem tais distúrbios, mas estes são afastados através de investigação apropriada, ou tais distúrbios estão presentes, porém as crises não acontecem pela primeira vez em estreita relação temporal com o transtorno.

Comentários

Esta segunda edição da *Classificação Internacional das Cefaléias* reconhece a 4.8 *Cefaléia persistente e diária desde o início* como uma entidade separada da *2.3 Cefaléia do tipo tensional crônica*. Embora a CPDI tenha muitas características em comum com a cefaléia do tipo tensional, a CPDI é única pelo fato da cefaléia ser diária e sem remissão desde o momento do surgimento ou quase desde esse momento, tipicamente em pessoas sem uma história anterior de cefaléia. A clara recordação deste início é necessária para o diagnóstico de 4.8 *Cefaléia persistente e diária desde o início*.

A cefaléia da CPDI pode ter características associadas sugestivas tanto de migrânea quanto de cefaléia do tipo tensional. Cefaléias secundárias, tais como a cefaléia da hipotensão liquórica, a cefaléia da hipertensão liquórica, a cefaléia pós-traumática e cefaléia atribuída a infecção (particularmente viral), devem ser excluídas por investigação apropriada.

Se há ou houve, nos últimos dois meses, abuso de medicação que preenche o critério B para quaisquer das subformas da 8.2 *Cefaléia por uso excessivo de medicação*, a regra é codificar para qualquer cefaléia preexistente mais 8.2.7 *Provável cefaléia por uso excessivo de medicamento*, mas não para 4.8 *Cefaléia persistente e diária desde o início*.

A CPDI pode assumir duas subformas: uma autolimitada, que tipicamente desaparece sem tratamento dentro de alguns meses e outra refratária, que é resistente a programas agressivos de tratamento. O subcomitê objetiva estimular uma caracterização clínica adicional e uma pesquisa fisiopatológica dessa entidade, especialmente estudos que comparem a 4.8 *Cefaléia persistente e diária desde o início* com a 2.3 *Cefaléia do tipo tensional crônica*.

Referências bibliográficas

4.1 Cefaléia primária em facada

Ammache Z, Graber M, Davis P. Idiopathic stabbing headache associated with mononuclear visual loss. Arch Neurol 2000;57:745–6.

Dangond F, Spierings EL. Idiopathic stabbing headaches lasting a few seconds. Headache 1993;33:257–8.

Martins IP, Parreira B, Costa I. Extratrigeminal ice-pick status. Headache 1995;35:107–10.

Pareja JA, Kruszewski P, Caminero AB. SUNCT syndrome versus idiopathic stabbing headache (jabs and jolts syndrome). Cephalalgia 1999;19(Suppl 25):46–8.

Pareja JA, Ruiz J, de Isla C, al-Sabbab H, Espejo J. Idiopathic stabbing headache (jabs and jolts syndrome). Cephalalgia 1996;16:93–6.

Sjaastad O, Batnes J, Haugen S. The Vågå Study: an outline of the design. Cephalalgia 1999;19(Suppl 25):24–30.

Soriani G, Battistella PA, Arnaldi C, De Carlo L, Cemetti R, Corra S, Tosato G. Juvenile idiopathic stabbing headache. Headache 1996;36:565–7.

4.2 Cefaléia primária da tosse

Calandre L, Hernandez-Lain A, Lopez-Valdes E. Benign Valsalva's maneuver-related headache: an MRI study of six cases. Headache 1996;36:251–3.

Ertsey C, Jelencsik I. Cough headache associated with Chiari type-I malformation: responsiveness to indomethacin. Cephalalgia 2000;20:518–20.
Pascual J, Berciano J. Experience in the diagnosis of headaches that start in elderly people. J Neurol Neurosurg Psychiatry 1994;57:1255–7.
Pascual J, Iglesias F, Oterino A, Vazquez-Barquero A, Berciano J. Cough, exertional, and sexual headaches: an analysis of 72 benign and symptomatic cases. Neurology 1996;46:1520–4.
Perini F, Toso V. Benign cough 'cluster' headache. Cephalalgia 1998;18:493–4.
Raskin NH. The cough headache syndrome: treatment. Neurology 1995;45:1784.
Smith WS, Messing RO. Cerebral aneurysm presenting as cough headache. Headache 1993;33:203–4.

4.3 Cefaléia primária do esforço físico

Edis RH, Silbert PL. Sequential benign sexual headache and exertional headache (letter). Lancet 1988;30:993.
Green MW. A spectrum of exertional headaches. Headache 2001;4:1085–92.
Heckmann JG, Hilz MJ, Muck-Weymann M, Neundorfer B. Benign exertional headache/benign sexual headache: a disorder of myogenic cerebrovascular autoregulation? Headache 1997;37:597–8.
Lance JW, Lambros J. Unilateral exertional headache as a symptom of cardiac ischemia. Headache 1998;38:315–6.
Lipton RB, Lowenkopf T, Bajwa ZH, Leckie RS, Ribeiro S, Newman LC, Greenberg MA. Cardiac cephalgia: a treatable form of exertional headache. Neurology 1997;49:813–6.
Pascual J, Iglesias F, Oterino A, Vazquez-Barquero A, Berciano J. Cough, exertional, and sexual headaches: an analysis of 72 benign and symptomatic cases. Neurology 1996;46:1520–4.
Silbert PL, Edis RH, Stewart-Wynne EG, Gubbay SS. Benign vascular sexual headache and exertional headache: interrelationships and long term prognosis. J Neurol Neurosurg Psychiatry 1991;54:417–21.

4.4 Cefaléia primária associada à atividade sexual

D'Andrea G, Granella F, Verdelli F. Migraine with aura triggered by orgasm. Cephalalgia 2002;22:485–6.
Jacome DE. Masturbatory-orgasmic extracephalic pain. Headache 1998;38:138–41.
Kumar KL, Reuler JB. Uncommon headaches: diagnosis and treatment. J Gen Int Med 1993;8:333–41.
Lance JW. Headaches related to sexual activity. J Neurol Neurosurg Psychiat 1976;39:1226–30.
Lundberg PO, Osterman PO. Intercourse and headache. In: Genazzani AR, Nappi G, Facchinetti F, Martignoni E (eds). Pain and reproduction. Parthenon Publishing 1988;149–53.
Maliszewski M, Diamond S, Freitag FG. Sexual headache occuring in cluster headache patients. Clinical J Pain 1989;5:45–7.
Pascual J, Iglesias F, Oterino A, Vazquez-Barquero A, Berciano J. Cough, exertional, and sexual headaches: an analysis of 72 benign and symptomatic cases. Neurology 1996;46:1520–4.
Robbins L. Masturbatory-orgasmic extracephalic pain. Headache 1994;34:214–16.

4.5 Cefaléia hípnica

Arjona JA, Jimenez-Jimenez FJ, Vela-Bueno A, Tallon- Barranco A. Hypnic Headache associated with stage 3 slow wave sleep. Headache 2000;40:753–4.
Bruni O, Galli F, Guidetti V. Sleep hygiene and migraine in children and adolescents. Cephalalgia 1999;19(Suppl 25):57–9.
Centonze V, D'Amico D, Usai S, Causarano V, Bassi A, Bussone G. First Italian case of hypnic headache, with literature review and discussion of nosology. Cephalalgia 2001;21:71–4.
Dodick DW. Polysomnography in hypnic headache syndrome. Headache 2000;40:748–52.

Dodick DW, Jones JM, Capobianco DJ. Hypnic headache: another indomethacin-responsive headache syndrome? Headache 2000;40:830–5.

Dodick DW, Mosek AC, Campbell IK. The hypnic ('alarm clock') headache syndrome. Cephalalgia 1998;18:152–6.

Ghiotto N, Sances G, Di Lorenzo G, Trucco M, Loi M, Sandrini G, Nappi G. Report of eight new cases of hypnic headache and a mini-review of the literature. Funct Neurol 2002;17:211–9.

Gould JD, Silberstein SD. Unilateral hypnic headache: a case study. Neurology 1997;49:1749–51.

Ivanez V, Soler R, Barreiro P. Hypnic headache syndrome: a case with good response to indomethacin. Cephalalgia 1998;18:225–6.

Martins IP, Gouveia RG. Hypnic headache and travel across time zones: a case report. Cephalalgia 2001;21:928–31.

Morales-Asin F, Mauri JA, Iniguez C, Espada F, Mostacero E. The hypnic headache syndrome: report of three new cases. Cephalalgia 1998;18:157–8.

Newman LC, Lipton RB, Solomon S. The hypnic headache syndrome: a benign headache disorder of the elderly. Neurology 1990;40:1904–5.

Raskin NH. The hypnic headache syndrome. Headache 1988;28:534–6.

Ravishankar K. Hypnic headache syndrome. Cephalalgia 1998;18:358–9.

4.6 Cefaléia trovoada primária

Bassi P, Bandera R, Loiero M, Tognoni G, Mangoni A. Warning signs in subarachnoid hemorrhage: a cooperative study. Acta Neurol Scand 1991;84:277–81.

Dodick DW, Brown RD, Britton JW, Huston J. Nonaneurysmal thunderclap headache with diffuse, multifocal, segmental and reversible vasospasm. Cephalalgia 1999;19:118–23.

Garg RK. Recurrent thunderclap headache associated with reversible vasospasm causing stroke. Cephalalgia 2001;21:78–9.

Landtblom AM, Fridriksson S, Boivie J, Hillman J, Johansson G, Johansson I. Sudden onset headache: a prospective study of features incidence and causes. Cephalalgia 2002;22:354–60.

Linn FHH, Rinkel GJE, Algra A, van Gijn J. Headache characteristics in subarachnoid haemorrhage and benign thunderclap headache. J Neurol Neurosurg Psychiat 1998;65:791–3.

Linn FHH, Rinkel GJE, Algra A, van Gijn J. Follow-up of idiopathic thunderclap headache in general practice. J Neurol 1999;246:946–8.

Linn FHH, Wijdicks EFM. Causes and management of thunderclap headache: a comprehensive review. The Neurologist 2002;8:279–89.

Markus HS. Aprospective follow-up of thunderclap headache mimicking subarachnoid haemorrhage. J Neurol Neurosurg Psychiat 1991;54:1117–25.

Mauriño J, Saposnik G, Lepera S, Rey RC, Sica RE. Multiple simultaneous intracerebral haemorrhages. Arch Neurol 2001;58:629–32.

Nowak DA, Rodiek SO, Henneken S, Zinner J, Schreiner R, Fuchs H-H, Topka H. Reversible segmental cerebral vasoconstriction (Call-Fleming syndrome): are calcium channel inhibitors a potential treatment option? Cephalalgia 2003;23:218–22.

Sturm JW, Macdonell RAL. Recurrent thunderclap headache associated with reversible intracerebral vasospasm causing stroke. Cephalalgia 2000;20:132–5.

Slivka A, Philbrook B. Clinical and angiographic features of thunderclap headache. Headache 1995;35:1–6.

Wijdicks EFM, Kerkhoff H, van Gjin J. Cerebral vasospasm and unruptured aneurysm in thunderclap headache. Lancet 1988;ii:1020.

Witham TF, Kaufmann AM. Unruptured cerebral aneurysm producing a thunderclap headache. Am J Emergency Med 2000;1:88–90.

4.7 Hemicrania contínua

Antonaci F, Pareja JA, Caminero AB, Sjaastad O. Chronic paroxysmal hemicrania and hemicrania continua: anaesthetic blockades of pericranial nerves. Funct Neurol 1997;1:11–5.

Antonaci F, Pareja JA, Caminero AB, Sjaastad O. Chronic paroxysmal hemicrania and hemicrania continua. Parenteral indomethacin: the 'Indotest'. Headache 1998;8:235–6.

Bordini C, Antonaci F, Stovner LJ, Schrader H, Sjaastad O. 'Hemicrania continua': a clinical review. Headache 1991;31:20–6.

Newman LC, Lipton RB, Solomon S. Hemicrania continua: ten new cases and a review of the literature. Neurology 1994;44:2111–4.

Pareja J, Antonaci F, Vincent M. The hemicrania continua diagnosis. Cepahalalgia 2002;7:563–4.

Pareja J, Vincent M, Antonaci F, Sjaastad O. Hemicrania continua: diagnostic criteria and nosologic status. Cepahalalgia 2001;9:874–7.

Sjaastad O, Antonaci F. Chronic paroxysmal hemicrania (CPH) and hemicrania continua: transition from one stage to another. Headache 1993;33:551–4.

Sjaastad O, Antonaci F. Apiroxicam derivative partly effective in chronic paroxysmal hemicrania and hemicrania continua. Headache 1995;35:549–50.

Sjaastad O, Spierings EL. Hemicrania continua: another headache absolutely responsive to indomethacin. Cephalalgia 1984;4:65–70.

4.8 Cefaléia persistente e diária desde o início

Evans RW, Rozen TD. Etiology and treatment of new daily persistent headache. Headache 2001;4:830–2.

Goadsby PJ, Boes C. New daily persistent headache. J Neurol Neurosurg Psychiat 2002;72(Suppl 2):ii6–ii9.

Li D, Rozen TD. The clinical characterisation of new daily persistent headache. Cephalalgia 2002;22:66–9.

Silberstein SD, Lipton RB, Solomon S, Mathew NT. Classification of daily and near daily headaches: proposed revisions to the IHS-criteria. Headache 1994;34:1–7.

• Parte 2 •

Cefaléias Secundárias

5. Cefaléia atribuída a trauma cefálico ou cervical
6. Cefaléia atribuída a doença vascular craniana ou cervical
7. Cefaléia atribuída a transtorno intracraniano não-vascular
8. Cefaléia atribuída a uma substância ou a sua retirada
9. Cefaléia atribuída a infecção
10. Cefaléia atribuída a transtorno da homeostase
11. Cefaléia ou dor facial atribuída a transtorno do crânio, pescoço, olhos, ouvidos, nariz, seios da face, dentes, boca ou outras estruturas faciais ou cranianas
12. Cefaléia atribuída a transtorno psiquiátrico

Introdução

Quando um paciente tem uma cefaléia pela primeira vez, ou um novo tipo de cefaléia e, ao mesmo tempo, desenvolve um tumor cerebral, é natural concluir que a cefaléia é secundária ao tumor. Tais pacientes devem receber apenas um diagnóstico de cefaléia – 7.4 *Cefaléia atribuída a neoplasia intracraniana* – mesmo que a cefaléia tenha as características de migrânea, cefaléia do tipo tensional ou cefaléia em salvas. Em outras palavras, uma nova cefaléia ocorrendo concomitantemente a outro transtorno reconhecidamente capaz de causá-la é sempre diagnosticada como secundária.

A situaçao é diferente quando o paciente tem previamente um tipo de cefaléia primária que piora, em estreita relação temporal com a ocorrência de outro transtorno. Na primeira edição da *Classificação Internacional das Cefaléias* nós concluímos, após muitos debates, que apenas uma nova cefaléia poderia ser considerada secundária. Entretanto, durante o trabalho com a segunda edição tornou-se óbvio que isso resultem algumas situações inaceitáveis. Que dizer de um paciente que, em toda sua vida, houvesse tido dez crises de migrânea e, após um trauma craniano, passasse a ter duas crises incapacitantes por semana? De acordo com a sistemática da primeira edição, esse paciente poderia apenas receber o diagnóstico de migrânea. Outro exemplo é um paciente com cefaléia do tipo tensional cuja cefaléia piora em associação com um tumor, embora mantendo as mesmas características. O diagnóstico de 7.4 *Cefaléia atribuída a neoplasia intracraniana* não poderia ser dado previamente. Finalmente, nada no passado poderia ser diagnosticado como cefaléia por abuso de medicação porque sempre ocorreria no contexto de um agravo de uma cefaléia primária, em geral migrânea, que permaneceria como o único diagnóstico.

Por essas razões, introduzimos um novo modo de diagnosticar e classificar cefaléias primárias que pioram, em uma relação temporal estreita com outros transtornos que, através de bons estudos científicos, são reconhecidamente capazes de causar dor de cabeça. Tais pacientes podem agora receber dois diagnósticos: o da cefaléia primária e o da cefaléia secundária. Teoricamente, o novo sistema está mais aberto à interpretação do que o primeiro, mas, de fato, o antigo sistema nunca era usado quando conduzia a diagnósticos irrazoáveis. O problema, com o novo sistema, é decidir, em pacientes cuja cefaléia primária piora em relação com outro transtorno, entre usar apenas o diagnóstico primário ou adicionar também o diagnóstico de uma cefaléia secundária. Os seguintes fatores apóiam o uso de dois diagnósticos: uma relação temporal muito estreita, piora acentuada da cefaléia primária, a existência de outra evidência de que o outro transtorno pode agravar a cefaléia primária da maneira como foi observada e a remissão da cefaléia após cura ou remissão do outro transtorno.

Na primeira edição da *Classificação Internacional das Cefaléias*, os critérios diagnósticos para cefaléias secundárias variavam e freqüentemente eram pouco informativos sobre as características da cefaléia. Para essa segunda edição foi decidido padronizar e, sempre que possível, fornecer mais características da cefaléia. Portanto, os critérios diagnósticos têm a seguinte disposição.

Critérios diagnósticos para cefaléias secundárias

A. Cefaléia com uma (ou mais) das seguintes características (listadas)[1,2] e preenchendo os critérios C e D
B. Um outro transtorno reconhecidamente capaz de causar cefaléia
C. A cefaléia ocorre em estreita relação temporal com outro transtorno e/ou há outra evidência de uma relação causal
D. A cefaléia sofre acentuada redução ou remite dentro de três meses (ou menos para alguns transtornos) após tratamento bem-sucedido ou remissão espontânea do transtorno causador[3]

Notas

1. Para a maioria das cefaléias secundárias, as características da dor são insuficientemente descritas na literatura científica. Mesmo para aquelas em que essas características estão bem descritas, há poucos aspectos relevantes para o diagnóstico. Portanto, o critério diagnóstico A geralmente contribui pouco para o estabelecimento da relação causal. No entanto, os critérios B, C e D geralmente estabelecem de forma eficaz a relação causal. Isto torna possível utilizar o critério A não apenas como uma característica definida, mas também para informar o máximo possível sobre a cefaléia ou para mostrar quão pouco sabemos a seu respeito. É por isso que a formulação do critério A agora permite a menção de um grande número de características. Esperamos que isto estimule mais pesquisas sobre as características das cefaléias secundárias, de modo que eventualmente o critério A para muitas destas cefaléias possa tornar-se mais claramente definido.
2. Se nada se sabe sobre a cefaléia, estabelece-se "sem características típicas conhecidas".
3. O critério D nem sempre pode ser apurado e alguns supostos distúrbios causadores não podem ser tratados ou não remitem espontaneamente. Nesses casos, o critério D pode ser substituído por: "Outras causas excluídas por investigação apropriada".

   Em muitos casos não é possível um acompanhamento adequado, ou o diagnóstico precisa ser feito antes do tempo necessário para a remissão. Na maioria desses casos a cefaléia deve ser classificada como *Cefaléia provavelmente atribuída a* [*transtorno em questão*]: uma relação definitiva só pode ser estabelecida com plena fidelidade uma vez que o critério D tenha sido preenchido. Isso vale especialmente nas situações em que uma cefaléia primária preexistente é agravada por outra doença. Por exemplo, a grande maioria dos pacientes que preenche os critérios para a 1.5.1 *Migrânea crônica* está em uso excessivo de medicação e melhorará após cessar este uso excessivo. A regra nesse caso, estando pendente a retirada do uso excessivo de medicação, é classificar de acordo com o subtipo de migrânea precedente (freqüentemente 1.1 *Migrânea sem aura*) mais 1.6.5 *Provável migrânea crônica* mais 8.2.7 *Provável cefaléia por uso excessivo de medicação*. Após a retirada da medicação em uso excessivo, se o paciente não melhorar dentro de dois meses, o critério D para 8.2 *Cefaléia por uso excessivo de medicação* não estará preenchido e esse diagnóstico deve então ser excluído em favor de 1.5.1 *Migrânea crônica*. Uma regra similar se aplica a pacientes em uso excessivo de medicação, mas que, por outro lado, preenchem os critérios para 2.3 *Cefaléia do tipo tensional crônica*.

Na maioria dos casos o critério D tem um tempo limite para a melhora da cefaléia após a cura, remissão espontânea ou remoção da causa presumida. Geralmente esse tempo é de três meses, mas ele é menor para algumas cefaléias secundárias. Se a cefaléia persiste após três meses (ou um limite menor), deve ser questionado se ela é realmente secundária à causa presumida. Cefaléias secundárias persistindo após três meses têm sido observadas muitas vezes, mas a maioria não é de etiologia cientificamente comprovada. Tais casos são incluídos no apêndice como *Cefaléia crônica atribuída a* [*um transtorno específico*].

5. Cefaléia atribuída a trauma cefálico e/ou cervical

- 5.1 Cefaléia pós-traumática aguda
  - 5.1.1 Cefaléia pós-traumática aguda atribuída a lesão cefálica moderada ou grave
  - 5.1.2 Cefaléia pós-traumática aguda atribuída a lesão cefálica leve
- 5.2 Cefaléia pós-traumática crônica
  - 5.2.1 Cefaléia pós-traumática crônica atribuída a lesão cefálica moderada ou grave
  - 5.2.2 Cefaléia pós-traumática crônica atribuída a lesão cefálica leve
- 5.3 Cefaléia aguda atribuída a lesão em chicotada
- 5.4 Cefaléia crônica atribuída a lesão em chicotada
- 5.5 Cefaléia atribuída a hematoma intracraniano traumático
  - 5.5.1 Cefaléia atribuída a hematoma epidural
  - 5.5.2 Cefaléia atribuída a hematoma subdural
- 5.6 Cefaléia atribuída a outro trauma cefálico e/ou cervical
  - 5.6.1 Cefaléia aguda atribuída a outro trauma cefálico e/ou cervical
  - 5.6.2 Cefaléia crônica atribuída a outro trauma cefálico e/ou cervical
- 5.7 Cefaléia pós-craniotomia
  - 5.7.1 Cefaléia aguda pós-craniotomia
  - 5.7.2 Cefaléia crônica pós-craniotomia

Comentário Geral

Cefaléia primária, secundária ou ambas?

Quando uma nova cefaléia ocorre pela primeira vez em estreita relação temporal com um trauma conhecido, ela é classificada como uma cefaléia secundária atribuída ao trauma. Isso é válido também se a cefaléia tiver característica de migrânea, cefaléia do tipo tensional ou cefaléia em salvas. Quando uma cefaléia primária preexistente piora em estreita relação temporal com um trauma, há duas possibilidades e é necessário discernimento. O paciente pode receber apenas o diagnóstico da cefaléia primária preexistente ou pode receber esse diagnóstico mais o da cefaléia atribuída ao trauma. Fatores que apóiam o acréscimo do último diagnóstico são: uma relação temporal muito estreita com o trauma, piora acentuada da cefaléia preexistente, evidência clara de que o tipo de trauma em questão pode agravar a cefaléia primária e, finalmente, a melhora da cefaléia após a recuperação do trauma.

Definida, provável ou crônica?

Em muitos casos de cefaléia secundária o diagnóstico é definido apenas quando a dor desaparece ou melhora de forma notável dentro de um intervalo de tempo específico, após um tratamento eficaz ou a remissão espontânea do transtorno causador. Nesses casos, a relação temporal é uma parte essencial da evidência de causa. Isso não é o que acontece no caso de trauma, onde a relação causal é estabelecida pelo início em estreita relação temporal com o trauma, embora seja suficientemente reconhecido que a cefaléia, após o trauma, muitas vezes persiste. Quando isso ocorre, por exemplo, após um traumatismo craniano, diagnostica-se a 5.2 *Cefaléia pós-traumática crônica*. Até que haja decorrido tempo suficiente para a recuperação, o diagnóstico de 5.1 *Cefaléia pós-traumática aguda* é definido, se os critérios forem preenchidos. O mesmo se aplica após a lesão em chicotada. A opção diagnóstica *Provável cefaléia atribuída a trauma da cabeça e/ou pescoço* inexiste.

Introdução

A cefaléia é um sintoma que pode ocorrer após lesão na cabeça, pescoço ou cérebro. Freqüentemente a cefaléia resultante de trauma na cabeça é acompanhada de outros sintomas, como vertigem, dificuldade de concentração, irritabilidade, alteração de personalidade e insônia. Essa constelação de sintomas, em que a cefaléia é o mais proeminente, é conhecida como síndrome pós-traumática.

Uma variedade de padrões de dor pode se seguir a um trauma cefálico e pode simular cefaléias primárias – mais freqüentemente a cefaléia do tipo tensional, em mais de 80% dos pacientes. Em alguns casos, uma migrânea típica com ou sem aura pode ser desencadeada, tendo já sido descrita também uma síndrome cefaléia em salva-símile em alguns pacientes.

É fácil estabelecer uma relação entre uma cefaléia e um trauma cefálico ou cervical quando esta aparece imediatamente ou nos primeiros dias após o trauma. Por outro lado é difícil correlacionar a cefaléia com o trauma quando a dor ocorre semanas ou até meses após o trauma, especialmente porque a maioria tem um padrão de cefaléia do tipo tensional e a prevalência desse tipo de dor de cabeça na população é muito elevada. Tais cefaléias pós-traumáticas de início tardio têm sido descritas em relatos esporádicos, mas não em estudos de caso-controle.

Existem fatores de risco reconhecidos para um mau prognóstico após lesão cefálica ou por chicotada. As mulheres têm um risco maior para cefaléia pós-traumática, e o aumento da faixa etária está associado a uma recuperação mais lenta e incompleta. Os fatores mecânicos, como a posição da cabeça no impacto – rodada ou inclinada – aumentam o risco de cefaléia após o trauma. A relação entre a gravidade da lesão e a gravidade da síndrome pós-traumática não foi conclusivamente estabelecida. A maioria dos estudos sugere que a cefaléia pós-traumática é *menos* freqüente quando a lesão cefálica é mais grave. Entretanto, a relação causal entre o trauma cefálico e/ou cervical e a cefaléia é difícil de ser estabelecida em alguns casos de trauma muito leve.

O papel dos litígios na persistência da cefaléia ainda é discutido e alguns estudos mostram uma redução da cefaléia em países onde as vítimas de acidentes não recebem indenização. A 5.2 *Cefaléia pós-traumática crônica* e a 5.4 *Cefaléia atribuída a lesão em chicotada crônica* fazem parte freqüentemente da síndrome pós-traumática, em que a complexa inter-relação entre os fatores orgânicos e psicossociais é de difícil avaliação.

5.1 Cefaléia pós-traumática aguda

5.1.1 Cefaléia pós-traumática aguda atribuída a lesão cefálica moderada ou grave

Critérios diagnósticos

A. Cefaléia sem características típicas conhecidas, preenchendo os critérios C e D
B. Trauma cefálico com pelo menos uma das seguintes características:
   1. perda de consciência por > 30 minutos
   2. Escala de Coma de Glasgow < 13
   3. amnésia pós-traumática por > 48 horas
   4. demonstração por imagem de lesão traumática encefálica (hematoma cerebral, hemorragia intracerebral e/ou subaracnóidea, contusão cerebral e/ou fratura de crânio)
C. A cefaléia aparece dentro de 7 dias após o trauma cefálico ou após a recuperação da consciência que se segue ao trauma cefálico
D. Uma ou outra dentre as seguintes situações:
   1. a cefaléia desaparece dentro de 3 meses após o trauma cefálico
   2. a cefaléia persiste porém ainda não se passaram 3 meses do trauma cefálico

5.1.2 Cefaléia pós-traumática aguda atribuída a lesão cefálica leve

Critérios diagnósticos

A. Cefaléia sem características típicas conhecidas, preenchendo os critérios C e D
B. Trauma cefálico com todas as seguintes características:
   1. sem perda de consciência ou perda de consciência por < 30 minutos
   2. Escala de Coma de Glasgow ≥ 13
   3. sinais e/ou sintomas diagnósticos de concussão
C. A cefaléia aparece dentro de 7 dias após o trauma cefálico
D. Uma ou outra dentre as seguintes situações:
   1. a cefaléia desaparece dentro de 3 meses após o trauma cefálico
   2. a cefaléia persiste porém ainda não se passaram três meses do trauma cefálico

Comentário

A lesão cefálica leve pode originar um complexo sintomático com alterações cognitivas, comportamentais e de consciência e um resultado na Escala de

Coma de Glasgow ≥ 13. Isso pode ocorrer com ou sem anormalidades no exame neurológico ou na investigação por neuroimagem (TC, RM), EEG, potencial evocado, exame do LCR, teste de função vestibular e testagem neuropsicológica. Não há evidência de que uma anormalidade em qualquer desses métodos modifique o prognóstico ou contribua para o tratamento. Esses métodos de investigação não devem ser considerados rotineiros para pacientes com cefaléia pós-traumática. Devem ser cogitados caso a caso ou com o propósito de pesquisa.

5.2 Cefaléia pós-traumática crônica

Comentário

A cefaléia pós-traumática crônica é freqüentemente parte da síndrome pós-traumática, que inclui uma variedade de sintomas, como distúrbio do equilíbrio, déficit de concentração, diminuição da capacidade de trabalho, irritabilidade, humor deprimido, distúrbios do sono, etc. A relação entre sentenças legais e o perfil temporal da cefaléia pós-traumática crônica não está claramente estabelecida, mas é importante avaliar os pacientes cuidadosamente, os quais podem estar simulando e/ou visando ganho secundário.

5.2.1 Cefaléia pós-traumática crônica atribuída a lesão cefálica moderada ou grave

Critérios diagnósticos

A. Cefaléia sem características típicas conhecidas, preenchendo os critérios C e D
B. Trauma cefálico com pelo menos uma das seguintes características:
   1. perda de consciência por > 30 minutos
   2. Escala de Coma de Glasgow < 13
   3. amnésia pós-traumática por > 48 horas
   4. demonstração por exame de imagem de lesão traumática encefálica (hematoma cerebral, hemorragia intracerebral e/ou subaracnóidea, contusão cerebral e/ou fratura de crânio)
C. A cefaléia aparece dentro de 7 dias após o trauma cefálico ou após a recuperação da consciência que se segue ao trauma cefálico
D. A cefaléia persiste por > 3 meses após o trauma cefálico

5.2.2 Cefaléia pós-traumática crônica atribuída a lesão cefálica leve

Critérios diagnósticos

A. Cefaléia sem características típicas conhecidas, preenchendo os critérios C e D

B. Trauma cefálico com pelo menos uma das seguintes características:
   1. sem perda de consciência ou perda de consciência por < 30 minutos
   2. Escala de Coma de Glasgow ≥ 13
   3. sinais e/ou sintomas diagnósticos de concussão
C. A cefaléia desenvolve-se dentro de 7 dias após o trauma cefálico
D. A cefaléia que persiste por > 3 meses após trauma cefálico

Comentário

A lesão cefálica leve pode originar um complexo sintomático com alterações cognitivas, comportamentais e de consciência e um resultado na Escala de Coma de Glasgow ≥ 13. Isso pode ocorrer com ou sem anormalidades no exame neurológico ou na investigação por neuroimagem (TC, RM), EEG, potencial evocado, exame do LCR, teste de função vestibular e testagem neuropsicológica. Não há evidência de que uma anormalidade em qualquer desses métodos modifique o prognóstico ou contribua para o tratamento. Esses métodos de investigação não devem ser considerados rotineiros para pacientes com cefaléia pós-traumática. Devem ser cogitados caso a caso ou com o propósito de pesquisa.

5.3 Cefaléia aguda atribuída a lesão em chicotada

Critérios diagnósticos

A. Cefaléia sem características típicas conhecidas, preenchendo os critérios C e D
B. História de chicotada (movimento súbito e significativo de aceleração/desaceleração do pescoço) associada com o início da dor cervical
C. A cefaléia aparece dentro de 7 dias após a lesão em chicotada
D. Uma dentre as duas situações seguintes:
   1. a cefaléia desaparece dentro de 3 meses após a lesão em chicotada
   2. a cefaléia persiste porém ainda não se passaram 3 meses da lesão em chicotada

Comentários

O termo chicotada comumente refere-se a uma súbita aceleração e/ou desaceleração do pescoço (na maioria dos casos devido a acidentes de trânsito). As manifestações clínicas incluem sinais e sintomas relacionados com o pescoço, assim como transtornos somáticos extracervicais, sensitivos, comportamentais, cognitivos e afetivos cujos modos de expressão e evolução podem variar amplamente ao longo do tempo. A cefaléia é muito comum nessa síndrome pós-chicotada. A Força Tarefa de Quebec em Distúrbios Associados a Chicotada (*Quebec Task Force on Whiplash-Associated Disorders*) propôs uma classificação em cinco categorias que pode ser útil em estudos prospectivos.

Existem importantes diferenças na incidência da síndrome pós-chicotada em países diferentes, talvez relacionadas à expectativa por compensação.

5.4 Cefaléia crônica atribuída a lesão em chicotada

Critérios diagnósticos

A. Cefaléia sem características típicas conhecidas, preenchendo os critérios C e D
B. História de chicotada (movimento súbito e significativo de aceleração/desaceleração do pescoço) associada, no tempo, a dor cervical
C. A cefaléia desenvolve-se dentro de sete dias após a chicotada
D. A cefaléia que persiste por > 3 meses após a chicotada

Comentário

Cefaléia pós lesão em chicotada crônica é freqüentemente parte da síndrome pós-traumática. Não há evidências claras de que um litígio subseqüente, com sentença pendente, esteja associado com o prolongamento da cefaléia. É importante avaliar os pacientes cuidadosamente, que podem estar simulando e/ou visando compensação.

5.5 Cefaléia atribuída a hematoma intracraniano traumático

Classificada em outro local

Cefaléia atribuída a hemorragia intracerebral e/ou subaracnóidea traumática ou a hematoma intracerebral traumático é codificada como 5.1.1 Cefaléia pós-traumática aguda atribuída a lesão cefálica moderada ou grave ou 5.2.1 Cefaléia pós-traumática crônica atribuída a lesão cefálica moderada ou grave.

5.5.1 Cefaléia atribuída a hematoma epidural

Critérios diagnósticos

A. Cefaléia de início agudo, sem outras características típicas conhecidas, preenchendo os critérios C e D
B. Evidência por exame de neuroimagem de hematoma epidural
C. A cefaléia aparece dentro de minutos até 24 horas após o desenvolvimento do hematoma
D. Uma dentre as duas situações seguintes:
   1. a cefaléia desaparece em até 3 meses após a evacuação do hematoma
   2. a cefaléia persiste porém ainda não se passaram 3 meses desde a evacuação do hematoma

Comentário

O hematoma epidural ocorre dentro de horas após o trauma craniano, que pode ser moderado. Está sempre associado a sinais focais e a transtornos da consciência. Requer cirurgia de emergência.

5.5.2 Cefaléia atribuída a hematoma subdural

Critérios diagnósticos

A. Cefaléia aguda ou progressiva, sem outras características típicas conhecidas, preenchendo os critérios C e D
B. Evidência por exame de neuroimagem de hematoma subdural
C. A cefaléia aparece dentro de 24 a 72 horas após o desenvolvimento do hematoma
D. Uma dentre as duas situações seguintes:
   1. a cefaléia desaparece em até 3 meses após a evacuação do hematoma
   2. a cefaléia persiste porém ainda não se passaram 3 meses desde a evacuação do hematoma

Comentários

Os diferentes tipos de hematomas subdurais devem ser distinguidos de acordo com o seu perfil temporal. Nos hematomas agudos e subagudos, que geralmente ocorrem após traumatismo de cabeça evidente, a cefaléia é freqüente (11% a 53%), mas é comumente mascarada por sinais focais e por transtornos da consciência. Nos hematomas subdurais crônicos a cefaléia é mais freqüente ainda (até 81%) e, embora moderada, pode ser o principal sintoma. O diagnóstico pode ser difícil porque o trauma de cabeça implicado é freqüentemente trivial e pode ter sido esquecido pelo paciente. O hematoma subdural crônico deve sempre ser cogitado no paciente idoso com cefaléia progressiva, particularmente se houver algum déficit cognitivo e/ou sinais focais leves.

Os hematomas subdurais bilaterais podem ser uma complicação da hipotensão liquórica. A cefaléia atribuída a isso é classificada aqui. Nesses casos, a cefaléia é inicialmente postural e pode permanecer postural ou tornar-se contínua.

5.6 Cefaléia atribuída a outro trauma cefálico e/ou cervical

5.6.1 Cefaléia aguda atribuída a outro trauma cefálico e/ou cervical

Critérios diagnósticos

A. Cefaléia sem características típicas conhecidas, preenchendo os critérios C e D
B. Evidência de trauma cefálico e/ou cervical de um tipo ainda não descrito anteriormente
C. A cefaléia aparece em estreita relação temporal com o trauma cefálico e/ou cervical, e/ou existe outra evidência para estabelecer essa relação causal
D. Uma dentre as duas situações a seguir:
   1. a cefaléia desaparece dentro de 3 meses após o trauma cefálico e/ou cervical

2. a cefaléia persiste porém ainda não se passaram 3 meses desde o trauma cefálico e/ou cervical

5.6.2 Cefaléia crônica atribuída a outro trauma cefálico e/ou cervical

Critérios diagnósticos

A. Cefaléia sem características típicas conhecidas, preenchendo os critérios C e D
B. Evidência de trauma cefálico e/ou cervical de um tipo ainda não descrito anteriormente
C. A cefaléia aparece em estreita relação temporal com o trauma cefálico e/ou cervical, e/ou existe outra evidência para estabelecer essa relação causal
D. A cefaléia persiste por > 3 meses após o trauma cefálico e/ou cervical.

5.7 Cefaléia pós-craniotomia

5.7.1 Cefaléia aguda pós-craniotomia

Critérios diagnósticos

A. Cefaléia de intensidade variável, máxima na área da craniotomia, preenchendo os critérios C e D
B. Craniotomia realizada por uma razão outra que não trauma cefálico[1]
C. A cefaléia aparece dentro de 7 dias após a craniotomia
D. Uma dentre as duas situações seguintes:
   1. a cefaléia desaparece em até 3 meses após a craniotomia
   2. a cefaléia persiste, porém não se passaram 3 meses da craniotomia

Nota

1. Quando a craniotomia ocorreu devido a trauma cefálico, codificar como 5.1.1 Cefaléia pós-traumática aguda atribuída a lesão cefálica moderada ou grave.

5.7.2 Cefaléia crônica pós-craniotomia

Critérios diagnósticos

A. Cefaléia de intensidade variável, máxima na área da craniotomia, preenchendo os critérios C e D
B. Craniotomia realizada por uma razão outra que não trauma cefálico[1]
C. A cefaléia aparece dentro de 7 dias após a craniotomia
D. A cefaléia persiste por > 3 meses após a craniotomia.

Nota

1. Quando a craniotomia ocorreu devido a trauma cefálico codificar como 5.1.1 Cefaléia pós-traumática aguda atribuída a lesão cefálica moderada ou grave.

Comentários

A cefaléia pós-operatória imediata pode ocorrer em até 80% dos pacientes após a craniotomia, mas, na maioria dos pacientes, melhora em até sete dias. Menos de um quarto dos pacientes desenvolve cefaléia persistente (superior a três meses) relacionada ao procedimento cirúrgico. Os procedimentos na fossa posterior, especialmente as craniotomias suboccipitais realizadas para neurinomas do acústico, são mais comumente associadas à cefaléia pós-craniotomia.

A patogênese da cefaléia crônica pós-craniotomia é obscura, mas pode envolver inflamação meníngea, encarceramento de nervo, adesão de músculo à dura-máter ou outros mecanismos. Modificações no procedimento operatório, incluindo o uso de cranioplastia osteoplástica, podem levar à redução da incidência de cefaléia pós-craniotomia, por prevenir a adesão da fáscia e do músculo à dura-máter subjacente.

Referências bibliográficas

5.1, 5.2 Cefaléia pós-traumática aguda e crônica

Branca B, Giordani B, Lutz T, Saper JR. Self-report of cognition and objective test performance in posttraumatic headache. Headache 1996;36:300–6.

Duckro PN, Chibnall JT, Tomazic TJ. Anger, depression, and disability: a path analysis of relationships in a sample of chronic posttraumatic headache patients. Headache 1995;35:7–9.

Editorial. Definition of mild traumatic brain injury. J Head Trauma Rehabil 1993;6:86–7.

Elkind AH. Headache and head trauma. Clin J Pain 1989;5:77–87.

Evans RW. Some observations on whiplash injuries. Neurol Clin 1992;10:975–98.

Gfeller JD, Chibnall JT, Duckro PN. Postconcussion symptoms and cognitive functioning in posttraumatic headache patients. Headache 1994;34:503–7.

Gilkey SJ, Ramadan NM, Aurora TK, Welch KM. Cerebral blood flow in chronic posttraumatic headache. Headache 1997;37:583–7.

Haas DC. Chronic postraumatic headaches classified and compared with natural headaches. Cephalalgia 1996;16:486–93.

Hachinski VV. Posttraumatic headache. Arch Neurol 2000;57:1780.

Jiménez MD. Cefalea postraumática. In: Cefaleas secundarias. F. Titus. C. Targa, JM Láinez, eds. Ediciones Ergon. Madrid. 1995;17–36.

Keidel M, Ramadan N. Acute posttraumatic headache. In: The Headaches. Olesen J, Tfelt-Hansen P, Welch KMA (eds). Lippincott & Wilkins. Philadelphia 2000;765–70.

Kelly JP, Rosenberg JH. Diagnosis and management of concussion in sports. Neurology 1997;48:575–80.

Landy PJB. Neurogical sequelae of minor head and neck injuries. Injury 1998;29:129–206.

Lanzi G, Balottin U, Borgatti R, De Agostini G, Pezzota S, Spanu G. Late post-traumatic headache in pediatric age. Cephalalgia 1985;5:211–5.

Martelli MF, Grayson RL, Zasler ND. Posttraumatic headache: neuropsychological and psychological effects and treatment implications. J Head Trauma Rehabil 1999;14:49–69.

Packard RC. Epidemiology and pathogenesis of posttraumatic headache. J Head Trauma Rehabil 1999;14:9–21.

Packard RC. Treatment of chronic daily posttraumatic headache with divalproex sodium. Headache 2000;40:736–9.

Packard RC, Ham LP. Posttraumatic headache: determining chronicity. Headache 1993;33:133–4.

Packard RC, Ham LP. Pathogenesis of posttraumatic headache and migraine: a common headache pathway? Headache 1997;37:142–52.
Packard RC, Weaver R, Ham LP. Cognitive symptoms in patients with posttraumatic headache. Headache 1993;33:365–8.
Ramadan N, Keidel M. Chronic posttraumatic headache. In: The Headaches. Olesen J, Tfelt-Hansen P, Welch KMA (eds). Lippincott & Wilkins. Philadelphia 2000;771–80.
Weiss HD, Stern BJ, Goldberg J. Postraumatic migraine: chronic migraine precipitated by minor head and neck trauma. Headache 1991;31:451–6.
Yagamuchi M. Incidence of headache and severity of head injury. Headache 1992;32:427–31.
Zasler ND. Posttraumatic headache: caveats and controversies. J Head Trauma Rehabil 1999;14:1–8.

5.3, 5.4 Cefaléia aguda e crônica atribuída a lesão em chicotada

Bono G, Antonaci F, Ghirmai S, D'Angelo F, Berger M, Nappi G. Whiplash injuries: clinical picture and diagnosis workup. Clin Exp Rheumatol 2000;18(S19):S23–S28.
Borchgrevink GE, Kaasa A, McDonagh D, Stiles TC, Haraldseth O, Lereim I. Acute treatment of whiplash neck sprain injuries. A randomized trial of treatment during the first 14 days after a car accident. Spine 1998;23:25–31.
Cassidy J (ed). Scientific Monograph of the Quebec Task Force on Whiplash Associated Disorders: redefining 'whiplash' and its management. Spine 1995;20:S8.
Cassidy JD, Carrol LJ, Cote P, Lemstra M, Berglund A, Nygren A. Effect of eliminating compensation for pain and suffering on the outcome of insurance claims for whiplash injury. N Engl J Med 2000;342:1179–86.
Cote P, Cassidy JD, Carroll L. Is a lifetime history of neck injury in a traffic collision associated with prevalent neck pain, headache and depressive symptomatology? Accid Anal Prev 2000;32:151–9.
Evans RW. Some observations on whiplash injuries. Neurol Clin 1992;10:975–98.
Evans RW, Evans RI, Sharp MJ. The physician survey on the postconcussion and whiplash syndromes. Headache 1994;34:268–74.
Hagstrom Y, Carlsson J. Prolonged functional impairments after whiplash injury. Scand J Rehabil Med 1996;28:139–46.
Karlsborg M, Smed A, Jespersen H, Stephensen S, Cortsen M, Jennum P, Herning M, Korfitsen E, Werdelin L. A prospective study of 39 patients with whiplash injury. Acta Neurol Scand 1997;95:65–72.
Keidel M, Rieschke P, Stude P, Eisentraut R, van Schayck R, Diener H. Antinociceptive reflex alteration in acute posttraumatic headache following whiplash injury. Pain 2001;92:319–26.
Kolbinson DA, Epstein JB, Burgess JA. Temporomandibular disorders, headaches, and neck pain following motor vehicle accidents and the effect of litigation: review of the literature. J Orofac Pain 1996;10:101–25.
Magnusson T. Extracervical symptoms after whiplash trauma. Cephalalgia 1994;14:223–7.
Obelieniene D, Bovim G, Schrader H, Surkiene D, Mickeviciene D, Miseviciene I, Sand T. Headache after whiplash: a historical cohort study outside the medico-legal context. Cephalalgia 1998;18:559–64.
Obelieniene D, Schrader H, Bovim G, Miseviciene I, Sand T. Pain after whiplash: a prospective controlled inception cohort study. J Neurol Neurosurg Psychiat 1999;66:279–83.
Pettersson K, Hildingsson C, Toolanen G, Fagerlund M, Bjornebrink J. MRI and neurology in acute whiplash trauma. No correlation in prospective examination of 39 cases. Acta Orthop Scand 1994;65:525–8.
Radanov BP, Sturzenegger M, Di Stefano G, Schnidrig A, Aljinovic M. Factors influencing recovery from headache after common whiplash. BMJ 1993;307:652–5.
Radanov BP, Begre S, Sturzenegger M, Augustiny KF. Course of psychological variables

in whiplash injury – a 2-year follow-up with age, gender and education pair-matched patients. Pain 1996;64:429–34.

Schrader H, Obelieniene D, Bovim G, Surkiene D, Mickeviciene D, Miseviciene I, Sand T. Natural evolution of late whiplash syndrome outside the medicolegal context. Lancet 1996;347:1207–11.

Sturzenegger M, Radanov BP, Di Stefano G. The effect of accident mechanisms and initial findings on the long-term course of whiplash injury. J Neurol 1995;242:443–9.

Wallis BJ, Lord SM, Barnsley L, Bogduk N. The psychological profiles of patients with whiplash-associated headache. Cephalalgia 1998;18:101–5.

5.7 Cefaléia pós-craniotomia

Feghali JG, Elowitz EH. Split calvarial graft cranioplasty for the prevention of headache after retrosigmoid resection of acoustic neuromas. Laryngoscope. 1998;108:1450–2.

Ferber J, Juniewicz H, Glogowska E, Wronski J, Abraszko R, Mierzwa J. Tramadol for postoperative analgesia in intracranial surgery. Its effect on ICP and CPP. Neurologia i Neurochirurgia Polska. 2000;34(6 Suppl):70–9.

Fetterman BL, Lanman TH, House JW. Relief of headache by cranioplasty after skull base surgery. Skull Base Surg 1997;7:1–4.

Hanson MB, Glasscock ME, Brandes JL, Jackson CG. Medical treatment of headache after suboccippital acoustic tunour removal. Laryngoscope 1998;108:1111–4.

Hagell P. Postoperative pain control after craniotomy. J Neuroscience Nursing 1999;31:47–9.

Harner SG, Beatty CW, Ebersold MJ. Headache after acoustic neuroma excision. Am J Otol 1993;14:552–5.

Harner SG, Beatty CW, Ebersold MJ. Impact of cranioplasty on headache after acoustic neuroma removal. Neurosurgery 1995;36:1097–9.

Jackler R, Pitts L. Acoustic neuroma. Neurosurg Clin North Am 1990;1:199–223.

Kaur A, Selwa L, Fromes G, Ross DA. Persistent headache after supratentorial craniotomy. Neurosurgery 2000;47:633–6.

Koperer H, Deinsberger W, Jodicke A, Boker DK. Postoperative headache after suboccipital approach: craniotomy versus craniectomy. Minimally Invasive Neurosurgery 1999;42:175–8.

Leith BA. Pharmacological management of pain after intracranial surgery. J Neurosci Nursing 1998;30:220–4.

Leith BA. Pain assessment and management. Axone 1999;21:4–9.

Lovely TJ, Lowry DW, Jannetta PJ. Functional outcome and the effect of cranioplasty after retromastoid craniectomy for microvascular decompression. Surg-Neurol 1999;51:191–7.

Mosek AC, Dodick DW, Ebersold MJ, Swanson JW. Headache after resection of acoustic neuroma. Headache 1999;39:89–94.

Nguyen A, Girard F, Boudreault D, Fugere F, Ruel M, Moumdjian R, Bouthilier A, Caron JL, Bojanowski MW and Girard DC. Scalp nerve blocks decrease the severity of pain after craniotomy. Anesthesia & Analgesia 2001;93:1272–6.

Parving A, Mirko T, Thomsen J, Moller H, Buchwald C. Some aspect of life after surgery for acoustic neuroma. Arch Otolaryngol Head Neck Surg 1992;118:1061–4.

Pedrosa CA, Ahern DK, McKenna MJ, Ojemann RG, Aquadro MA. Determinants and impact of headache after acoustic neuroma surgery. Am J Otol. 1994;15:793–7.

Schessel DA, Nedzelski JM, Rowed D, Feghali JG. Pain after surgery for acoustic neuroma. Otolaryngol Head Neck surgery 1992:107;424–9.

Schessel DA, Rowed D, Nedzelski JM, Feghali JG. Postoperative pain following excision of acoustic neuroma by the suboccipital approach: observations of possible cause and potential amelioration. Am J Otol 1993;14:491–4.

Soumekh B, Levine SC, Haines SJ, Wulf JA. Retrospective study of postcraniotomy headaches in suboccipital approach: diagnosis and management. Am J Otol 1996;17:617–9.

Tanskanen P, Kytta J, Randell T. Patient-controlled analgesia with oxycodone in the treatment of postcraniotomy pain. Acta Anaesthesiol Scand 1999;43:42–5.

Vijayan N. Postoperative headache in acoustic neuroma. Headache 1995;35:98–100.

Wazen JJ, Sisti M and Lam SM. Cranioplasty in acoustic neuroma surgery. Laryngoscope 2000;110:1294–7.

Weigand DA, Ojemann RG, Fickel V. Surgical treatment of acoustic neuroma (vestibular schwannoma) in the United States: Report of the acoustic neuroma registry. Laryngoscope 1996;106:58–66.

Wiegand DA, Fickel V. Acoustic neuroma – the patient's perspective: subjective assessment of symptoms, diagnosis, therapy, and outcome in 541 patients. Laryngoscope 1989;99:179–87.

6. Cefaléia atribuída a doença vascular craniana ou cervical

6.1 Cefaléia atribuída a acidente vascular cerebral isquêmico ou ataque isquêmico transitório
- 6.1.1 Cefaléia atribuída a acidente vascular cerebral isquêmico (infarto cerebral)
- 6.1.2 Cefaléia atribuída a ataque isquêmico transitório (AIT)

6.2 Cefaléia atribuída a hemorragia intracraniana não-traumática
- 6.2.1 Cefaléia atribuída a hemorragia intracerebral
- 6.2.2 Cefaléia atribuída a hemorragia subaracnóidea (HSA)

6.3 Cefaléia atribuída a malformação vascular não-rota
- 6.3.1 Cefaléia atribuída a aneurisma sacular
- 6.3.2 Cefaléia atribuída a malformação arteriovenosa (MAV)
- 6.3.3 Cefaléia atribuída a fístula arteriovenosa dural
- 6.3.4 Cefaléia atribuída a angioma cavernoso
- 6.3.5 Cefaléia atribuída a angiomatose encéfalo-trigeminal ou leptomeníngea (síndrome de Sturge-Weber)

6.4 Cefaléia atribuída a arterite
- 6.4.1 Cefaléia atribuída a arterite de células gigantes (ACG)
- 6.4.2 Cefaléia atribuída a angiite primária do sistema nervoso central (SNC)
- 6.4.3 Cefaléia atribuída a angiite secundária do sistema nervoso central (SNC)

6.5 Dor da artéria carótida ou vertebral
- 6.5.1 Cefaléia ou dor cervical ou facial atribuída a dissecção arterial
- 6.5.2 Cefaléia pós-endarterectomia
- 6.5.3 Cefaléia da angioplastia carotídea
- 6.5.4 Cefaléia atribuída a procedimentos endovasculares intracranianos
- 6.5.5 Cefaléia da angiografia

6.6 Cefaléia atribuída a trombose venosa cerebral (TVC)

6.7 Cefaléia atribuída a outro transtorno vascular intracraniano
- 6.7.1 Arteriopatia cerebral autossômica dominante com infartos subcorticais e leucoencefalopatia (*CADASIL*)
- 6.7.2 Encefalopatia mitocondrial, acidose lática e episódios semelhantes a acidente vascular encefálico (*MELAS*)
- 6.7.3 Cefaléia atribuída a angiopatia benigna do sistema nervoso central
- 6.7.4 Cefaléia atribuída à apoplexia pituitária

Comentário Geral

Cefaléia primária, secundária ou ambas?

Quando uma nova cefaléia ocorre pela primeira vez em estreita relação temporal com um transtorno vascular, ela é classificada como uma cefaléia secundária atribuída a esse transtorno vascular. Isto também é verdadeiro se a cefaléia tem as características de migrânea, cefaléia do tipo tensional ou cefaléia em salvas.

Quando uma cefaléia primária preexistente piora em relação temporal estreita com um transtorno vascular, existem duas possibilidades, e é necessário discernimento. O paciente pode receber somente o diagnóstico da cefaléia primária preexistente ou pode receber esse diagnóstico mais o da cefaléia atribuída ao transtorno vascular. Os fatores que apóiam o acréscimo do último diagnóstico são: uma relação temporal muito estreita com o transtorno vascular; acentuada piora da cefaléia preexistente; evidência clara de que o transtorno é capaz de agravar a cefaléia primária; e, finalmente, a melhora da cefaléia após a fase aguda do transtorno vascular.

Definida, provável ou crônica?

Um diagnóstico de *Cefaléia atribuída a doença vascular* geralmente se torna definido apenas quando a cefaléia desaparece ou melhora significativamente dentro de um período de tempo especificado após o seu início ou após a fase aguda do transtorno. Quando este não é o caso, ou antes que o tempo especificado haja decorrido, um diagnóstico de *Provável cefaléia atribuída a doença vascular* é geralmente aplicado.

Quando a cefaléia não desaparece nem melhora significativamente após três meses, a alternativa é o diagnóstico de A6.8 *Cefaléia crônica pós-distúrbio vascular* que é descrita apenas no Apêndice, já que tais cefaléias têm sido insuficientemente documentadas, e mais estudos são necessários para se estabelecer melhores critérios para uma relação causal.

Introdução

O diagnóstico de cefaléia e a sua ligação causal é fácil na maioria das alterações vasculares listadas adiante, porque a cefaléia se apresenta agudamente e associada a sinais neurológicos e também porque se remite rapidamente. A relação temporal estreita entre a cefaléia e os sinais neurológicos é, portanto, crucial para se estabelecer a relação causal.

Em muitas dessas doenças, como o acidente vascular isquêmico ou hemorrágico, a cefaléia é obscurecida por sinais neurológicos focais e/ou por transtornos da consciência. Em outras, como a hemorragia subaracnóidea, a cefaléia costuma ser o sintoma mais proeminente. Em outras condições que podem causar tanto cefaléia quanto acidente vascular cerebral, tais como dissecções, trombose venosa cerebral, arterite de células gigantes e a angiite do sistema nervoso central, a cefaléia é freqüentemente um sintoma inicial de alerta. É, portanto, crucial o reconhecimento da associação da cefaléia com tais transtornos no sentido de diagnosticar corretamente a doença vascular subjacente e iniciar o tratamento apropriado prontamente, prevenindo conseqüências neurológicas potencialmente graves.

Todas estas condições podem ocorrer em pacientes com histórico prévio de cefaléia primária de qualquer tipo. Um indício que sugere uma condição vascular subjacente é o início, geralmente súbito, de uma *nova* cefaléia, até então não experimentada pelo paciente. Sempre que isso ocorra, uma condição vascular deve ser investigada com urgência.

Para todas as doenças vasculares listadas aqui, os critérios diagnósticos incluem, sempre que possível:

A. Cefaléia com uma (ou mais) das características citadas (se alguma for conhecida) e que preencha os critérios C e D
B. Critérios diagnósticos maiores da doença vascular
C. Relação temporal e/ou outra evidência de relação causal com a doença vascular
D. Melhora ou desaparecimento da cefaléia dentro de um período definido de tempo[1] após o seu início, ou após a doença vascular ter-se remitido, ou após sua fase aguda.

Nota

1. Para a cefaléia atribuída a algumas doenças vasculares, não há referência ao critério D porque não há informações suficientes para se estabelecer qualquer limite de tempo para a melhora ou o desaparecimento da cefaléia.

6.1 Cefaléia atribuída a acidente vascular cerebral isquêmico ou ataque isquêmico transitório

6.1.1 Cefaléia atribuída a acidente vascular cerebral isquêmico (infarto cerebral)

Critérios diagnósticos

A. Qualquer cefaléia nova aguda preenchendo o critério C
B. Sinais neurológicos e/ou evidência por neuroimagem de um acidente vascular isquêmico recente
C. A cefaléia aparece simultaneamente com ou em relação temporal estreita com sinais ou outra evidência de um acidente vascular cerebral isquêmico

Comentários

A cefaléia do acidente vascular cerebral isquêmico é acompanhada por sinais neurológicos focais e/ou alterações da consciência, em geral permitindo fácil diferenciação das cefaléias primárias. É geralmente de moderada intensidade sem características específicas.

A cefaléia acompanha o acidente vascular isquêmico em 17% a 34% dos casos, é mais freqüente nos acidentes vasculares do território basilar do que do carotídeo. É de pouco valor prático no estabelecimento do diagnóstico etiológico do acidente vascular, exceto pelo fato de que a cefaléia é raramente associada a infartos lacunares e extremamente comum na dissecção arterial.

6.1.2 Cefaléia atribuída a ataque isquêmico transitório (AIT)

Critérios diagnósticos

A. Qualquer cefaléia nova aguda que preencha os critérios C e D
B. Déficit neurológico focal de origem isquêmica durando < 24 horas
C. A cefaléia aparece simultaneamente com o início do déficit focal
D. A cefaléia desaparece dentro de 24 horas.

Comentário

Embora seja mais freqüente nos AIT do território basilar do que nos do território carotídeo, a cefaléia raramente é um sintoma proeminente de um AIT. O diagnóstico diferencial entre um AIT com cefaléia e uma crise de migrânea com aura pode ser particularmente difícil. A forma de instalação é fundamental: o déficit focal é tipicamente súbito em um AIT e mais freqüentemente progressivo na migrânea com aura. Além disso, os fenômenos positivos (p.ex., escotoma cintilante) são muito mais comuns na aura de migrânea do que no AIT, enquanto sintomas negativos são mais freqüentes no AIT.

6.2 Cefaléia atribuída a hemorragia intracraniana não-traumática

Classificada em outro local

A cefaléia atribuída a hemorragia intracerebral e/ou subaracnóidea ou a hematoma intracerebral traumático é codificada como 5.1.1 Cefaléia pós-traumática aguda atribuída a lesão cefálica moderada ou grave ou 5.2.1 Cefaléia pós-traumática crônica atribuída a lesão cefálica moderada ou grave.

A cefaléia atribuída a hematoma epidural traumático é codificada como 5.5.1 Cefaléia atribuída a hematoma epidural; cefaléia atribuída a hematoma subdural traumático é codificada como 5.5.2 Cefaléia atribuída a hematoma subdural.

6.2.1 Cefaléia atribuída a hemorragia intracerebral

Critérios diagnósticos

A. Qualquer cefaléia nova aguda preenchendo o critério C
B. Sinais neurológicos ou evidência por neuroimagem de hemorragia intracerebral não-traumática recente
C. A cefaléia aparece simultaneamente ou em relação temporal muito estreita com uma hemorragia intracerebral.

Comentários

Devido ao uso, o termo intracerebral neste contexto inclui intracerebelar.

A cefaléia é mais freqüente e mais intensa no acidente vascular cerebral hemorrágico do que no isquêmico. Geralmente é obscurecida por déficits focais ou coma, mas pode também ser o sintoma precoce mais proeminente da hemorragia cerebelar, a qual pode requerer descompressão cirúrgica de emergência.

A 6.2.1 Cefaléia atribuída a hemorragia intracerebral é mais freqüentemente devida a sangramento subaracnóideo associado e a compressão local do que a hipertensão intracraniana. Pode, ocasionalmente, apresentar-se como cefaléia trovoada.

6.2.2 Cefaléia atribuída a hemorragia subaracnóidea (HSA)

Critérios diagnósticos

A. Cefaléia intensa de início súbito preenchendo os critérios C e D
B. Evidência de hemorragia subaracnóidea não-traumática por neuroimagem (TC ou RM T2 ou flair) ou LCR, com ou sem outros sinais clínicos
C. A cefaléia aparece simultaneamente com a hemorragia
D. A cefaléia desaparece dentro de um mês

Comentários

A hemorragia subaracnóidea é, sem dúvida, a causa mais comum de cefaléia intensa e incapacitante de início súbito (cefaléia trovoada) e continua sendo uma condição grave (50% dos pacientes morrem após uma HSA, freqüentemente antes de chegar ao hospital, e 50% dos sobreviventes ficam incapacitados).

Excluindo-se o trauma, 80% dos casos resultam da ruptura de aneurismas saculares.

A cefaléia da HSA é freqüentemente unilateral no seu início e acompanhada por náusea, vômitos, transtornos da consciência, rigidez de nuca e, menos freqüentemente, por febre e arritmia cardíaca. Contudo, pode ser menos intensa e sem outros sinais associados. O início abrupto é a característica mais importante. Todo paciente com cefaléia de início súbito ou cefaléia em trovoada deve ser avaliado para HSA. O diagnóstico é confirmado por TC sem contraste ou RM (seqüências em flair) que possuem uma sensibilidade maior que 90% nas primeiras 24 horas. Se o exame de imagem for negativo, duvidoso ou tecnicamente inadequado, uma punção lombar deve ser feita.

A hemorragia subaracnóidea é uma emergência neurocirúrgica.

6.3 Cefaléia atribuída a malformação vascular não-rota

Classificada em outro local

Cefaléia atribuída a malformação vascular rota é codificada como 6.2.1 Cefaléia atribuída a hemorragia intracerebral ou 6.2.2 Cefaléia atribuída a hemorragia subaracnóidea.

6.3.1 Cefaléia atribuída a aneurisma sacular

Critérios diagnósticos

A. Qualquer cefaléia nova aguda incluindo a cefaléia trovoada e/ou a paralisia dolorosa do terceiro nervo craniano preenchendo os critérios C e D
B. Evidência através de neuroimagem de aneurisma sacular
C. Há evidência de que o aneurisma sacular seja a causa da cefaléia
D. A cefaléia desaparece em 72 horas
E. Excluídas, através de investigação apropriada, a hemorragia subaracnóidea, a hemorragia intracerebral ou outra causa de cefaléia

Comentários

A cefaléia é relatada por aproximadamente 18% dos pacientes com aneurisma cerebral não-roto.

Em geral, não apresenta características específicas, mas a cefaléia trovoada ocorre antes de uma HSA por aneurisma em 50% dos pacientes. Embora a cefaléia trovoada possa ocorrer na ausência de malformação vascular, tais malformações devem ser investigadas através de métodos não-invasivos apropriados (angioRM ou angioTC) e, em casos duvidosos, por angiografia convencional. Uma variedade clássica de "cefaléia sentinela" (sinalizando ruptura iminente ou aumento progressivo) é uma paralisia aguda do terceiro nervo craniano com dor retrorbitária e dilatação pupilar, indicando um aneurisma da artéria cerebral comunicante posterior ou da porção final da carótida.

6.3.2 Cefaléia atribuída a malformação arteriovenosa (MAV)

Critérios diagnósticos

A. Qualquer cefaléia nova aguda preenchendo os critérios C e D
B. Evidência através de neuroimagem de malformação arteriovenosa
C. Evidência de que a malformação arteriovenosa causa a cefaléia
D. A cefaléia desaparece dentro de 72 horas
E. Excluídas, através de investigação apropriada, a hemorragia subaracnóidea, a hemorragia intracerebral ou outra causa de cefaléia

Comentários

Alguns casos têm sido relatados que ressaltam a associação de MAV com uma variedade de cefaléias como a cefaléia em salvas, a hemicrania paroxística crônica (HPC) e a *SUNCT* (*cefaléia de curta duração, unilateral, neuralgiforme, com hiperemia conjuntival e lacrimejamento*), mas tais casos apresentam características atípicas. Não há evidência de relação entre as MAV e tais cefaléias quando elas são típicas.

A migrânea com aura tem sido relatada em até 58% das mulheres com MAV. Um forte argumento em favor de uma relação causal é a intensa correlação entre o lado da cefaléia ou da aura e o lado da MAV. Há portanto uma forte sugestão de que a MAV possa causar crises de migrânea com aura (migrânea sintomática). Apesar disso, em grandes séries de MAV, a migrânea como quadro inicial é rara, sendo menos comum que a hemorragia, epilepsia ou déficits focais.

6.3.3 Cefaléia atribuída a fístula arteriovenosa dural

Critérios diagnósticos

A. Qualquer cefaléia nova aguda preenchendo o critério C
B. Evidência através de neuroimagem de fístula arteriovenosa dural
C. Evidência de que a fístula causa a cefaléia.
D. Excluídas, através de investigação apropriada, a hemorragia subaracnóidea, a hemorragia intracerebral ou outra causa de cefaléia

Comentário

Faltam estudos dedicados à cefaléia e fístulas arteriovenosas durais. Um zumbido pulsátil e doloroso pode ser um sintoma inicial, assim como a cefaléia com outros sinais de hipertensão intracraniana devida à diminuição do retorno venoso e, às vezes, à trombose venosa. As fístulas carotídeo-cavernosas podem se apresentar como oftalmoplegia dolorosa.

6.3.4 Cefaléia atribuída a angioma cavernoso

Codificada em outro local

A cefaléia atribuída a hemorragia cerebral ou a convulsão secundária a angioma cavernoso é codificada como 6.2.1 *Cefaléia atribuída a hemorragia intracerebral* ou 7.6 *Cefaléia atribuída a crise epiléptica*

Critérios diagnósticos

A. Qualquer cefaléia nova aguda preenchendo o critério C
B. Evidência através de neuroimagem de angioma cavernoso
C. Há evidência de que o angioma cavernoso seja a causa da cefaléia
D. Excluídas, através de investigação apropriada, a hemorragia subaracnóidea, a hemorragia intracerebral ou outra causa de cefaléia

Comentário

Angiomas cavernosos são cada vez mais reconhecidos por RM. Não há estudo relevante voltado à cefaléia associada com estas malformações. A cefaléia é comumente relatada como conseqüência de hemorragia cerebral ou de crises convulsivas devidas ao angioma cavernoso; e devem ser codificadas como tais.

6.3.5 Cefaléia atribuída a angiomatose encéfalo-trigeminal ou leptomeníngea (Síndrome de Sturge-Weber)

Critérios diagnósticos

A. Qualquer cefaléia nova aguda preenchendo o critério C
B. Angioma facial, crises epilépticas ou evidência através de neuroimagem de angioma meníngeo ipsilateral ao angioma facial
C. Há evidência de que os angiomas sejam a causa da cefaléia
D. Outras causas de cefaléia excluídas por investigação apropriada

Comentário

A cefaléia é freqüentemente relatada nesta condição, mas insuficientemente documentada. Casos isolados sugerem que a angiomatose encéfalo-trigeminal ou leptomeníngea pode ser causa de migrânea sintomática, particularmente de crises de migrânea com aura prolongada (possivelmente relacionadas com oligoemia crônica).

6.4 Cefaléia atribuída a arterite

6.4.1 Cefaléia atribuída a arterite de células gigantes (ACG)

Termos previamente utilizados

Arterite temporal, doença de Horton.

Critérios diagnósticos

A. Qualquer cefaléia nova persistente preenchendo os critérios C e D
B. Ao menos um dos seguintes:
   1. artéria temporal edemaciada e dolorosa, com velocidade de hemossedimentação (VHS) e/ou proteína C reativa (PCR) elevadas
   2. biópsia da artéria temporal demonstrando arterite de células gigantes
C. A cefaléia aparece em relação temporal estreita com outros sinais e sintomas de arterite de células gigantes.
D. A cefaléia desaparece ou apresenta grande melhora dentro de três dias após o início do tratamento com corticosteróides em altas doses.

Comentários

De todas as arterites e doenças vasculares do colágeno, a arterite de células gigantes é a doença mais claramente associada com cefaléia (o que se deve à inflamação das artérias da cabeça, principalmente os ramos da artéria carótida externa). Os pontos seguintes devem ser salientados:

- A variabilidade nas características da cefaléia e outros sintomas associados de ACG (polimialgia reumática, claudicação da mandíbula) é tamanha que qualquer cefaléia recente e persistente em um paciente acima de 60 anos deve sugerir ACG e levar à investigação diagnóstica apropriada;

- Crises recentes e repetidas de amaurose fugaz associadas a cefaléia são muito sugestivas de ACG e necessitam de investigação imediata;
- O maior risco é o de amaurose devido à neurite óptica isquêmica anterior, que pode ser evitada pela administração imediata de corticosteróides;
- O intervalo de tempo entre a perda visual em um olho e no outro é geralmente menor que uma semana;
- Existe também risco de eventos isquêmicos cerebrais e demência;
- No exame histopatológico, a artéria temporal pode apresentar-se normal em algumas áreas (lesões segmentadas) indicando a necessidade de cortes seriados;
- O *duplex-scan* da artéria temporal pode visualizar o espessamento da parede arterial (como um halo em cortes axiais) e pode ajudar a escolher o local para realização da biópsia.

6.4.2 Cefaléia atribuída a angiite primária do sistema nervoso central (SNC)

Termos previamente utilizados
Angiite isolada do SNC, angiite granulomatosa do SNC.

Critérios diagnósticos

A. Qualquer cefaléia nova e persistente preenchendo os critérios D e E
B. Sinais encefálicos de qualquer tipo (p.ex., acidente vascular cerebral, crises epilépticas, transtornos cognitivos ou da consciência)
C. Angiite do SNC comprovada por biópsia cerebral ou meníngea, ou suspeitada em sinais angiográficos, na ausência de arterite sistêmica
D. A cefaléia aparece em relação temporal estreita com os sinais encefálicos
E. A cefaléia desaparece dentro de um mês após o início de tratamento com corticosteróides e/ou imunossupressor

Comentários
A cefaléia é o sintoma dominante na angiite do SNC (primária ou secundária). Está presente em 50% a 80% dos casos, conforme o método diagnóstico utilizado, angiografia e histologia, respectivamente. Ainda assim, não tem características específicas e tem pouca utilidade diagnóstica, até que se apresentem outros sinais, como déficits focais, crises epilépticas, transtornos da consciência ou cognição. No entanto, a ausência simultanea de cefaléia e pleocitose liquórica torna o diagnóstico de angiite do SNC improvável.

A patogênese da cefaléia é multifatorial: inflamação, acidente vascular encefálico (isquêmico ou hemorrágico), aumento da pressão intracraniana e/ou HSA.

O efeito do tratamento é bem menos dramático do que na 6.4.1 *Cefaléia atribuída a arterite de células gigantes*. A angiite primária do SNC comprovada histologicamente é uma condição grave e não infreqüentemente letal.

6.4.3 Cefaléia atribuída a angiite secundária do sistema nervoso central (SNC)

Critérios diagnósticos

A. Qualquer cefaléia nova e persistente preenchendo os critérios D e E
B. Sinais encefálicos de qualquer tipo (p.ex., acidente vascular encefálico, crises epilépticas, transtornos cognitivos ou de consciência)
C. Evidência de arterite sistêmica
D. A cefaléia aparece em relação temporal estreita com os sinais encefálicos
E. A cefaléia melhora dentro de um mês após início de tratamento com corticosteróide e/ou imunossupressor

Comentários

A cefaléia é o sintoma dominante na angiite do SNC (primária ou secundária). Está presente em 50% a 80% dos casos, conforme o método diagnóstico utilizado, angiografia e histologia, respectivamente. Ainda assim, ela não tem características específicas, sendo de pouco valor diagnóstico, até que se apresentem outros sinais como déficits focais, crises epilépticas, transtornos da consciência ou cognição. A ausência concomitante de cefaléia e pleocitose liquórica torna o diagnóstico de angiite do SNC improvável.

Existem duas dificuldades:

1. diagnosticar angiite do SNC em um paciente que sabidamente apresenta uma das muitas condições que podem causar angiite;
2. identificar a condição subjacente (inflamatória, infecciosa, neoplásica, tóxica) em um paciente apresentando angiite do SNC.

A patogênese da cefaléia é multifatorial: inflamação, acidente vascular encefálico (isquêmico ou hemorrágico), aumento da pressão intracraniana e/ou hemorragia subaracnóidea.

6.5 Dor da artéria carótida ou vertebral

6.5.1 Cefaléia ou dor facial ou cervical atribuída a dissecção arterial

Critérios diagnósticos

A. Qualquer cefaléia, dor facial ou dor cervical novas, de início agudo, com ou sem outros sintomas ou sinais neurológicos que preenchem os critérios C e D
B. Dissecção demonstrada por investigação vascular e/ou de neuroimagem apropriada

C. A dor aparece em relação temporal estreita e no mesmo lado da dissecção
D. A dor desaparece dentro de um mês

Comentários

A cefaléia com ou sem dor cervical pode ser a única manifestação da dissecção arterial cervical. Este é, sem dúvida, o sintoma mais freqüente (55% a 100% dos casos) e é também o sintoma inaugural mais comum (33% a 86% dos casos).

A cefaléia e as dores facial e cervical são usualmente unilaterais (ipsilateral à dissecção), intensa e persistente (por uma média de quatro dias). Não há, contudo, padrão específico e pode, muitas vezes, ser bastante enganosa, simulando outras cefaléias como a da migrânea, cefaléia em salvas, cefaléia trovoada primária e HSA (particularmente porque a dissecção arterial vertebral pode se apresentar com HSA). Sinais associados como os de isquemia retiniana ou cerebral e sinais locais são freqüentes. Uma síndrome de Horner dolorosa ou um zumbido doloroso, de início súbito, são altamente sugestivos de dissecção carotídea.

A cefaléia geralmente precede o início dos sinais de isquemia e, portanto, requer diagnóstico e tratamento precoces. O diagnóstico é baseado no *duplex scan*, RM, angioRM, e/ou TC helicoidal, e em casos duvidosos, na angiografia convencional.

Vários destes métodos diagnósticos podem ser necessários, uma vez que quaisquer deles podem ser normais. Não há estudos randomizados sobre o tratamento, mas há um consenso em favor da utilização da heparina seguida de varfarina por três a seis meses, de acordo com o nível de recuperação arterial.

6.5.2 Cefaléia pós-endarterectomia

Critérios diagnósticos

A. Cefaléia aguda com uma das seguintes características e preenchendo os critérios C e D:
   1. dor difusa e fraca
   2. dor unilateral semelhante à cefaléia em salvas, ocorrendo uma ou duas vezes ao dia, na forma de crises com duração de duas a três horas
   3. dor unilateral pulsátil de forte intensidade
B. Uma endarterectomia de carótida foi realizada
C. A cefaléia aparece dentro de uma semana após cirurgia, na ausência de dissecção
D. A cefaléia desaparece dentro de um mês após a cirurgia

Comentário

Três subformas de cefaléia foram descritas após endarterectomia. A mais freqüente (até 60% dos casos) é uma cefaléia difusa, fraca e isolada, que ocorre nos primeiros dias após cirurgia. É uma condição benigna e autolimitada. O segundo tipo (relatado em até 38% dos casos) é uma cefaléia unilateral, semelhante à cefaléia em salvas, com duração de duas a três horas, ocorrendo uma ou duas vezes ao dia, desaparecendo em cerca de duas semanas. O terceiro tipo é parte da rara síndrome de hiperperfusão, com uma dor unilateral pulsátil e de forte intensidade, ocorrendo após um intervalo de três dias após a cirurgia. Freqüentemente precede o aumento da pressão arterial e o início de crises epilépticas ou déficits neurológicos por volta do sétimo dia. Requer-se um tratamento urgente, uma vez que estes sintomas podem ser o prenúncio de uma hemorragia cerebral.

6.5.3 Cefaléia da angioplastia carotídea

Critérios diagnósticos

A. Qualquer cefaléia nova aguda preenchendo os critérios C e D
B. Uma angioplastia extra ou intracraniana foi realizada
C. A cefaléia aparece durante a angioplastia ou dentro de uma semana da sua realização, na ausência de dissecção
D. A cefaléia desaparece dentro de um mês

Comentários

Atualmente estão sendo realizados estudos randomizados comparando a angioplastia percutânea transluminal (APT) e *stenting* versus a cirurgia. As informações sobre cefaléia ainda são escassas e a cefaléia não é mencionada em grandes séries de APT carotídea. Em uma pequena série de 53 pacientes, a dor cervical ocorreu em 51% e a cefaléia em 33%, durante a insuflação do balão, desaparecendo dentro de segundos após o esvaziamento do mesmo.

A cefaléia como parte de uma síndrome de hiperperfusão (ver 6.5.2 *Cefaléia pós-endarterectomia*) tem sido relatada após APT de carótida.

6.5.4 Cefaléia atribuída a procedimentos endovasculares intracranianos

Critérios diagnósticos

A. Cefaléia unilateral localizada de forte intensidade e de início súbito e preenchendo os critérios C e D
B. Uma angioplastia ou embolização intracraniana foi realizada
C. A cefaléia aparece segundos após o procedimento
D. A cefaléia desaparece em até 24 horas após o término do procedimento

Comentário

Uma subforma muito específica de cefaléia tem sido relatada após a inflação do balão ou embolização de uma MAV ou aneurisma. É uma dor de forte intensidade e início súbito localizada em áreas específicas de acordo com a artéria envolvida, ocorrendo dentro de segundos após o procedimento e desaparecendo rapidamente.

6.5.5 Cefaléia da angiografia

Critérios diagnósticos

A. Cefaléia aguda com uma das seguintes características e preenchendo os critérios C e D:
   1. cefaléia intensa, difusa e em queimação
   2. cefaléia, em um paciente com migrânea, com as características clínicas de migrânea
B. Uma angiografia intra-arterial de carótida ou vertebral foi realizada
C. A cefaléia aparece durante a angiografia.
D. A cefaléia desaparece em 72 horas

Comentário

A injeção de contraste intracarotídea ou intravertebral induz uma cefaléia difusa e de forte intensidade, com sensação de queimação, que se resolve espontaneamente. A injeção pode também desencadear uma crise de migrânea, em indivíduo com migrânea, que deve ser classificada tanto como 1. *Migrânea* (como o subtipo apropriado) quanto 6.5.5 *Cefaléia da angiografia.*

6.6 Cefaléia atribuída a trombose venosa cerebral (TVC)

Critérios diagnósticos

A. Qualquer cefaléia nova, com ou sem sinais neurológicos, preenchendo os critérios C e D
B. Evidência através de neuroimagem de trombose venosa cerebral
C. A cefaléia (e os sinais neurológicos, se presentes) aparecem em relação temporal estreita com a TVC
D. A cefaléia desaparece dentro de um mês após tratamento apropriado

Comentários

A cefaléia é, sem dúvida, o sintoma mais freqüente de TVC (presente em 80%–90% dos casos) e é também o sintoma inicial mais freqüente. Não apresenta características específicas. Mais comumente é difusa, progressiva, de forte intensidade e associada a outros sinais de hipertensão intracraniana. Pode ser também unilateral e súbita, às vezes confundindo, e mimetizando migrânea, cefaléia trovoada, hipotensão liquórica ou HSA (da qual pode ser também a causa). A cefaléia pode ser a única manifestação de TVC, mas em mais de 90% dos casos é associada a sinais focais (déficits neurológicos ou crises epilépticas) e/ou sinais de hipertensão intracraniana, encefalopatia subaguda ou síndrome do seio cavernoso.

Dada a ausência de características específicas, qualquer cefaléia recente e persistente deve levantar suspeita, especialmente se há uma condição prótrombótica subjacente. O diagnóstico é baseado em neuroimagem (RM mais angioRM ou TC mais angioTC, ou angiografia digital convencional em casos duvidosos). O tratamento deve ser iniciado o mais rápido possível e inclui tratamento sintomático, heparinização seguida de anticoagulante oral por no mínimo seis meses, e quando indicado, o tratamento da causa subjacente.

6.7 Cefaléia atribuída a outra doença vascular intracraniana

6.7.1 Arteriopatia cerebral autossômica dominante com infartos subcorticais e leucoencefalopatia (CADASIL)

Critérios diagnósticos

A. Crises de migrânea com aura, com ou sem outros sinais neurológicos
B. Alterações típicas de substância branca na RM (T2WI)
C. Confirmação diagnóstica com biópsia de pele ou teste genético (mutações Notch 3)

Comentário

A CADASIL é uma doença arterial de pequenos vasos cerebrais, autossômica dominante (com alguns casos esporádicos) recentemente identificada, caracterizada clinicamente por pequenos infartos recorrentes, demência subcortical, transtorno de humor e migrânea com aura.

A migrânea com aura está presente em um terço dos casos e, em tais casos, é geralmente o primeiro sintoma da doença, aparecendo na idade média de 30 anos, uns 15 anos antes dos acidentes vasculares cerebrais isquêmicos e 20 a 30 anos antes do óbito. As crises são típicas de 1.2 *Migrânea com aura* com exceção de uma freqüência anormal de auras prolongadas. A RM é sempre anormal com alterações evidentes de substância branca nas seqüências ponderadas em T2. A doença envolve células musculaturas lisas na túnica média de pequenas artérias, devido a mutações no gene Notch 3. O diagnóstico pode ser feito com imunofixação de anticorpos anti-Notch 3 em biópsia de pele.

A CADASIL é um excelente modelo para estudar a fisiopatologia da migrânea com aura e sua relação com acidente vascular cerebral isquêmico.

6.7.2 Encefalopatia mitocondrial, acidose lática e episódios semelhantes a acidente vascular encefálico (MELAS)

Critérios diagnósticos

A. Crises de migrânea com ou sem aura
B. Episódios semelhantes a acidente vascular cerebral e crises epilépticas
C. Alteração genética (mutação pontual na posição 3243 do gene codificador do tRNALeu do DNA mitocondrial ou outra mutação pontual do DNA de MELAS)

Comentário

As crises de migrânea são freqüentes em MELAS, o que levou à hipótese de que mutações mitocondriais poderiam exercer um papel na enxaqueca com aura, mas a mutação 3243 não foi detectada em dois grupos de pacientes com migrânea com aura. Outras mutações ainda não detectadas podem exercer um papel tanto na migrânea quanto no acidente vascular cerebral isquêmico, já que crises de migrânea, principalmente com aura, ocorrem também em outras doenças mitocondriais.

6.7.3 Cefaléia atribuída a angiopatia benigna (ou reversível) do sistema nervoso central

Critérios diagnósticos

A. Cefaléia difusa, de forte intensidade, de início súbito ou progressivo, com ou sem déficits neurológicos focais e/ou crises epilépticas preenchendo os critérios C e D
B. Aspecto "em rosário" na angiografia, sendo a hemorragia subaracnóidea afastada por investigação apropriada
C. Uma ou ambas dentre as seguintes condições:
   1. a cefaléia desenvolve-se simultaneamente com os déficits neurológicos e/ou crises epilépticas
   2. a cefaléia conduz à angiografia e à descoberta do aspecto " em rosário"
D. A cefaléia (e os déficits neurológicos, se presentes) desaparecem espontaneamente dentro de 2 meses

Comentários

Esta é uma condição pouco entendida, caracterizada clinicamente por uma cefaléia difusa, de forte intensidade e de vários modos de início: pode ser de início súbito, simulando HSA, ou rapidamente progressiva, ao longo de horas ou mais vagarosamente, ao longo de dias. É uma das causas identificadas de cefaléia trovoada. Pode ser o único sintoma desta condição, mas é geralmente associada com déficits neurológicos flutuantes e às vezes crises epilépticas. A angiografia é, por definição, alterada com segmentos de constrição e dilatação. Um certo número de causas vem sendo identificado; a melhor definida é a angiopatia pós-parto, relacionada, em alguns casos, ao uso de bromocriptina. A doença é autolimitada em um a dois meses sem tratamento e com desaparecimento das anormalidades arteriais. Dada a dificuldade diagnóstica com angiite primária do SNC, o paciente geralmente recebe corticosteróides por algum tempo.

6.7.4 Cefaléia atribuída a apoplexia pituitária

Critérios diagnósticos

A. Cefaléia de forte intensidade, aguda, retrorbitária, frontal ou difusa e acompanhada por pelo menos um dos seguintes e preenchendo critérios C e D

1. náusea ou vômitos
2. febre
3. diminuição do nível da consciência
4. hipopituitarismo
5. hipotensão
6. oftalmoplegia ou acuidade visual diminuída

B. Evidência através de neuroimagem de infarto agudo hemorrágico da hipófise
C. A cefaléia aparece simultaneamente com infarto agudo hemorrágico da hipófise
D. A cefaléia e os outros sintomas e/ou sinais desaparecem dentro de um mês

Comentário

Esta síndrome clínica rara é uma condição aguda e grave, caracterizada por infarto hemorrágico espontâneo da hipófise. É uma das causas de cefaléia trovoada. A ressonância magnética é mais sensível do que a TC para detectar as afecções intra-selares.

Referências bibliográficas

6.1.1 Cefaléia atribuída a acidente vascular isquêmico

Ferro JM, Melo TP, Oliveira V, Salgado AV, Crespo M, Canhao P, Pinto AN. A multivariate study of headache associated with ischemic stroke. Headache 1995;35:315–9.

Fisher CM. Headache in acute cerebrovascular disease. In: Vinken PH, Bruyn GW eds. Headache and cranial neuralgias. Handbook of clinical neurology. Amsterdam; Elsevier 1968;5:124–56.

Gorelick PB, Hier DB, Caplan LR, Langenberg D. Headache in acute cerebrovascular disease. Neurology 1986;36:1445–50.

Portenoy RK, Abissi CJ, Lipton RB, Berger AR, Mebler MF, Baglivo J, Solomon S. Headache in cerebrovascular disease. Stroke 1984;15:1009–12.

6.1.2 Cefaléia atribuída a ataque isquêmico transitório (AIT)

Caplan LR. Migraine and vertebrobasilar ischemia. Neurology 1991;41:55–61.

Ferro JM, Costa I, Melo TP, Canhao P, Oliveira V, Salgado AV, Crespo M, Pinto AN. Headache associated with transient ischemic attacks. Headache 1995;35:544–8.

Fisher CM. Migraine accompaniments versus arteriosclerotic ischemia. Trans Am Neurol Assoc 1968;93:211–3.

Fisher CM. Cerebral ischemia: less familiar types. Clin Neurosurg 1971;18:267–336.

Fisher CM. Late-life migraine accompaniements as a cause of unexplained transient ischemic attacks. Can J Med Sci 1980;7:9–17.

Martsen BH, Sorensen PS, Marquardsen J. Transient ischemic attacks in young patients: a thromboembolic or migrainous manifestation? Aten-year follow-up of 46 patients. J Neurol Neurosurg Psychiat 1990;53:1029–33.

6.2.1 Cefaléia atribuída a hemorragia intracerebral

Ferro JM, Melo TP, Guerreiro M. Headaches in intracerebral hemorrhage survivors. Neurology 1998;50:203–7.

Gorelick PB, Hier DB, Caplan LR, Langenberg P. Headache in acute cerebrovascular disease. Neurology 1986;36:1445–0.

Jensen TS, Gorrelick PB. Headache associated with stroke and intracranial hematoma. In: The Headaches. 2nd edition.

J Olesen, P Telt-Hansen, KMA Welch eds. Philadelphia: Lippincott Williams and Wilkins 2000;781–7.

Melo TP, Pinto AN, Ferro JM. Headache in intracerebral hematomas. Neurology 1996;47:494–500.

Schuaib A, Metz L, and Hing T. Migraine and intra-cerebral hemorrhage. Cephalalgia 1989;9:59–61.

6.2.2 Cefaléia atribuída a hemorragia subaracnóidea (HSA)

Bassi P, Bandera R Loiero M, Togoni G, Mangoni. Warning signs in subarachnoid hemorrhage: a cooperative tudy. Acta Neurol Scand 1991;84:277–81.

Edlow JA, Caplan LR. Avoiding pitfalls in the diagnosis of subarachnoid hemorrhage. NEJM 2000;342:29–36.

Evans RW. Diagnostic testing for the evaluation of headaches. Neurology Clinics 1996;14:1–26.

Linn FHH, Rinkel GJE, Algra A, van Gijn J. Headache characteristics in subarachnoid haemorrhage and benign thunderclap headache. J Neurol Neurosurg Psych 1998;65:791–3.

Mayberg MR, Batjer HH, Dacey R, Diringer M, Haley EC, Heros RC, Sternau LL, Torner J, Adams HP, Feinberg W, Thies W. Guidelines for the management of aneurysmal subarachnoid hemorrhage. A statement for healthcare professionals from a special writing group of the Stroke Council of the American Heart Association. Stroke 1994;25:2315–28.

Ramirez-Lassepas M, Espinosa CE, Cicero JJ, Johnston KL, Cipolle RJ, Barber DL. Predictors of intracranial pathologic findings in patients who seek emergency care because of headache. Arch Neurol 1997;54:1506–9.

Seymour JJ, Moscati RM, Jehle DV. Response of headaches to non-narcotic analgesics resulting in missed intracranial hemorrhage. Am J Emerg Med 1995;13:43–5.

Sidman R, Vconnolly E, Lemke T. Subarachnoid hemorrhage diagnosis: lumbar puncture is still needed when the computed tomography scan is normal. Acad Emerg Med 1996;3:827–31.

Van der Wee N, Rinkel GJE, Hasan D, van Gijn J. Detection of subarachnoid hemorrhage on early CT: is lumbar puncture still needed after a negative scan? J Neurol Neurosurg Psychiat 1995;58:357–9.

Verweij RD, Wijdicks EFM, van Gijn J. Warning headache in aneurysmal subarachnoid hemorrhage. A case control study. Arch Neurol 1988;45:1019–20.

Weir B. Diagnostic aspects of SAH. In: Weir B. Subarachnoid hemorrhage: causes and cures. New York: Oxford University Press 1998;144–76.

6.3.1 Cefaléia atribuída a aneurisma sacular

Day JW, Raskin NH. Thunderclap headache: symptom of unruptured cerebral aneurysm. Lancet 1986;2:1247–8.

Linn FHH, Wijdicks EFM, van der Graaf Y, Weerdesteyn-van Vliet FAC, Bartelds A, van Gijn J. Prospective study of sentinel headache in aneurysmal subarachnoid haemorrhage. Lancet 1994;344:590–3.

Markus HS. Aprospective follow-up of thunderclap headache mimicking subarachnoid haemorrhage. J Neurol Neurosurg Psych 1991;54:1117–25.

Mas JL, Baron JC, Bousser MG, Chiras J. Stroke, migraine and inracranial aneurysm: a case report. Stroke 1986;17:1019–21.

Ostergard JR, Ramadan N. Unruptured vascular malformations and subarachnoid hemorrhage. In The Headaches 2nd edition. J Olesen, P Tfelt-Hansen, KMAWelch eds. Philadelphia: Lipincott Williams and Wilkins 2000;789–96.

Raps EC, Rogers JD, Galetta DL, Solomon RA, Lennihan L, Klebanoff LM, Fink ME. The clinical spectrum of unruptured intracranial aneurysms. Arch Neurol 1993;50:265–8.

Schievink WI. Intracranial aneurysms. NEJM 1997;336:28–40. Wijdicks EFM, Kerkhoff H, van Gijn J. Long-term follow-up of 71 patients with thunderclap headache mimicking subarachnoid haemorrhage. Lancet 1988;ii:68–70.

6.3.2 Cefaléia atribuída a malformação arteriovenosa (MAV)

Bruyn GW. Intracranial arteriovenous malformation and migraine. Cephalalgia 1984;4:191–207.

Haas DC. Arteriovenous malformations and migraine: case reports and an analysis of the relationship. Headache 1991;31:509–13.

Troost BT, Mark LE, Maroon JC. Resolution of classic migraine after removal of an occipital lobe AVM. Ann Neurol 1979;5:199–201.

6.3.3 Cefaléia atribuída a fístula dural arteriovenosa

Malek AM, Halbach VV, Dowd CF, Higashida RT. Diagnosis and treatment of dural arteriovenous fistulas. Neuroimaging Clin N Am 1998;8:445–68.

6.3.4 Cefaléia atribuída a angioma cavernoso

De Benedittis G. SUNCT syndrome associated with cavernous angioma of the brain stem. Cephalalgia 1996;16:503–6.

Epstein MA, Beerman PH, Schut L. Cavernous angioma presenting as atypical facial and head pain. J Child Neurol 1990;5:27–30.

Robinson JR, Awad IA, Little JR. Natural history of the cavernous angioma. J Neurosurg 1991;75:709–14.

6.3.5 Cefaléia atribuída a angiomatose encéfalo-trigeminal ou leptomeníngea (síndrome de Sturge-Weber)

Chabriat H, Pappata S, Traykov L, Kurtz A, Bousser MG. Angiomatose de Sturge Weber responsable d'une hémiplégie sans infarctus cérébral en fin de grossesse. Rev Neurol (Paris) 1996;152:536–41.

Klapper J. Headache in Sturge-Weber syndrome. Headache 1994;34:521–2.

6.4.1 Cefaléia atribuída a arterite de células gigantes (ACG)

Caselli RJ, Hunder GG. Neurologic aspects of giant cell (temporal) arteritis. Rheum Dis Clin North Am 1993;19:941–53.

Hunder GG. Giant cell (temporal) arteritis. Rheum Dis Clin North Am 1990;16:399–409.

Lee AG, Brazis PW. Temporal arteritis: a clinical approach. J Am Geriatr Soc 1999;47:1364–70.

Solomon S, Cappa KG. The headache of temporal arteritis. J Am Geriatr Soc 1987;35:163–5.

Swannell AJ. Polymyalgia rheumatica and temporal arteritis: diagnosis and management. BMJ 1997;314:1329–32.

Thielen KR, Wydicks EFM, Nichols DA. Giant cell (temporal) arteritis: involvement of the vertebral and internal carotid arteries. Mayo Clin Proc 1998;73:444–6.

6.4.2 Cefaléia atribuída a angeiite primária do sistema nervoso central (SNC) e 6.4.3 Cefaléia atribuída a angeiite secundária do sistema nervoso central (SNC)

Calabrese LH, Furlan AH, Gragg LA, Ropos TH. Primary angiitis of the central nervous system: diagnostic criteria and clinical approach. Cleve J Med 1992;59:293–306.

Calabrese LH, Duna GF, Lie JT. Vasculitis in the central nervous system; Arthritis Rheum 1997;40:1189–201.
Chu CT, Gray L, Goldstein LB, Hulette CM. Diagnosis of intracranial vasculitis: a multidisciplinary approach. J Neuropath Exp Neurol 1998;57:30–8.
Hankey GJ. Necrotizing and granulomatous angiitis of the CNS. In Cerebrovascular disease. Pathophysiology, diagnosis and management, vol 2. MD Ginsberg, J Bogousslavsky eds. New York: Blackwell Science 1998;1647–83.
Harris KG, Tran DD, Sickels WJ, Cornell SH, Yuh WTC. Diagnosing intracranial vasculitis: the roles or MR and angiography. Am J Neuroradiol 1994;15:317–30.
Kumar R, Wijdicks EFM, Brown RD, Parisi JE, Hammond CA. Isolated angiitis of the CNS presenting as subarachnoid haemorrhage. J Neurol Neurosurg Psych 1997;62:649–51.
Lie JT. Primary (granulomatous) angiitis of the central nervous system: a clinicopathologic analysis of 15 new cases and a review of the literature. Hum Pathol 1992;23:164–71.
Moore PM. Vasculitis of the central nervous system. Semin Neurol 1994;14:313–9.
Savage COS, Harper L, Cockwell P, Adu D, Howie AJ. ABC of arterial and vascular disease: vasculitis. BMJ 2000;320:1325–8.

6.5.1 Cefaléia ou dor cervical ou facial atribuída à dissecção arterial

Biousse V, D'Anglejan-Chatillon J, Massiou H, Bousser MG. Head pain in non traumatic artery dissection: a series of 65 patients. Cephalalgia 1994;14:33–6.
Biousse V, D'Anglejan-Chatillon J, Touboul PJ, Amarenco P, Bousser MG. Time course of symptoms in extracranial carotid artery dissections. A series of 80 patients. Stroke 1995;26:235–9.
Biousse V, Woimant F, Amarenco P, Touboul PJ, Bousser MG. Pain as the only manifestation of extracranial internal carotid artery dissection. Cephalalgia 1992;12:314–7.
D'Anglejan Chatillon J, Ribeiro V, Mas JL, Youl BD, Bousser MG. Migraine – a risk factor for dissection of cervical arteries. Headache 1989;29:560–1.
De la Sayette V, Leproux F, Letellier Ph. Cervical cord and dorsal medullary infarction presenting with retro-orbital pain. Neurology 1999;53:632–4.
Duyff RF, Snidjers CJ, Vanneste JAL. Spontaneous bilateral internal carotid artery dissection and migraine: a potential diagnostic delay. Headache 1997;37:109–12.
Fisher CM. The headache and pain of spontaneous carotid dissection. Headache 1982;22:60–5.
Guillon B, Biousse V, Massiou H, Bousser MG. Orbital pain as an isolated sign of internal carotid artery dissection. Adiagnostic pitfall. Cephalagia 1998;18:222–4.
Guillon B, Lévy C, Bousser MG. Internal carotid artery dissection: an update. J Neurol Sci 1998;153:146–58.
Nakatomi H, Nagata K, Kawamoto S, Shiokawa Y. Ruptured dissecting aneurysm as a cause of subarachnoid hemorrhage of unverified etiology. Stroke 1997;28:1278–82.
Ramadan NM, Tietjen GE, Levine SR, Welch KMA. Scintillating scotomata associated with internal carotid artery dissection: report of three cases. Neurology 1991;41:1084–7.
Silbert PL, Mokri B, Schievink WI. Headache and neck pain in spontaneous internal carotid and verterbral artery dissections. Neurology 1995;45:1517–22.
Sturzenegger M. Headache and neck pain. The warning symptoms of vertebral artery dissection. Headache 1994;34:187–93.

6.5.2 Cefaléia pós-erdarterectomia

Breen JC, Caplan LR, DeWitt LD, Belkin M, Mackey WC, Donnell TP. Brain edema after carotid surgery. Neurology 1996;46:175–81.
De Marinis M, Zaccaria A, Faraglia V, Fiorani P, Maira G, Agnoli A. Post endarterectomy headache and the role of the oculo-sympathetic system. J Neurol Neurosurg Psych 1991;54:314–7.

Ille O, Woimant F, Pruna A, Corabianu O, Idatte JM, Haguenau M. Hypertensive encephalopathy after bilateral carotid endarterectomy. Stroke 1995;26:488–91.

Leviton A, Caplan L, Salzman E. Severe headache after carotid endarterectomy. Headache 1975;15:207–9.

Tehindrazanarivelo A, Lutz G, Petitjean C, Bousser MG. Headache following carotid endarterectomy: a prospective study. Cephalalgia 1991;11(suppl 11):353.

6.5.3 Cefaléia da angioplastia

Dietrich EB, Ndiaye M, Reid DB. Stenting in the carotid artery. Experience in 110 patients. J Endovasc Surg 1996;3:42–62.

Gil-Peralta A, Mayol A, Gonzalez Marcos JR, Gonzalez A, Ruano J, Boza F, Duran F. Percutaneous transluminal angioplasty of the symptomatic atherosclerotic carotid arteries; Results, complications and follow-up. Stroke 1996;27:2271–3.

McCabe DJH, Brown MM, Clifton A. Fatal cerebral reperfusion hemorrhage after carotid stenting. Stroke 1999;30:2483–6.

Munari LM, Belloni G, Moschini L, Mauro A, Pezzuoli G, Porta M. Carotid pain during percutaneous angioplasty. Pathophysiology and clinical features. Cephalalgia 1994;14:127–31.

Schoser BG, Heesen C, Eckert B, Thie A. Cerebral hyperperfusion injury after percutaneous transluminal angioplasty of extracranial arteries. J Neurol 1997;244:101–4.

6.5.4 Cefaléia atribuída a procedimentos endovasculares intracranianos

Martins IP, Baeta E, Paiva T, Campos J, Gomes L. Headaches during intracranial endovascular procedures: a possible model for vascular headache. Headache 1993;23:227–33.

Nichols FT, Mawad M, Mohr JP, Hilal S, Adams RJ. Focal headache during balloon inflation in the vertebral and basilar arteries. Headache 1993;33:87–9.

Nichols FT, Mawad M, Mohr JP, Stein B, Hilal S, Michelsen WJ. Focal headache during balloon inflation in the internal carotid and middle cerebral arteries. Stroke 1990;21:555–9.

6.5.5 Cefaléia da angiografia

Shuaib A, Hachinski VC. Migraine and the risks from angiogaphy. Arch Neurol 1988;45:911–2.

6.6 Cefaléia atribuída a trombose venosa cerebral (TVC)

Aidi S, Chaunu MP, Biousse V, Bousser MG. Changing pattern of headache pointing to cerebral venous thrombosis after lumbar puncture and intra venous high dose corticosteroids. Headache 1999;39:559–64.

Ameri A, Bousser MG. Cerebral venous thrombosis. Neurologic Clinics 1992;10:87–111.

Biousse V, Ameri A, Bousser MG. Isolated intracranial hypertension as the only sign of cerebral venous thrombosis. Neurology 1999;53:1537–42.

Bousser MG, Ross Russell R. Cerebral venous thrombosis. Major problems in neurology, vol 1. London: Saunders 1997.

Crassard I, Biousse V, Bousser MG, Meyer B, Marsot-Dupuch K. Hearing loss and headache revealing lateral sinus thrombosis in a patient with Factor V Leiden mutation. Stroke 1997;28:876–7.

De Bruijn SFTM, Stam J, Kappelle LJ for CVST study group. Thunderclap headache as first symptom of cerebral venous sinus thrombosis. Lancet 1996;348:1623–5.

Leker RR, Steiner I. Features of dural sinus thrombosis simulating pseudotumor cerebri. Eur J Neurol 1999;6:601–4.

Newman DS, Levine SR, Curtis VL, Welch KMA: Migraine like visual phenomena associated with cerebral venous thrombosis. Headache 1989;29:82–5.

Tehindrazanarivelo AD, Evrard S, Schaison M, Mas JL, Dormont D, Bousser MG: Prospective study of cereral sinus venous thrombosis in patients presenting with benign intracranial hypertension. Cerebrovasc Dis 1992;2:22–7.

6.7.1 Arteriopatia cerebral autossômica dominante com infartos subcorticais e leucoencefalopatia (*CADASIL*)

Chabriat H, Tournier-Lasserve E, Vahedi K, Leys D, Joutel A, Nibbio A, Escailla JP, Iba-Zizen MT, Bracard S, Tehindrazanarivelo A, Gastaut JL, Bousser MG. Autosomal dominant migraine with MRI white matter abnormalities mapping to the CADASIL locus. Neurology 1995;45:1086–91.

Chabriat H, Vahedi K, Iba-Zizen MT, Joutel A, Nibbio A, Nagy TG, Krebs MO, Julien J, Dubois B, Ducrocq X, Levasseur M, Homeyer P, Mas JL, Lyon-Caen O, Tournier-Lasserve E, Bousser MG. Clinical spectrum of CADASIL: a study of 7 families. Lancet 1995;346:934–9.

Joutel A, Corpechot C, Ducros A, Katayoun V, Chabriat H, Mouton P, Alamowitch S, Domenga V, Cécillion M, Maréchal E, Maciazek J, Vayssière C, Cruaud C, Cabanis EA, Ruchoux MM, Weissenbach J, Bacxh JF, Bousser MG, Tournier-Lasserve E. 'Notch 3' mutations in CADASIL, a hereditary adult-onset condition causing stroke and dementia. Nature 1996;383:707–10.

Verin M, Rolland Y, Landgraf F Chabriat H, Bompais B, Michel A, Vahedi K, Martinet JP, Tournier-Lasserve E, Lemaitre MH, Edan G. New phenotype of the cerebral autosomal dominant arteriopathy mapped to chromosome 19 migraine as the prominent clinical feature. J Neurol Neurosurg Psychiat 1995;59:579–85.

6.7.2 Encefalopatia mitocondrial, acidose lática e episódios semelhantes a acidente vascular encefálico (MELAS)

Klopstock A, May P, Siebel E, Papagiannuli E, Diener NC, Heichmann H. Mitochondrial DNA in migraine with aura. Neurology 1996;46:1735–8.

Koo B, Becker L, Chuang S, Merante F, Robinson BH, Mac Gregor D, Tein I, Ho VB, McGreal DA, Wherrett JR, Logan WJ. Mitochondrial encephalomyopathy, lactic acidosis, stroke-like episodes (MELAS): clinical, radiological, pathological and genetic observations. Ann Neurol 1993;34:25–32.

Ojaimi J, Katsabanis S, Bower S, Quigley A, Byrne E. Mitochondrial DNA in stroke and migraine with aura. Cerebrovasc Dis 1998;8:102–6.

Pavlakis SG, Phillips PC, Di Mauro S, De Vivo DC, Rowland P. Mitochondrial myopathy, encephalopathy, lactic acidosis and stroke-like episodes: a distinct clinical syndrome. Ann Neurol 1984;16:481–8.

6.7.3 Cefaléia atribuída a angioplastia benigna do sistema nervoso central

Call GK, Fleming MC, Sealfon S, Levine H, Kistler JP, Fisher CM. Reversible cerebral segmental vasoconstriction. Stroke 1988;19:1159–70.

Dodick DW, Brown RD, Britton JW, Huston J. Non aneurysmal thunderclap headache with diffuse, multifocal segmental and reversible vasospasm. Cephalalgia 1999;19:118–213.

Lee KY, Sohn YH, Kim SH, Sunwoo IN. Basilar artery vasospasm in postpartum cerebral angiopathy. Neurology 2000;54:2003–5.

McColl GJ, Fraser K. Pheochromocytoma and pseudovasculitis. J Rheumatol 1995;22:1441–2.

Razavi M, Bendixen B, Maley JE, Schoaib M, Zargarian M, Razavi B, Adams HP. CNS pseudovasculitis in a patient with pheochromocytoma. Neurology 1999;52:1088–90.

Serdaru M, Chiras J, Cujas M, Lhermitte F. Isolated benign cerebral vasculitis or migrainous vasospasm? J Neurol Neurosurg Psychiat 1984;47:73–6.

6.7.4 Cefaléia atribuída à apoplexia pituitária

Carral F. Pituitary apoplexy. Arch Neurol 2001;58:1143–4.

Chakeres DW, Curtin A, Ford G. Magnetic resonance imaging of pituitary and parasellar abnormalities. Radiol Clin North Am 1989;27:265–81.

Da Motta LA, de Mello PA, de Lacerda CM, Neto AP, Da Motta LD, Filho MF. Pituitary apoplexy. Clinical course, endocrine evaluations and treatment analysis. J Neurosurg Sci 1991;43:25–36.

Dodick DW, Wijdicks EFM. Pituitary apoplexy presenting as thunderclap headache. Neurology 1998;50:1510–1.

Hernandez A, Angeles Del Real M, Aguirre M, Vaamonde J, Gudin M, Ibanez R. Pituitary apoplexy: a transient benign presentation mimicking with subarachnoid hemorrhage with negative angiography. Eur J Neurol 1998;5:499–501.

Lee CC, Cho AS, Carter WA. Emergency department presentation of pituitary apoplexy. Am J Emerg Med 2000;18:328–31.

McFadzean RM, Doyle D, Rampling R, Teasdale E, Teasdale G. Pituitary apoplexy and its effect on vision. Neurosurgery 1991;29:669–75.

7. Cefaléia atribuída a transtorno intracraniano não-vascular

7.1 Cefaléia atribuída a hipertensão liquórica
- 7.1.1 Cefaléia atribuída a hipertensão intracraniana idiopática (HII)
- 7.1.2 Cefaléia atribuída a hipertensão intracraniana secundária a causas metabólica, tóxica ou hormonal
- 7.1.3 Cefaléia atribuída a hipertensão intracraniana secundária a hidrocefalia

7.2 Cefaléia atribuída a hipotensão liquórica
- 7.2.1 Cefaléia pós-punção dural
- 7.2.2 Cefaléia por fístula liquórica
- 7.2.3 Cefaléia atribuída a hipotensão liquórica espontânea (ou idiopática)

7.3 Cefaléia atribuída a doença inflamatória não-infecciosa
- 7.3.1 Cefaléia atribuída a neurossarcoidose
- 7.3.2 Cefaléia atribuída a meningite asséptica (não-infecciosa)
- 7.3.3 Cefaléia atribuída a outra doença inflamatória não-infecciosa
- 7.3.4 Cefaléia atribuída a hipofisite linfocítica

7.4 Cefaléia atribuída a neoplasia intracraniana
- 7.4.1 Cefaléia atribuída a hipertensão intracraniana ou hidrocefalia causada por neoplasia
- 7.4.2 Cefaléia atribuída diretamente a neoplasia
- 7.4.3 Cefaléia atribuída a meningite carcinomatosa
- 7.4.4 Cefaléia atribuída a hiper ou hipossecreção hipotalâmica ou hipofisária

7.5 Cefaléia atribuída a injeção intratecal

7.6 Cefaléia atribuída a crise epiléptica
- 7.6.1 Hemicrania epiléptica
- 7.6.2 Cefaléia pós-crise epiléptica

7.7 Cefaléia atribuída a malformação de Chiari tipo I (MC1)

7.8 Síndrome de cefaléia transitória e déficits neurológicos com linfocitose liquórica (CDNL)

7.9 Cefaléia atribuída a outro distúrbio não-vascular intracraniano

Comentários Gerais

Cefaléia primária, secundária ou ambas?

Quando uma nova cefaléia ocorre pela primeira vez, em estreita relação temporal com um transtorno intracraniano não-vascular, ela é codificada como uma cefaléia secundária atribuída a este transtorno intracraniano. Isso também é verdadeiro se a cefaléia tem características de migrânea, cefaléia do tipo tensional ou cefaléia em salvas. Quando uma cefaléia primária preexistente piora em relação temporal estreita com um transtorno intracraniano, há duas possibilidades, e é necessário discernimento. O paciente pode receber apenas o diagnóstico da cefaléia primária preexistente ou pode receber esse diagnóstico e o da cefaléia atribuída ao transtorno intracraniano. Fatores que apóiam o acréscimo do último diagnóstico são: uma relação temporal muito estreita com o transtorno intracraniano, acentuada piora da cefaléia preexistente, evidência clara de que o transtorno intracraniano pode agravar a cefaléia primária e, finalmente, a melhora ou o desaparecimento da cefaléia após a resolução do transtorno intracraniano.

Definida, provável ou crônica?

Um diagnóstico de *Cefaléia atribuída a transtorno intracraniano não-vascular* geralmente torna-se definido apenas quando a cefaléia desaparece ou melhora significativamente, após o tratamento eficaz ou a remissão espontânea do transtorno causal. Se o transtorno intracraniano não pode ser tratado eficazmente, não remite espontaneamente ou quando não houve tempo suficiente para que isso tenha ocorrido, geralmente é atribuído um diagnóstico de *Provável cefaléia atribuída a transtorno intracraniano não-vascular.*

Quando o transtorno causal é eficazmente tratado ou remite espontaneamente, mas a cefaléia não desaparece nem melhora acentuadamente após três meses, a alternativa é o diagnóstico de uma A7.10 *Cefaléia crônica pós-distúrbio intracraniano.* Este diagnóstico está descrito apenas no apêndice, uma vez que tais cefaléia têm sido insuficientemente documentadas e pesquisas são necessárias para que sejam estabelecidos melhores critérios para a relação causal.

Introdução

Neste capítulo estão incluídas as cefaléias atribuídas às mudanças da pressão intracraniana. Tanto o aumento quanto a redução da pressão liquórica podem levar a cefaléia. Outras causas de cefaléia aqui incluídas são as doenças inflamatórias não-infecciosas, as neoplasias intracranianas, as crises epilépticas, condições raras como as injeções intratecais, a malformação de Chiari tipo I, e outros transtornos intracranianos não-vasculares.

Em comparação com as cefaléias primárias, existem poucos estudos epidemiológicos sobre esses tipos de cefaléia. Ensaios terapêuticos controlados são quase inexistentes.

A cefaléia que persiste por mais de um mês após o tratamento bem-sucedido ou a resolução espontânea do transtorno intracraniano geralmente tem outros mecanismos. A cefaléia crônica que persiste por mais de três meses após o tratamento ou remissão do transtorno intracraniano está definida no Apêndice para fins de pesquisa. Estas cefaléias existem, mas têm sido pouco estudadas, e a colocação no apêndice tem a intenção de estimular mais pesquisas sobre tais cefaléias e seus mecanismos.

7.1 Cefaléia atribuída a hipertensão liquórica

Classificada em outra parte:

Cefaléia atribuída a hipertensão intracraniana ou hidrocefalia causada por neoplasia.

7.1.1 Cefaléia atribuída a hipertensão intracraniana idiopática (HII)

Termos previamente utilizados

Hipertensão intracraniana benigna (HIB), pseudotumor cerebral, hidropsia meníngea, meningite serosa.

Critérios diagnósticos

A. Cefaléia progressiva com pelo menos uma das seguintes características e preenchendo os critérios C e D:
   1. ocorrência diária
   2. dor difusa e/ou constante (não pulsátil)
   3. agravada pela tosse ou esforço

B. Hipertensão intracraniana preenchendo os seguintes critérios:
   1. paciente alerta com exame neurológico normal ou demonstrando qualquer uma das seguintes anormalidades:
      a. papiledema
      b. aumento da mancha cega
      c. defeito do campo visual (progressivo se não tratado)
      d. paralisia do VI nervo craniano
   2. pressão liquórica aumentada (> 200 mm de H_2O em não obesos e > 250 mm de H_2O em obesos, medida por punção lombar em decúbito ou por monitoramento da pressão epidural ou intraventricular)
   3. bioquímica liquórica normal (a redução dos níveis de proteínas é aceitável) e celularidade normal
   4. doenças intracranianas (incluindo trombose venosa) excluídas através de investigação apropriada
   5. nenhuma causa metabólica, tóxica ou hormonal de hipertensão intracraniana

C. A cefaléia aparece em estreita relação temporal com o aumento da pressão intracraniana

D. A cefaléia melhora após retirada de liquor, suficiente para reduzir a pressão para 120 a 170 mm de H_2O e desaparece dentro de 72 horas da normalização persistente da pressão intracraniana

Comentários

HII ocorre mais freqüentemente em mulheres jovens e obesas.

Embora a maioria dos pacientes com HII tenha edema de papila, HII sem papiledema pode ser observada. Outros sintomas ou sinais de HII incluem ruídos intracranianos, zumbido, escurecimento visual transitório e diplopia.

7.1.2 Cefaléia atribuída a hipertensão intracraniana secundária a causas metabólica, tóxica ou hormonal

Classificada em outro lugar

A cefaléia atribuída a hipertensão intracraniana devido a trauma craniano, doença vascular ou infecção intracraniana é codificada quando qualquer desses distúrbios estiver presente. A cefaléia atribuída a hipertensão intracraniana ocorrendo como efeito adverso de medicação está codificada como 8.3 *Cefaléia como efeito adverso atribuído ao uso crônico de medicamento*.

Critérios diagnósticos

A. Cefaléia com pelo menos uma das seguintes características e preenchendo os critérios C e D:
   1. ocorrência diária
   2. dor difusa e/ou constante (não pulsátil)
   3. agravada pela tosse ou esforço
B. Hipertensão intracraniana preenchendo os seguintes critérios:
   1. paciente alerta com exame neurológico normal ou demonstrando qualquer das seguintes anormalidades:
      a. papiledema
      b. aumento da mancha cega
      c. defeito do campo visual (progressivo, se não tratado)
      d. paralisia do VI nervo
   2. pressão liquórica aumentada (> 200 mm de H_2O em não obesos e > 250 mm de H_2O em obesos medida por punção lombar na posição deitada ou por monitoramento da pressão epidural ou intraventricular)
   3. química liquórica normal (aceitável diminuição dos níveis de proteína) e celularidade normal
   4. afastada a possibilidade de doenças intracranianas (incluindo trombose venosa) através de investigações apropriadas
C. A cefaléia aparece após semanas ou meses de um transtorno endócrino, hipervitaminose A ou ingestão de substâncias (outras que não medicamentos) que podem elevar a pressão liquórica
D. A cefaléia desaparece dentro de três meses após a remoção da causa

Comentário

A hidrocefalia de pressão normal não causa cefaléia.

7.1.3 Cefaléia atribuída a hipertensão intracraniana secundária a hidrocefalia

Critérios diagnósticos

A. Cefaléia com pelo menos duas das seguintes características e preenchendo os critérios C e D:
   1. dor difusa
   2. pior ao acordar
   3. piora com as manobras Valsalva-símiles
   4. acompanhada de vômitos
   5. associada com papiledema, paralisia do VI nervo craniano, alterações do nível de consciência, instabilidade da marcha e/ou aumento do perímetro cefálico (em crianças < 5 anos)

B. Hidrocefalia com pressão elevada preenchendo os seguintes critérios:
   1. aumento ventricular em exame de neuroimagem
   2. pressão liquórica > 200 mm de H_2O em não obesos ou > 250 mm de H_2O em obesos
   3. nenhum outro transtorno intracraniano causando aumento da pressão liquórica

C. A cefaléia aparece em relação temporal estreita com o aumento da pressão liquórica

D. A cefaléia desaparece dentro de 72 horas após a normalização da pressão liquórica

7.2 Cefaléia atribuída a hipotensão liquórica

7.2.1 Cefaléia pós-punção dural

Critérios diagnósticos

A. Cefaléia que piora dentro de 15 minutos após o indivíduo sentar-se ou ficar em pé e que melhora dentro de 15 minutos após deitar-se, com ao menos uma das seguintes características e preenchendo os critérios C e D:
   1. rigidez nucal
   2. zumbido
   3. hipoacusia
   4. fotofobia
   5. náusea

B. Ter sido realizada uma punção dural

C. A cefaléia aparece dentro de cinco dias após a punção dural

D. A cefaléia desaparece[1] numa das maneiras seguintes:
   1. espontaneamente, dentro de uma semana
   2. dentro de 48 horas, após tratamento eficaz do extravasamento liquórico (usualmente através de tamponamento sangüíneo epidural - *blood patch*)

Nota

1. Isso acontece em 95% dos casos. Quando a cefaléia persiste, esta relação causal é posta em dúvida.

7.2.2 Cefaléia por fístula liquórica

Critérios diagnósticos

A. Cefaléia que piora dentro de 15 minutos após o indivíduo sentar-se ou ficar em pé e que melhora dentro de 15 minutos após deitar-se, com ao menos uma das seguintes características e preenchendo os critérios C e D:
   1. rigidez nucal
   2. zumbidos
   3. hipoacusia
   4. fotofobia
   5. náusea

B. Um procedimento ou trauma identificado causou extravasamento persistente de LCR com ao menos um dos seguintes:
   1. evidência de hipotensão liquórica à RM (p.ex., realce paquimeníngeo)
   2. evidência de fístula liquórica à mielografia convencional, mielografia por TC, ou cisternografia
   3. pressão liquórica inicial < 60 mm de H_2O na posição sentada

C. A cefaléia aparece em relação temporal estreita com o extravasamento liquórico

D. A cefaléia desaparece dentro de sete dias após a oclusão da fístula liquórica

7.2.3 Cefaléia atribuída a hipotensão liquórica espontânea (ou idiopática)

Termos previamente utilizados

Hipotensão intracraniana espontânea, hipotensão intracraniana primária, cefaléia por baixo volume liquórico, cefaléia hipoliquorréica.

Critérios diagnósticos

A. Cefaléia difusa e/ou em peso que piora dentro de 15 minutos após o indivíduo sentar-se ou levantar-se, com pelo menos uma das seguintes características e preenchendo o critério D:
   1. rigidez nucal
   2. zumbido
   3. hipoacusia
   4. fotofobia
   5. náusea

B. Pelo menos um dos seguintes
   1. evidência de hipotensão liquórica à RM (p.ex., realce paquimeníngeo)
   2. evidência de fístula liquórica à mielografia convencional, mielografia por TC, ou cisternografia

3. pressão liquórica inicial < 60 mm de H_2O na posição sentada

C. Sem história de punção dural ou outra causa de fístula.

D. A cefaléia desaparece dentro de 72 horas após tamponamento sangüíneo epidural

Comentários

O distúrbio subjacente pode ser uma redução do volume liquórico. Freqüentemente, uma história de aumento trivial da pressão intracraniana (p.ex., na tosse vigorosa) é obtida. Em outros casos ocorreu uma queda súbita da pressão atmosférica.

Uma cefaléia postural parecida com aquela da hipotensão liquórica tem sido relatada após o coito. Tal cefaléia deve ser classificada aqui, porque decorre de fístula liquórica.

Muitos pacientes com a cefaléia por hipotensão liquórica espontânea respondem ao tamponamento sangüíneo epidural, à infusão salina epidural ou a terapias farmacológicas, tais como a cafeína intravenosa ou os analgésicos convencionais. Alguns têm resolução espontânea da cefaléia, enquanto outros recaem após um tratamento inicial bem-sucedido. Casos de herniação do manguito dural, particularmente na região torácica, têm sido relatados e os pacientes tratados cirurgicamente com sucesso.

A punção dural deve ser evitada em pacientes com anormalidades na RM, entre as quais o realce meníngeo pelo contraste.

7.3 Cefaléia atribuída a doença inflamatória não-infecciosa

7.3.1 Cefaléia atribuída a neurossarcoidose

Critérios diagnósticos

A. Cefaléia sem características típicas conhecidas, preenchendo os critérios C e D

B. Evidência de neurossarcoidose:

C. A cefaléia aparece em relação temporal com a neurossarcoidose

D. A cefaléia desaparece dentro de três meses após tratamento bem-sucedido da neurossarcoidose

Nota

1. As evidências de neurossarcoidose incluem as lesões de nervos cranianos, lesão expansiva intracraniana ao exame de RM, meningite asséptica e/ou lesões focais inflamatórias periventriculares e lesões com efeito de massa e realce homogêneo que são confirmadas por biópsia como granulomas não-caseosos.

7.3.2 Cefaléia atribuída a meningite asséptica (não-infecciosa)

Critérios diagnósticos

A. Cefaléia difusa preenchendo o critério D
B. O exame do líquido cefalorraquiano mostra pleocitose linfocítica, proteínas pouco elevadas e glicose normal na ausência de organismos infecciosos
C. Uso de um dos seguintes: ibuprofeno, imunoglobulinas, penicilina, trimetoprima, injeções ou insuflações intratecais
D. A cefaléia desaparece dentro de três meses após a supressão da substância causadora

7.3.3 Cefaléia atribuída a outra doença inflamatória não-infecciosa

Critérios diagnósticos

A. Cefaléia sem características típicas conhecidas, preenchendo critérios C e D
B. Evidência de uma das doenças inflamatórias que reconhecidamente se associam a cefaléia[1]
C. A cefaléia aparece em relação temporal estreita com a doença inflamatória
D. A cefaléia desaparece dentro de três meses após o tratamento bem-sucedido da doença inflamatória

Nota

1. A cefaléia pode estar associada à encefalomielite aguda desmielinizante, lúpus eritematoso sistêmico, síndrome de Behçet, síndrome do anticorpo antifosfolípide, síndrome de Vogt-Koyanagi-Harada, mas usualmente não é um sintoma predominante ou de apresentação.

7.3.4 Cefaléia atribuída a hipofisite linfocítica

Critérios diagnósticos

A. Cefaléia sem características típicas conhecidas, preenchendo critério C
B. Hipopituitarismo preenchendo os seguintes critérios:
   1. a RM demonstra aumento simétrico da hipófise com realce homogêneo após o contraste
   2. confirmação de hipofisite linfocítica por biópsia
C. A cefaléia aparece em relação temporal estreita com o hipopituitarismo

Comentários

A hipofisite linfocitária é freqüentemente acompanhada por hiperprolactinemia (50% dos casos) ou por auto-anticorpos contra a proteína citosólica hipofisária (20%).

Esse transtorno desenvolve-se tipicamente no final da gravidez ou durante o período puerperal, mas também pode ocorrer em homens.

7.4 Cefaléia atribuída a neoplasia intracraniana

7.4.1 Cefaléia atribuída a hipertensão intracraniana ou a hidrocefalia causada por neoplasia

Critérios diagnósticos

A. Cefaléia difusa, não-pulsátil, com pelo menos uma das seguintes características e preenchendo os critérios C e D:
   1. associada a náusea e/ou vômitos
   2. agravada por atividade física e/ou manobras que reconhecidamente aumentam a pressão intracraniana (tais como manobra de Valsalva, tossir ou espirrar)
   3. ocorrendo em crises[1]

B. Tumor intracraniano com efeito de massa, demonstrado por TC ou RM e causando hidrocefalia[2]

C. A cefaléia aparece e/ou piora em relação temporal estreita com a hidrocefalia

D. A cefaléia melhora dentro de sete dias após a remoção cirúrgica ou a redução de volume do tumor

Notas:

1. O início da cefaléia pode ser súbito (cefaléia trovoada) e, nesses casos, associado a perda de consciência.
2. Por exemplo, cisto colóide do III° ventrículo.

7.4.2 Cefaléia atribuída diretamente a neoplasia

Critérios diagnósticos

A. Cefaléia com pelo menos uma das seguintes características e preenchendo os critérios C e D:
   1. progressiva
   2. localizada
   3. pior pela manhã
   4. agravada pela tosse ou por inclinar a cabeça para a frente

B. Neoplasia intracraniana demonstrada por neuroimagem

C. A cefaléia aparece em relação temporal (e usualmente espacial) com a neoplasia

D. A cefaléia desaparece dentro de sete dias após remoção cirúrgica ou redução de volume da neoplasia ou tratamento com corticosteróides

7.4.3 Cefaléia atribuída a meningite carcinomatosa

Critérios diagnósticos

A. Cefaléia difusa ou localizada preenchendo critério C
B. Meningite carcinomatosa comprovada por exame liquórico (repetido) e/ ou realce meníngeo à RM
C. A cefaléia aparece e/ou piora com a evolução da doença

Comentário

A cefaléia pode melhorar temporariamente com a quimioterapia ou a prednisona (prednisolona) intratecais.

7.4.4 Cefaléia atribuída a hiper ou hipossecreção hipotalâmica ou hipofisária

Critérios diagnósticos

A. Cefaléia bilateral, frontotemporal e/ou retrorbitária, preenchendo os critérios C e D
B. Pelo menos um dos seguintes:
   1. hipersecreção de prolactina, hormônio de crescimento e hormônio adrenocorticotrófico com microadenomas < 10 mm em diâmetro
   2. transtorno da regulação da temperatura, estado emocional anormal, sede e apetite alterados e mudança no nível de consciência, associadas com tumor hipotalâmico
C. A cefaléia aparece durante a anormalidade endócrina
D. A cefaléia desaparece dentro de três meses após a ressecção cirúrgica ou tratamento clínico específico e eficaz

7.5 Cefaléia atribuída a injeção intratecal

Critérios diagnósticos

A. Cefaléia difusa que persiste na posição deitada e preenchendo os critérios C e D
B. Uma injeção intratecal foi realizada
C. A cefaléia aparece dentro de quatro horas após injeção intratecal
D. A cefaléia desaparece dentro de 14 dias[1]

Nota

1. Se a cefaléia persiste além de 14 dias, o diagnóstico provável é 7.2.2 *Cefaléia por fístula liquórica*.

7.6 Cefaléia atribuída a crise epiléptica

Comentário

A associação entre a migrânea e a epilepsia é complexa e bidirecional. Pode estar relacionada a fatores de risco genéticos e/ou ambientais que aumentam a excitabilidade ou diminuem o limiar de ambos os tipos de crises. A migrânea e a epilepsia podem coexistir sem que uma contribua como fator de risco para a outra. A migrânea e a epilepsia podem ser co-morbidades, uma vez que alguns transtornos (p.ex., *MELAS*) predispõem os pacientes tanto à epilepsia quanto à migrânea, ocorrendo separadamente uma da outra. Parece haver também uma elevada incidência de migrânea em certas formas de epilepsia, como a epilepsia occipital benigna, a epilepsia rolândica benigna e a epilepsia corticorreticular com crises de ausência. Além disso, lesões estruturais, tais como malformações arteriovenosas, podem se apresentar com características clínicas de migrânea com aura juntamente com crises epilépticas, comumente acompanhadas de cefaléia. Finalmente, foram relatadas crises epilépticas ocorrendo durante ou imediatamente após uma aura migranosa. O termo *migralepsia* tem sido utilizado para indicar as crises epilépticas que ocorrem entre a aura migranosa e a fase de cefaléia de migrânea. Não haveria razão para que as crises epilépticas, tão vulneráveis a fatores precipitantes intrínsecos e extrínsecos, não fossem suscetíveis às alterações corticais induzidas pela migrânea. Entretanto, isso é tão raro que apenas poucos casos foram publicados, a despeito da migrânea e a epilepsia estarem entre as doenças cerebrais mais comuns. De acordo com uma recente revisão, a maioria desses casos corresponde a crises occipitais genuínas imitando aura migranosa. Por exemplo, dois dos três pacientes de Lennox e Lennox (1960) com *migralepsia* pareciam ter epilepsia occipital sintomática ou idiopática com alucinações visuais.

7.6.1 Hemicrania epiléptica

Critérios diagnósticos

A. Cefaléia durando segundos ou minutos, com características de migrânea, preenchendo critérios C e D
B. O paciente está tendo uma crise epiléptica parcial
C. A cefaléia aparece sincronicamente com a crise epiléptica e é ipsilateral à descarga ictal
D. A cefaléia desaparece imediatamente após a crise epiléptica

Comentário

A cefaléia sincrônica e ipsilateral com características migranosas, ocorrendo como uma manifestação ictal de uma descarga epiléptica é reconhecida, porém rara. O diagnóstico requer o início simultâneo da cefaléia com a descarga ictal demonstrada eletroencefalograficamente.

7.6.2 Cefaléia pós-crise epiléptica

Critérios diagnósticos

A. Cefaléia com características de cefaléia do tipo tensional ou, em pacientes com migrânea, de cefaléia migranosa e preenchendo critérios C e D
B. O paciente apresentou crise epiléptica parcial ou generalizada
C. A cefaléia aparece dentro de 3 horas após a crise epiléptica
D. A cefaléia desaparece dentro de 72 horas após a crise epiléptica

Comentários

A cefaléia pós-ictal com características migranosas é uma conseqüência bem reconhecida de uma descarga de crise epiléptica. A cefaléia pós-ictal é freqüentemente indistinguível da cefaléia da migrânea e está associada com náusea e vômito. É igualmente comum entre indivíduos com e sem história familiar de migrânea. Outras semelhanças com cefaléia migranosa são que, em alguns pacientes, a cefaléia pós-ictal desenvolve-se após 3 a 15 minutos do final das alucinações visuais (sendo mais longas e mais fortes após crises epilépticas visuais de longa duração). Uma cefaléia pós-ictal similar tem sido registrada em pacientes com epilepsia sintomática, mas é principalmente na epilepsia idiopática occipital que ela é enfatizada. Pode ser que descargas epilépticas no lobo occipital desencadeiem uma cefaléia da migrânea genuína através dos mecanismos trigêmino-vasculares ou do tronco cerebral.

Num estudo de 100 pacientes com epilepsia, a cefaléia pós-ictal ocorreu em 51 e mais comumente duraram de seis a 72 horas. As crises epilépticas maiores associaram-se mais freqüentemente a cefaléia pós-ictal do que as crises menores. Nove pacientes dessa série também apresentavam migrânea; em oito, uma crise de migrânea típica, embora de fraca intensidade, era provocada por crises epilépticas. A cefaléia pós-ictal nos 43 que não desenvolveram migrânea foi acompanhada por vômitos em 11, fotofobia em 14 e vômitos com fotofobia em quatro casos. Além disso, a cefaléia pós-ictal era exacerbada pela tosse, por inclinar a cabeça e por movimentos súbitos da cabeça, e aliviada pelo sono. Está, portanto, claro, que crises epilépticas provocam uma síndrome similar àquela da fase de cefaléia da migrânea, em 50% dos epilépticos.

7.7 Cefaléia atribuída a malformação de Chiari tipo I (MC1)

Critérios diagnósticos

A. Cefaléia caracterizada por pelo menos um dos seguintes e preenchendo o critério D:
   1. precipitada pela tosse e/ou manobra de Valsalva

  2. cefaléia occipital e/ou suboccipital protraída (horas ou dias)
  3. associada com sintomas e/ou sinais de disfunção do tronco cerebral, cerebelar e/ou da medula cervical

B. Herniação da tonsila cerebelar definida por uma das seguintes alterações na RM craniocervical:
  1. descida das tonsilas cerebelares ≥ 5 mm
  2. descida das tonsilas cerebelares ≥ 3 mm associada a pelo menos um dos seguintes indicadores de redução do espaço subaracnóideo na junção craniocervical:
     a. compressão dos espaços liquóricos posterior e lateral ao cerebelo
     b. redução da altura da região supra-occipital
     c. aumento da inclinação do tentório
     d. deformação do bulbo

C. Evidência de disfunção da fossa posterior, baseada em pelo menos dois dos seguintes:
  1. sintomas e/ou sinais otoneurológicos (p.ex., tontura, desequilíbrio, sensação de alteração da pressão nos ouvidos, hipo ou hiperacusia, vertigem, nistagmo para baixo, oscilоscopia)
  2. sintomas visuais transitórios (fotopsias, turvação visual, diplopia ou comprometimento transitório dos campos visuais)
  3. demonstração de sinais relevantes da medula cervical, tronco cerebral ou de nervos cranianos baixos ou de ataxia ou dismetria

D. A cefaléia desaparece dentro de três meses após tratamento bem-sucedido da malformação de Chiari

Comentários

A cefaléia freqüentemente é similar descritivamente à cefaléia primária da tosse, com a exceção de uma duração possivelmente mais longa.

A cefaléia é o sintoma mais comum da malformação de Chiari tipo I, porém os pacientes podem apresentar disfunções localizadas vestibuloocular (74% dos casos), dos nervos cranianos baixos, do tronco cerebral (50%) e/ou da medula espinhal sugestivas de siringomielia (66%). Embora inexistam na atualidade critérios específicos que caracterizem a cefaléia atribuída a MC1, recomenda-se a rígida aderência aos critérios clínicos e radiológicos descritos acima antes de indicar uma intervenção cirúrgica. Entretanto, esses critérios requerem validação e, inevitavelmente, serão alterados em futuras revisões da *Classificação Internacional das Cefaléias*. Estudos prospectivos com acompanhamento pós-cirúrgico por longos períodos são necessários.

7.8 Síndrome de cefaléia e déficits neurológicos transitórios com linfocitose liquórica (CDNL)

Termos previamente utilizados
Migrânea com pleocitose cérebro-espinhal, pseudomigrânea com pleocitose linfocítica.

Critérios diagnósticos

A. Episódios de cefaléia moderada ou intensa durando horas antes de desaparecer totalmente e preenchendo os critérios C e D
B. Pleocitose liquórica com predomínio de linfócitos (> 15 células/mm), normalidade nos exames de neuroimagem, cultura de LCR e outros testes para investigação etiológica
C. Os episódios de cefaléia são acompanhados por ou seguem-se após curto período de tempo a déficits neurológicos transitórios e começam em estreita relação com o desenvolvimento de pleocitose liquórica
D. Os episódios de cefaléia e déficits neurológicos recorrem em < 3 meses

Comentários
Esta síndrome, claramente delineada pela primeira vez por Bartleson et al. (1981), tem sido referida na literatura como uma síndrome migranosa com pleocitose cérebro-espinhal e como pseudomigrânea com sintomas neurológicos temporários e pleocitose linfocítica. O quadro clínico é descrito como de um a > 20 episódios de déficits neurológicos discretos acompanhados ou seguidos por cefaléia moderada ou de forte intensidade. A maioria dos episódios dura horas. As manifestações neurológicas, envolvendo ou o hemisfério cerebral e/ou o tronco cerebral/cerebelo são mais comumente sintomas sensitivos (78% dos casos registrados), afasia (66%) e déficits motores (56%). Sintomas visuais semelhantes à aura migranosa são relativamente incomuns (18%). Alguns indivíduos relatam uma *marcha* dos sintomas, similar àquela registrada na aura migranosa típica. Os pacientes são assintomáticos entre os episódios.

Além da linfocitose liquórica (10-760 células/mL) há elevação da proteína total do liquor (20-250 mg/dL) em > 90% dos casos e pressão inicial elevada (100-400 mmH_2O) em > 50% dos casos. O papiledema está presente, ocasionalmente. A TC e a RM de rotina (com ou sem contraste intravenoso) e a angiografia são praticamente sempre normais. Os estudos microbianos têm sido uniformemente normais. O EEG e a SPECT podem demonstrar áreas anormais consistentes com os déficits focais.

A pleocitose liquórica eventualmente normaliza-se num exame subseqüente. Embora nenhum estudo grande com acompanhamento sistemático de longo prazo tenha relatado, parece que alguns pacientes com essa síndrome podem experimentar recorrência.

A maioria dos pacientes com essa síndrome não tem história prévia de migrânea. Os clínicos devem considerar outros diagnósticos que compartilhem alguns de seus aspectos clínicos, incluindo migrânea hemiplégica familiar, neuroborreliose, neurossífilis, neurobrucelose, micoplasma, meningite, aracnoidite granulomatosa e neoplásica, encefalites e vasculites do SNC.

7.9 Cefaléia atribuída a outro transtorno não-vascular intracraniano

Critérios diagnósticos

A. Cefaléia com pelo menos uma das seguintes características e preenchendo os critérios C e D:
   1. ocorrência diária
   2. dor difusa
   3. agravada pela manobra de Valsalva

B. Evidência de um transtorno intracraniano diferente dos descritos anteriormente

C. A cefaléia desenvolve-se em relação temporal estreita com o transtorno intracraniano

D. A cefaléia resolve-se dentro de três meses após a cura ou a remissão espontânea do transtorno intracraniano

Referências bibliográficas

7.1 Cefaléia atribuída a hipertensão liquórica

Corbett JJ, Mehta MP. Cerebrospinal fluid pressure in normal obese subjects and patients with pseudotumor cerebri. Neurology 1983;33:1386–88.

Corbett JJ, Nerad JA, Tse DT, Anderson RL. Results of optic nerve sheath fenestration for pseudotumor cerebri. The lateral orbitotomy approach. Arch Ophthalmol 1988;106:1391–7.

Corbett JJ, Thompson HS. The rational management of idiopathic intracranial hypertension. Arch Neurol 1989;46:1049–51.

Digre KB, Corbett JJ. Pseudotumor cerebri in men. Arch Neurol 1988;45:866–72.

Durcan FJ, Corbett JJ, Wall M. The incidence of pseudotumor cerebri: population studies in Iowa and Louisiana. Arch Neurol 1988;45:875–7.

Eggenberger ER, Miller NR, Vitale S. Lumboperitoneal shunt for the treatment of pseudotumor cerebri. Neurology 1996;46:1524–30.

Fishman RA. Cerebrospinal fluid in diseases of the nervous system, WB Saunders Company, Philadelphia 1992.

Gamache FW, Patterson RH, Alksne JF. Headache associated with changes in intracranial pressure. In Wolff's headache and other head pain, (Dalessio DJ, ed.) Oxford University Press, New York. 1987;352–5.

Gardner K, Cox T, Digre K. Idiopathic intracranial hypertension associated with tetracycline use in fraternal twins: case report and review. Neurology 1995;45:6–10.

Giuseffi V, Wall M, Siegal PZ, Rojas PB. Symptoms and disease associations in idiopathic intracranial hypertension (pseudotumor cerebri): A case control study. Neurology 1991;41:239–44.

Griffin JP. A review of the literature on benign intracranial hypertension. Adverse Drug React Toxicol Rev 1992;11:41–58.

Johnson LN, Krohel GB, Madsen RW, March GA. The role of weight loss and acetazolamide in the treatment of idiopathic intracranial hypertension (pseudotumor cerebri). Ophthalmol 1998;105:2313–7.

Johnston I, Paterson A. Benign intracranial hypertension II. CSF pressure and circulation. Brain 1974;97:301–12.

Karahalios DG, Rekate HL, Khayata MH, Apostolides PJ. Elevated intracranial venous pressure as a universal mechanism in pseudotumor cerebri of varying etiologies. Neurology 1996;46:198–202.

Kelman SE, Heaps R, Wolf A, Elman MJ. Optic nerve decompression surgery improves visual function in patients with pseudotumor cerebri. Neurosurg 1992;30:391–5.

Keltner J. Optic nerve sheath decompression: how does it work? Has its time come? Arch Ophthalmol 1988;106:1378–83.

Konomi H, Imai M, Nihei K, Kamoshita S, Tada H. Indomethacin causing pseudotumor cerebri in Bartter's syndrome. N Eng J Med 1978;298:855.

Kupersmith MJ, Gamell L, Turbin R, Peck V, Spiegel P, Wall M. Effects of weight loss on the course of idiopathic intracranial hypertension in women. Neurology 1998;50:1094–8.

Marcelis J, Silberstein SD. Idiopathic intracranial hypertension without papilledema. Arch Neurol 1991;48:392–9.

Mathew NT, Ravinshankar K, Sanin LC. Coexistence of migraine and idiopathic intracranial hypertension without papilledema. Neurology 1996;46:1226–30.

Nicolas J, Ramadan NM. Idiopathic intracranial hypertension. In: Neurobase. La Jolla: Arbor Pubs 1998. Radhkrishnan K, Ahlskog JE, Cross SA, Kurland LT, O'Fallon WM. Idiopathic intracranial hypertension (pseudotumor cerebri). Descriptive epidemiology in Rochester, Minnesota, 1976 to 1990. Arch Neurol 1993;50:78–80.

Ramadan NM. Headache related to increased intracranial pressure and intracranial hypotension. Curr Opinion Neurol 1996;9:214–8.

Sergott RC, Savino PJ, Bosley TM. Modified optic nerve sheath decompression provides long-term visual improvement for pseudotumor cerebri. Arch Ophthalmol 1988;106:1384–90.

Spector RH, Carlisle J. Pseudotumor cerebri caused by a synthetic vitamin A preparation. Neurology 1984;34:1509–11.

Spence JD, Amacher AL, Willis NR. Benign intracranial hypertension without papilledema: role of 24 hour cerebrospinal fluid pressure monitoring in diagnosis and management. Neurosurgery 1980;7:326–36.

Sugerman HJ, Felton WL, Sismanis A, Kellum JM, DeMaria EJ, and Sugerman EL. Gastric surgery for pseudotumor cerebri associated with severe obesity. Ann Surg 1999;229:634–40.

Wall M. The headache profile of idiopathic intracranial hypertension. Cephalalgia 1990;10:331–5.

Wall M. Idiopathic intracranial hypertension. Neurol Clin 1991;9:73–95.

Wall M, George D. Idiopathic intracranial hypertension. Brain 1991;114:155–80.

Wall M, George D. Idiopathic intracranial hypertension: a prospective study of 50 patients. Brain 1991;114:155–80.

Wall M, White WN. Asymmetric papilledema in idiopathic intracranial hypertension: prospective interocular comparison of sensory visual function. Inv Ophthalmol Vis Sci 1998;39:134–42.

Wang SJ, Silberstein SD, Patterson S, Young WB. Idiopathic intracranial hypertension without papilledema: A casecontrol study in a headache center. Neurology 1998;51:245–9.

Weisberg LA. Benign intracranial hypertension. Medicine 1975;54:197–207.

7.2.1 Cefaléia pós-punção dural

Bruera OC, Bonamico L, Giglio JA, Sinay V, Leston JA, Figuerola M de L. Intracranial hypotension: the non specific nature of MRI findings. Headache 2000;40:848–52.

Camann WR, Murray S, Mushlin PS, Lambert DH. Effects of oral caffeine on postural puncture headache. A doubleblind, placebo-controlled trial. Anesth Analg 1990;70:181–4.

Christoforidis GA, Mehta BA, Landi JL, Czarnecki EJ, Piaskowski RA. Spontaneous intracranial hypotension: report of four cases and review of the literature. Neuroradiology 1998;40:636–43.

Chung SJ, Kim JS, Lee M. Syndrome of cerebral fluid hypovolemia. Clinical and imaging features and outcome. Neurology 2000;55:1321–7.

Connelly NR, Parker RK, Rahimi A, Gibson CS. Sumatriptan in patients in postdural puncture headache. Headache 2000;40:316–9.

Dieterich M, Brandt T. Is obligatory bed rest after lumbar puncture obsolete. Europ Arch Psychiatr Neurol Sci 1985;235:71–5.

Evans RW, Armon C, Frohman EM, Goodin GS. Assessment: prevention of post-lumbar puncture headaches. Report of the Therapeutics and Technology Assessment Subcommitee of the American Academy of Neurology. Neurology 2000;55:909–14.

Fischman RA, Dillon WP. Dural enhancement and cerebral displacement secondary to intracranial hypotension. Neurology 1993;43:609–11.

Flaatten H, Kräkenes J, Vedeler C. Post-dural puncture related complications after diagnostic lumbar puncture, myelography and spinal anaesthesia. Acta Neurol Scand 1998;98:445–51.

Hochman S, Naidich TP, Kobetz SA, Fernandez-Maitin A. Spontaneous intracranial hypotension with pachymeningeal enhancement on MRI. Neurology 1992;42:1628–30.

Kovanen J, Sulkava R. Duration of postural headache after lumbar puncture: effect of needle size. Headache 1986;26:224–6.

Levine DN, Rapalino O. The pathophysiology of lumbar puncture headache. J Neurol Sci 2001;192:1–8.

Mokri B, Atkinson JLD, Piepgras DG. Absent headache despite CSF volume depletion (intraranial hypotension). Neurology 2000;55:1722–4.

Mokri B, Maher CO, Sencavoka D. Spontaneous CSF leaks: underlying disorder of connective tissue. Neurology 2002;58:814–6.

Mokri B, Parisi JE, Scheithauer BW, Piepgras DG, Miller GM. Meningeal biopsy in intracranial hypotension: Menigeal enhancement on MRI. Neurology 1995;45:1801–7.

Mokri B, Posner JB. Spontaneous intracranial hypotension. The broadening spectrum of CSF leaks. Neurology 2000;55:1771–2.

Mokri B. Spontaneous cerebrospinal fluid leaks: from intracranial hypotension to cerebrospinal fluid hypovolemia – evolution of a concept. Mayo Clin Proc 1999;74:1113–23.

Morrow JI. Failure of oblique needle insertion to prevent postlumbar puncture headache. Arch Neurol 1987;44:795–5.

O'Carroll CP, Brant-Zawadzki M The syndrome of spontaneous intracranial hypotension. Cephalalgia 1999;19:80–7.

Olsen KS. Epidural blood patch in the treatment of postlumbar puncture headache. Pain 1987;30:293–301.

Rabin B, Roychowdhury S, Meyer JR, Cohen BA, LaPat KD, Russel EJ. Spontaneous intracranial hypotension: spinal MRI findings. AJNR Am J Neuroradiol 1998;19:1034–9.

Rando TA, Fishman RA. Spontaneous intracranial hypotension: report of two cases and review of the literature. Neurology 1992;42:481–7.

Raskin NH. Lumbar puncture headache: a review. Headache 1990;30:197–200.

Schievink WI, Morreale VM, Atkinson JLD, Meyer FB, Piepgras DG, Ebersold MJ. Surgical treatment of spontaneous spinal cerebrospinal fluid leaks. J Neurosurg 1998;88:243–6.

Schwalbe SS, Schiffmiller MW, Marx GF. Theophylline for post-dural puncture headache. Anaesthesiology 1991;75:A1081.

Sencavoka D, Mokri B, McClelland RL. The efficacy of epidural blood patch in spontaneous CSF leaks. Neurology 2001;57:1921–3.

Strupp M, Brandt T, Müller A. Incidence of post-lumbar puncture syndrome reduced by reinserting the stylet: a randomized prospective study of 600 patients. J Neurol 1998;245:589–92.

Thomas SR, Jamieson DRS, Muir KW. Randomised controlled trial of atraumatic versus standard needles for diagnostic lumbar puncture. BMJ 2000;321:986–90.

Vilming ST, Ellertsen B, Troland K, Schrader H, Monstad I. MMPI profiles in post-lumbar puncture headache. Acta Neurol Scand 1997;95:184–8.

Vilming ST, Kloster R. Post-lumbar puncture headache: clinical features and suggestions for diagnostic criteria. Cephalalgia 1997;17:778–84.

Vilming ST, Kloster R. The time course of post-lumbar puncture headache. Headache 1998;18:97–100.

7.3.1 Cefaléia atribuída a neurossarcoidose e 7.3.2 Cefaléia atribuída a meningite asséptica (não-infecciosa)

Ainiala H, Loukkoa J, Peltola J, Korpela Migraine, Hietaharju A. The prevalence of neuropsychiatric syndromes in systemic lupus erythematosus. Neurology 2001;57:496–500.

Al-Fahad SA, Al-Araji AH. Neuro-Behcet's disease in Iraq: a study of 40 patients. J Neurol Sci 1999;170:105–11.

Bachmeyer C, de la Blanchardiere A, Lepercq J, Dhote R, Grateau G, Detilleux M, Tournaire M, Christoforov B. Recurring episodes of meningitis (Mollaret's meningitis) with one showing an association with herpes simplex virus type 2. J Infect 1996;32:247–8.

Bakheit AM, Kennedy PG, Graham DI, More JR. Idiopathic granulomatous meningitis. J Neurol Neurosurg Psychiat 1989;52:1286–9.

Bartleson JD, Swanson JW, Whisnant JP. A migrainous syndrome with cerebrospinal fluid pleocytosis. Neurology 1981;31:1257–62.

Berg MJ, Williams LS. The transient syndrome of headache with neurologic deficits and CSF lymphocytosis. Neurology 1995;45:1648–54.

Brey RL, Gharavi AE, Lockshin MD. Neurologic complications of antiphospholipid antibodies. Rheum Dis Clin North Am 1993;19:833–50.

Cooper SD, Brady MB, Williams JP, Pilgreen KL, Harp DL, Weissmann JR. Neurosarcoidosis: evaluation using computed tomography and magnetic resonance imaging. J Comput Tomogr 1988;12:96–9.

Cohen BA, Rowley AH, Long CM. Herpes simplex type 2 in a patient with Mollaret's meningitis:meningitis:demonstration by polymerase chain reaction. Ann Neurol 1994;35:112–6.

Chapelon C, Ziza JM, Piette JC, Levy Y, Raguin G, Wechsler B et al. Neurosarcoidosis: signs, course and treatment in 35 confirmed cases. Medicine (Baltimore) 1990;69:261–76.

Farah, Al-Shubaili A, Montaser A, Hussein JM, Malaviya AN, Mukhtar M, Al-Shayeb A, Khuraibet AJ, Khan R, Trontelj JV. Behcet's syndrome: a report of 41 patients with emphasis on neurological manifestations. J Neurol Neurosurg Psychiat 1998;64:382–4.

Glanz BI, Venkatesan A, Schur PH, Lew RA, Khoshbin S. Prevalence of migraine in patients with systemic lupus erythematosus. Headache 2001;41:285–9.

Gullapalli D, Phillips LH 2nd. Neurologic manifestations of sarcoidosis. Neurol Clin 2002;20:59–83.

Hollinger P, Sturzenegger M. Mathis J, Schroth G, Hess CW. Acute disseminated encephalomyelitis in adults: a reappraisal of clinical CSF, EEG and MRI findings. J Neurol 2002;249:320–9.

Jensenius M, Myrvang B, Storvold G, Bucher A, Hellum KB, Bruu Al. Herpes simplex virus type 2 DNA detected in cerebrospinal fluid of 9 patients with Mollaret's meningitis. Acta Neurol Scand 1998;98:209–12.

Meng MV, St Lezin M. Trimethoprim-sulfamethoxazole induced recurrent aspetic meningitis. J Urol 2000;164:1664–5.

Moris G, Garcia-Monco JC. The challenge of drug-induced aseptic meningitis. Arch Intern Med 1999;159:1185–94.

Nicolas J, Ramadan NM. Idiopathic intracranial hypertension. In: Neurobase. La Jolla: Arbor Pubs 1998.

Nowak DA, Widenka DC. Neurosarcoidosis: a review of its intracranial manifestation. J Neurol 2001;248:363–72.

Omdal R, Waterloo K, Koldingsnes W, Husby G, Mellgren SI. Somatic and psychological features of headache in systemic lupus erythematosus. J Rheumatol 2001;28:772–9.

Schwarz S, Mohr A, Knauth M, Wildemann B, Storch-Hagenlocher B. Acute disseminated encephalomyelitis; a followup study of 40 adult patients. Neurology 2001;56:1313–8.

Seaton France AJ. Recurrent aseptic meningitis following nonsteroidal anti-inflammatory drugs – a reminder. Postgrad Med J 1999;75:771–2.

Sharma OP. Neurosarcoidosis. Chest 1991;100:301–2.

Sharma OP. Neurosarcoidosis: a personal perspective based on the study of 37 patient. Chest 1997;112:220–8.

Stamboulis E, Spengos M, Rombos A, Haidemenos A. Aseptic inflammatory meningeal reaction manifesting as a migrainous syndrome. Headache 1987;27:439–41.

Sylaja PN, Cherian PJ, Das CK, Raddhakrishnan W, Radhakrishnan K. Idiopathic hypertrophic cranial pachymeningitis. Neurol India 2002;50:53–9.

Tselis A. Acute disseminated encephalomyelitis. Curr Treat Options Neurol 2001;3:537–42.

Vinas FC, Rengachary S. Diagnosis and management of neurosarcoidosis. J Clin Neurosci 2001;8:505–13.

Von Storch TJC, Merritt HH. The cerebrospinal fluid during and between attacks of migraine headaches. Am J Med Sci 1935;190:226–31.

Walker A, Tyor W. Neurosarcoidosis. Curr Treat Options Neurol 2001;3:529–35.

7.6 Cefaléia atribuída a crise epiléptica

Bernasconi A, Andermann F, Bernasconi N, Reutens DC, Dubeau F. Lateralizing value of peri-ictal headache: Astudy of 100 patients with partial epilepsy. Neurology 2000;56:130–2.

Isler H, Wieser HG, Egli M. Hemicrania epileptica: synchronous ipsilateral ictal headache with migraine features. In: Andermann F, Lugaresi E, eds. Migraine and epilepsy. Boston, MA: Butterworth 1987;249–63.

Laplante P, Saint–Hilaire JM, Bouvier G. Headache as an epileptic manifestation. Neurology 1983;33:1493–5.

Leniger T, Isbruch K, Von den Driesch S, Diener HC, Hufnagel A. Seizure-associated headache in epilepsy. Epilepsia 2001;42:1176–9.

Lennox WG, Lennox MA. Epilepsy and related disorders. Boston: Little Brown 1960.

Marks DA, Ehrenberg BL. Migraine-related seizures in adults with epilepsy, with EEG correlation. Neurology 1993;43:2476–83.

Panayiotopoulos CP, Ahmed Sharoqi I, Agathonikou A. Occipital seizures imitating migraine aura. J R Soc Med 1997;90:255–7.

Schon F, Blau JN. Post-epileptic headache and migraine. J Neurol Neurosurg Psychiat 1987;50:1148–52.

Sturzenegger MH, Meienberg O. Basilar artery migraine: a follow-up study of 82 cases. Headache 1985;25:408–15.

Terzano MG, Parrino L, Pietrini V et al. Migraine-epilepsy syndrome: intercalated seizures in benign occipital epilepsy. In: Andermann F, Beaumanoir A, Mira L, eds. Occipital seizures and epilepsies in children. London: John Libbey 1993;93–9.

Young GB, Blume WT. Painful epileptic seizures. Brain 1983;106:537–54.

7.7 Cefaléia atribuída a malformação de Chiari tipo I (MC1)

Milhorat TH, Chou MW, Trinidad EM et al. Chiari I malformation redefined: clinical and radiographic findings for 364 symptomatic patients. Neurosurgery 1999;44:1005–17.

Nohria V, Oakes WJ. Chiari I malformation: a review of 43 patients. Pediatr Neurosurg 1990–91;16:222–7.

Nohria V, Oakes WJ. Chiari headaches. Neurology 1993;43:1272.

Pascual J, Iglesias F, Oterino A et al. Cough, exertional, and sexual headaches: an analysis of 72 benign and symptomatic cases. Neurology 1996;46:1520–4.

Pascual J, Oterino A, Berciano J. Headache in type I Chiari malformation. Neurology 1992;42:1519–21.

Stovner LJ. Headache associated with the Chiari malformation. Headache 1993;33:175–81.

7.8 Síndrome de cefaléia e déficets neurológicos transitórios com linfocitose liquórica

Bartleson JD, Swanson JW, Whisnant JP. A migrainous syndrome with cerebrospinal fluid pleocytosis. Neurology 1981;31:1257–62.

Berg MJ, Williams LS. The transient syndrome of headache with neurologic deficits and CSF lymphocytosis (review). Neurology 1995;45:1648–54.

Gomez-Aranda F, Canadillas F, Marti-Masso JF, Diez-Tejedor E et al. Pseudomigraine with temporary neurological symptoms and lymphocytic pleocytosis: A report of fifty cases. Brain 1997;120:1105–13.

8. Cefaléia atribuída a uma substância ou a sua supressão

8.1	Cefaléia induzida por uso ou exposição aguda de substância
8.1.1	Cefaléia induzida por doador de óxido nítrico (NO)
8.1.1.1	Cefaléia imediata induzida por doador de NO
8.1.1.2	Cefaléia tardia induzida por doador de NO
8.1.2	Cefaléia induzida por inibidor da fosfodiesterase (FDE)
8.1.3	Cefaléia induzida por monóxido de carbono
8.1.4	Cefaléia induzida por álcool
8.1.4.1	Cefaléia imediata induzida por álcool
8.1.4.2	Cefaléia tardia induzida por álcool
8.1.5	Cefaléia induzida por componentes alimentares e aditivos
8.1.5.1	Cefaléia induzida por glutamato monossódico
8.1.6	Cefaléia induzida por cocaína
8.1.7	Cefaléia induzida por canabis
8.1.8	Cefaléia induzida por histamina
8.1.8.1	Cefaléia imediata induzida por histamina
8.1.8.2	Cefaléia tardia induzida por histamina
8.1.9	Cefaléia induzida por peptídeo relacionado com gene de calcitonina (CGRP)
8.1.9.1	Cefaléia imediata induzida por CGRP
8.1.9.2	Cefaléia tardia induzida por CGRP
8.1.10	Cefaléia como efeito adverso agudo atribuída a medicação usada para outras indicações
8.1.11	Cefaléia induzida pelo uso ou exposição aguda a outra substância
8.2	Cefaléia por uso excessivo de medicamento (CEM)
8.2.1	Cefaléia por uso excessivo de ergotamina
8.2.2	Cefaléia por uso excessivo de triptanos
8.2.3	Cefaléia por uso excessivo de analgésicos
8.2.4	Cefaléia por uso excessivo de opióides
8.2.5	Cefaléia por uso excessivo de combinação de medicamentos
8.2.6	Cefaléia atribuída ao uso excessivo de outras medicamentos
8.2.7	Provável cefaléia por uso excessivo de medicamento
8.3	Cefaléia como efeito adverso atribuída ao uso crônico de medicamento
8.3.1	Cefaléia induzida por hormônio exógeno
8.4	Cefaléia atribuída a interrupção do uso de substância
8.4.1	Cefaléia da interrupção do uso de cafeína
8.4.2	Cefaléia da interrupção do uso de opióides
8.4.3	Cefaléia da interrupção do uso de estrógenos
8.4.4	Cefaléia atribuída à interrupção do uso de outras substâncias de uso crônico

Classificada em outro local

7.1.2 *Cefaléia atribuída a hipertensão intracraniana secundária a causas metabólica, tóxica e hormonal*; 7.3.2 *Cefaléia atribuída a meningite asséptica (não-infecciosa)*; 10.3.6 *Cefaléia atribuída a resposta pressórica aguda a um agente exógeno.*

Comentário Geral

Cefaléia primária, secundária ou ambas?

Quando uma nova cefaléia ocorre pela primeira vez em estreita relação temporal com a exposição a uma substância, ela é codificada como uma cefaléia secundária ao uso dessa substância. Isso também é verdadeiro se a cefaléia tem características de migrânea, cefaléia do tipo tensional ou cefaléia em salvas. Quando uma cefaléia primária preexistente piora em relação temporal estreita com a exposição a uma substância, existem duas possibilidades e é necessário discernimento. O paciente pode receber o diagnóstico da cefaléia primária preexistente ou pode receber esse diagnóstico mais o da cefaléia secundária a essa substância. Os fatores que apóiam o acréscimo do último diagnóstico são: uma relação temporal muito estreita com a exposição à substância, acentuada piora da cefaléia preexistente, evidência clara de que a exposição à substância pode agravar a cefaléia primária e, finalmente, a melhora ou a resolução da cefaléia após o término do efeito da substância.

Definitiva, provável ou crônica?

O diagnóstico de *Cefaléia atribuída a uma substância* geralmente se torna definitivo apenas quando a cefaléia desaparece ou melhora significativamente após o término da exposição à substância. Quando a exposição à substância cessa, mas a cefaléia não se resolve nem melhora de forma significativa após três meses, um diagnóstico de A8.5 *Cefaléia crônica pós-exposição a substância*, descrito no apêndice, deve ser considerado. Entretanto, essas cefaléias não foram documentadas e os critérios são propostos apenas para fins de pesquisa.

No caso particular da 8.2 *Cefaléia por uso excessivo de medicação*, um período de dois meses após a interrupção do uso excessivo é estipulado, no qual a melhora deve ocorrer para o diagnóstico ser definitivo. Antes da interrupção do uso excessivo ou estando pendente a melhora durante os dois meses após a interrupção, o diagnóstico de 8.2.7 *Provável cefaléia por uso excessivo de medicação* deve ser aplicado. Se a melhora não ocorre dentro de dois meses, esse diagnóstico deve ser desconsiderado.

Introdução

Os pacientes migranosos são fisiológica e talvez psicologicamente hiper-responsivos a uma variedade de estímulos internos e externos. O álcool, alimentos, aditivos alimentares e substâncias químicas e a ingestão e a suspensão de drogas foram todos relatados como desencadeadores ou ativadores da migrânea em indivíduos suscetíveis. A associação é freqüentemente baseada em descrições de casos isolados e relatos de reações adversas a medicamentos.

O fato de que esses estímulos estão associados à cefaléia não comprova a relação causal e nem tampouco elimina a necessidade de se considerar outras etiologias. Uma vez que são eventos comuns, a associação entre a cefaléia e a exposição a uma substância pode ser mera coincidência. A cefaléia pode ocorrer apenas ao acaso. A cefaléia pode, também, ser o sintoma de uma doença sistêmica e os medicamentos utilizados para tratar tal condição podem estar associados a cefaléia. Em ensaios com drogas para o tratamento agudo da migrânea, a cefaléia, bem como os sintomas associados, são listados como uma reação adversa ao medicamento, a despeito de ser um sintoma do transtorno tratado e não o resultado do tratamento. Alguns transtornos podem predispor à cefaléia associada ao uso de substância. Isoladamente, nem a medicação nem a alteração poderiam gerar a cefaléia. Um antiinflamatório não-hormonal pode levar à cefaléia por induzir uma meningite asséptica em indivíduos suscetíveis.

Finamente, tem-se comprovado que a exposição aguda ou crônica a algumas substâncias pode ser causa de cefaléia.

8.1 Cefaléia induzida pelo uso ou exposição aguda a substância

Classificada em outro local

10.3.6 *Cefaléia atribuída a resposta pressórica aguda a agente exógeno.*

Introdução

Este grupo de cefaléias pode ser causado:

1. por um efeito indesejado de uma substância tóxica;
2. por um efeito indesejado de uma substância de uso terapêutico normal; e
3. em estudos experimentais.

As substâncias que causam cefaléia pelos seus efeitos tóxicos, como o monóxido de carbono, não podem ser estudadas de maneira experimental e a relação causal entre a exposição e a cefaléia tem de ser demonstrada em relatos de casos nos quais a substância tenha sido usada acidentalmente ou em tentativas de suicídio.

A cefaléia como um efeito colateral tem sido descrita com inúmeros medicamentos, muitas vezes tão-somente como um reflexo da prevalência muito alta da cefaléia. Somente quando a cefaléia ocorre mais freqüentemente após a substância ativa do que após o placebo em estudos controlados duplos-cegos pode-se considerar a cefaléia como um efeito colateral verdadeiro. O desenho duplo-cego também pode ser usado experimentalmente para estudar a relação entre os efeitos da medicação e a cefaléia. Em alguns casos, como por exemplo o que ocorreu com relação aos doadores de óxido nítrico, estes estudos levaram ao entendimento mais profundo dos mecanismos de neurotransmissão envolvidos nas cefaléias primárias. Algumas substâncias, como os doadores de óxido nítrico e a histamina, induzem uma cefaléia imediata em voluntários normais e em migranosos. Entretanto, no momento, está claro que os pacientes com cefaléias primárias também desenvolvem uma cefaléia tardia uma a várias horas após a eliminação total da substância indutora.

Conhecer os potenciais efeitos indutores de cefaléia de substâncias de uso clínico é importante para classificar essas substâncias de forma apropriada. Em geral, os migranosos são muito mais suscetíveis a esse tipo de cefaléia do que as outras pessoas e o mesmo pode ser verdadeiro para sofredores de cefaléia do tipo tensional crônica, cefaléia do tipo tensional episódica e cefaléia em salvas durante o período da salva.

Paradoxalmente, a cefaléia sentida pela maioria das pessoas após o uso de grande quantidade de álcool pode ser um fator positivo, uma vez que ajuda a evitar o uso excessivo do mesmo.

Combinações como álcool e dissulfiram podem causar cefaléia, enquanto o uso individual desses agentes pode não desencadeá-la.

8.1.1 Cefaléia induzida por doador de óxido nítrico (NO)

8.1.1.1 Cefaléia imediata induzida por doador de NO

Termos previamente utilizados

Cefaléia associada à nitroglicerina, cefaléia da dinamite, cefaléia do cachorro-quente.

Critérios diagnósticos

A. Cefaléia com pelo menos uma das seguintes características e preenchendo os critérios C e D:
   1. bilateral
   2. localização frontotemporal
   3. caráter pulsátil
   4. agravada pela atividade física
B. Absorção de um doador de NO
C. A cefaléia aparece em até dez minutos após a absorção do doador de NO
D. A cefaléia desaparece dentro de uma hora após o término da liberação de NO

8.1.1.2 Cefaléia tardia induzida por doador de NO

Critérios diagnósticos

A. Cefaléia numa pessoa que sofre de uma cefaléia primária, com as características dessa cefaléia primária[1] e preenchendo os critérios C e D
B. Absorção de um doador de NO
C. A cefaléia aparece após a completa eliminação sangüínea do NO[2]
D. A cefaléia desaparece dentro de 72 horas após uma exposição única

Notas

1. Os indivíduos normais raramente desenvolvem cefaléia tardia induzida por doador de NO, enquanto os migranosos desenvolvem uma crise de migrânea sem aura, os pacientes com cefaléia do tipo tensional desenvolvem cefaléia do tipo tensional e os portadores de cefaléia em salvas desenvolvem uma crise de cefaléia em salvas.
2. A migrânea e cefaléia do tipo tensional aparecem após cinco a seis horas, em média, e a cefaléia em salvas tipicamente após uma a duas horas.

Comentários

A cefaléia é tipicamente bilateral, pulsátil e localizada na região frontotemporal.

Todos os doadores de NO (p.ex., nitrato de amila, tetranitrato de eritritil, trinitroglicerina – TNG, mono ou dinitrato de isossorbida, nitroprussiato de sódio, hexanitrato de manitol, tetranitrato de pentaeritritil) podem causar cefaléia desse subtipo, especialmente em pessoas com migrânea. A TNG é a substância melhor estudada; induz cefaléia na maioria dos indivíduos normais, sendo que os migranosos desenvolvem uma cefaléia imediata mais intensa do que os não migranosos. A TNG pode causar ainda, em migranosos, uma cefaléia tardia que preenche os critérios para a 1.1 *Migrânea sem aura*, mesmo em indivíduos cujas crises espontâneas sejam de migrânea com aura. Em pessoas com cefaléia do tipo tensional crônica, a TNG pode induzir a cefaléia tardia com características da cefaléia do tipo tensional. Não se sabe se o mesmo pode ser observado em pessoas com cefaléia do tipo tensional episódica. Os pacientes com cefaléia em salvas não desenvolvem cefaléia tardia fora dos períodos de salva, mas durante o período de salva a TNG certamente induz crise de cefaléia em salvas que se inicia cerca de uma a duas horas após a ingestão da substância. A cefaléia tardia ocorre nos migranosos ou naqueles com cefaléia do tipo tensional num período de tempo variável, mas, em média, cinco a seis horas após a exposição.

A cefaléia é um efeito colateral bem conhecido do uso terapêutico da nitroglicerina e de outros doadores de NO. Com o uso crônico, a tolerância se desenvolve dentro de uma semana e a cefaléia induzida por TNG desaparece na maioria dos pacientes dentro desse tempo. Com o uso intermitente, a cefaléia persiste e pode ser intensa o bastante a ponto de comprometer o uso de doadores de NO para a angina. A maioria dos cardiopatas é composta de homens e de meia-idade, o que provavelmente explica por que a magnitude do problema não é ainda maior.

Os outros doadores de NO foram menos estudados, mas evidências mostram que eles também podem causar cefaléias. O mononitrato de isossorbida foi objeto de um estudo duplo-cego controlado por placebo, causando cefaléia de maior duração que a TNG, devido à sua liberação lenta de óxido nítrico.

8.1.2 Cefaléia induzida por inibidor da fosfodiesterase (FDE)

Critérios diagnósticos

A. Cefaléia com pelo menos uma das seguintes características e preenchendo os critérios C e D:
   1. bilateral
   2. localização frontotemporal
   3. caráter pulsátil
   4. agravada pela atividade física

B. Uso de uma única dose de inibidor da FDE

C. A cefaléia aparece em até cinco horas após a ingestão do inibidor da FDE

D. A cefaléia desaparece dentro de 72 horas

Comentário

As FDEs são uma grande família de enzimas que quebram os nucleotídeos cíclicos GMPc e AMPc. Quando as FDEs são inibidas, os níveis de GMPc e AMPc aumentam. Os inibidores da FDE-5, sildenafil e dipiridamol são os únicos componentes desse grupo estudados formalmente. A cefaléia, diferentemente daquela induzida pela TNT, é monofásica. Em voluntários normais tem característica de cefaléia do tipo tensional, mas em migranosos tem características de migrânea sem aura. A cefaléia foi observada como efeito colateral do sildenafil nos estudos clínicos, mas apenas recentemente estudos experimentais têm demonstrado que, em jovens – particularmente em mulheres – a cefaléia ocorre na maioria dos indivíduos e que em pacientes com migrânea o sildenafil geralmente induz uma crise de migrânea. Os sofredores de migrânea devem ser cientificados desse efeito colateral.

8.1.3 Cefaléia induzida por monóxido de carbono

Termo previamente usado

Cefaléia dos trabalhadores de depósitos

Critérios diagnósticos

A. Cefaléia bilateral e/ou contínua, com caráter e intensidade que podem estar relacionados com a intensidade da intoxicação pelo monóxido de carbono[1], preenchendo os critérios C e D

B. Exposição ao monóxido de carbono (CO)

C. A cefaléia aparece em até 12 horas após exposição

D. A cefaléia desaparece em até 72 horas após a eliminação do CO

Nota

1. Tipicamente cefaléia de fraca intensidade sem sintomas gastrointestinais ou neurológicos, com níveis de carboxiemoglobina entre 10% e 20%; cefaléia moderada, pulsátil e irritabilidade com níveis entre 20% e 30%; cefaléia intensa com náusea, vômitos e borramento visual com níveis entre 30% e 40%.

Comentários

Com níveis maiores de carboxiemoglobina (> 40%) a cefaléia não é uma queixa comum devido às alterações na consciência.

Não existem bons estudos a respeito dos efeitos a longo prazo da intoxicação crônica pelo CO sobre a cefaléia. As evidências mostram a possibilidade da ocorrência de cefaléia crônica pós-intoxicação.

8.1.4 Cefaléia induzida por álcool

8.1.4.1 Cefaléia imediata induzida por álcool

Termo previamente utilizado

Cefaléia do coquetel.

Critérios diagnósticos

A. Cefaléia com pelo menos uma das seguintes características e preenchendo os critérios C e D:
   1. bilateral
   2. localização frontotemporal
   3. caráter pulsátil
   4. agravada pela atividade física
B. Ingestão de bebida de conteúdo alcoólico[1]
C. A cefaléia aparece em até três horas após a ingestão alcoólica
D. A cefaléia desaparece dentro de 72 horas

Nota

1. A quantidade suficiente não foi determinada.

Comentário

Poucos indivíduos desenvolvem cefaléia devido a um efeito direto do álcool ou bebidas alcoólicas. Esse tipo é muito mais raro do que a cefaléia tardia induzida pelo álcool.

8.1.4.2 Cefaléia tardia induzida por álcool

Termo previamente utilizado

Cefaléia da ressaca

Critérios diagnósticos

A. Cefaléia com pelo menos uma das seguintes características, preenchendo os critérios C e D:
   1. bilateral
   2. localização frontotemporal
   3. caráter pulsátil
   4. agravada pela atividade física

B. Ingestão de uma quantidade moderada de bebida alcoólica por um indivíduo migranoso ou uma quantidade tóxica por pessoa não-migranosa
C. A cefaléia aparece após a diminuição ou a redução a zero dos níveis sangüíneos de álcool
D. A cefaléia desaparece em até 72 horas

Comentário

Este é um dos tipos mais comuns de cefaléia. Não está claro se, além do álcool, outros componentes das bebidas alcoólicas desempenham algum papel. Não está certo, também, se a resposta tardia se deve a efeitos tóxicos ou se mecanismos similares àqueles responsáveis pela cefaléia tardia induzida por doador de óxido nítrico estão envolvidos.

A suscetibilidade à cefaléia da ressaca comparativamente entre sofredores de cefaléia e não sofredores não foi determinada. Em migranosos, uma crise de migrânea pode ser induzida no dia seguinte a uma ingestão moderada de bebidas alcoólicas, enquanto os não-migranosos normalmente necessitam de maiores quantidades de ingestão alcoólica para desenvolver a 8.1.4.2 *Cefaléia tardia induzida por álcool.*

8.1.5 Cefaléia induzida por componentes alimentares e aditivos

Termos previamente utilizados

Cefaléia alimentar.

Critérios diagnósticos

A. Cefaléia com pelo menos uma das seguintes características e preenchendo os critérios C e D:
   1. bilateral
   2. localização frontotemporal
   3. caráter pulsátil
   4. agravada pela atividade física
B. Ingestão de uma dose mínima de componente alimentar ou aditivo[1]
C. A cefaléia aparece dentro de 12 horas após ingestão da substância
D. A cefaléia desaparece dentro de 72 horas após ingestão única

Nota

1. A feniletilamina, a tiramina e o aspartame têm sido responsabilizados, mas sua capacidade de induzir cefaléia não está suficientemente comprovada.

8.1.5.1 Cefaléia induzida por glutamato monossódico

Termo previamente utilizado

Síndrome do restaurante chinês.

Critérios diagnósticos

A. Cefaléia com pelo menos uma das seguintes características e preenchendo os critérios C e D:
   1. bilateral
   2. localização frontotemporal
   3. agravada pela atividade física

B. Ingestão de glutamato monossódico (GMS)

C. A cefaléia aparece dentro de uma hora após a ingestão de GMS.

D. A cefaléia desaparece dentro de 72 horas após uma ingestão única

Comentário

A cefaléia induzida por GMS é tipicamente em peso ou queimação, e não pulsátil, mas pode ser pulsátil nos migranosos. Associa-se comumente a outros sintomas da síndrome como pressão no tórax, pressão ou aperto na face, sensação de queimação no tórax, pescoço ou ombros, ruborização da face, tonturas e desconforto abdominal.

8.1.6 Cefaléia induzida por cocaína

Critérios diagnósticos

A. Cefaléia com pelo menos uma das seguintes características e preenchendo os critérios C e D:
   1. bilateral
   2. localização frontotemporal
   3. caráter pulsátil
   4. agravada pela atividade física

B. Uso de cocaína

C. A cefaléia aparece dentro de uma hora após o uso de cocaína

D. A cefaléia desaparece dentro de 72 horas após uso único

Comentário

A cefaléia é um efeito colateral descrito do uso da cocaína. É freqüente, desenvolvendo-se imediatamente ou dentro de uma hora após o uso e não está associada a outros sintomas, a menos que ocorra, concomitantemente, acidente vascular cerebral ou ataque isquêmico transitório.

8.1.7 Cefaléia induzida por maconha

Critérios diagnósticos

A. Cefaléia com pelo menos uma das seguintes características e preenchendo os critérios C e D:
   1. bilateral
   2. caráter pulsátil ou em pontadas
   3. sensação de pressão na cabeça

B. Uso de maconha
C. A cefaléia aparece dentro de 12 horas após uso de maconha
D. A cefaléia desaparece dentro de 72 horas após uso único

Comentário
É relatado que o uso de maconha causa cefaléia associada a secura da boca, parestesias, ondas de calor e congestão conjuntival.

8.1.8 Cefaléia induzida por histamina

Comentário
Foi demonstrado que a histamina é causa, em indivíduos não sofredores de cefaléia, de uma dor de cabeça imediata e, entre os migranosos, de uma forma de cefaléia imediata e de outra tardia, sendo que esta última preenche os critérios para a 1.1 *Migrânea sem aura*. A propriedade indutora de cefaléia da histamina tem sido estudada após a administração intravenosa, cutânea e inalatória e todas as vias de administração apresentam o mesmo efeito. O mecanismo é mediado primariamente pelo receptor H1, uma vez que é quase completamente bloqueado pela mepiramina.

8.1.8.1 Cefaléia imediata induzida por histamina

Critérios diagnósticos
A. Cefaléia com pelo menos uma das seguintes características e preenchendo os critérios C e D:
   1. bilateral
   2. localização frontotemporal
   3. caráter pulsátil
   4. agravada pela atividade física
B. Absorção de histamina
C. A cefaléia aparece dentro de dez minutos após a absorção da histamina
D. A cefaléia desaparece dentro de uma hora após o término da absorção de histamina

8.1.8.2 Cefaléia tardia induzida por histamina

Critérios diagnósticos
A. Cefaléia em indivíduo que apresenta cefaléia primária, com as mesmas características de sua cefaléia primária[1] e preenchendo os critérios C e D
B. Absorção de histamina
C. A cefaléia aparece após a histamina ter sido eliminada do sangue[2]
D. A cefaléia desaparece dentro de 72 horas após exposição única

Notas

1. Indivíduos normais raramente desenvolvem cefaléia tardia induzida por histamina, enquanto os migranosos apresentam crise de migrânea sem aura; os pacientes com cefaléia do tipo tensional apresentam cefaléia do tipo tensional e os pacientes com cefaléia em salvas desenvolvem uma crise de cefaléia em salvas.
2. A migrânea e cefaléia do tipo tensional desenvolvem-se tipicamente após cinco ou seis horas e a cefaléia em salvas após uma a duas horas.

8.1.9 Cefaléia induzida por peptídeo relacionado com o gene da calcitonina (CGRP)

Comentários

A propriedade indutora de cefaléia do CGRP foi estudada em apenas um ensaio controlado duplo-cego. Entretanto, não há dúvidas de que o CGRP ocasione uma cefaléia imediata. Crises migranosas tardias foram desencadeadas em três de dez indivíduos. Recentemente foi demonstrado que um antagonista do CGRP é eficiente no tratamento agudo da migrânea.

8.1.9.1 Cefaléia imediata induzida por CGRP

Critérios diagnósticos

A. Cefaléia com pelo menos uma das seguintes características e preenchendo os critérios C e D:
   1. bilateral
   2. localização frontotemporal
   3. caráter pulsátil
   4. agravada pela atividade física
B. Absorção do CGRP
C. A cefaléia aparece dentro de dez minutos após a absorção do CGRP
D. A cefaléia desaparece dentro de uma hora após o término da absorção do CGRP

8.1.9.2 Cefaléia tardia induzida por CGRP

Critérios diagnósticos

A. Cefaléia em indivíduos que apresentam cefaléia primária, com as mesmas características de sua cefaléia primária[1] e preenchendo os critérios C e D
B. Absorção do CGRP
C. A cefaléia aparece após o CGRP ter sido eliminado do sangue[2]
D. A cefaléia desaparece dentro de 72 horas após infusão do CGRP

Notas

1. Os indivíduos normais raramente desenvolverão a cefaléia tardia induzida pelo CGR; enquanto isso, os migranosos apresentam crise de migrânea sem aura, os pacientes com cefaléia do tipo tensional apresentam cefaléia do tipo tensional e os pacientes com cefaléia em salvas desenvolvem uma crise de cefaléia em salvas.
2. A migrânea e a cefaléia do tipo tensional desenvolvem-se tipicamente após cinco ou seis horas e a cefaléia em salvas após uma a duas horas.

8.1.10 Cefaléia como efeito adverso agudo atribuído a medicação usada para outras indicações

Critérios diagnósticos

A. Cefaléia preenchendo os critérios C e D
B. Uso de uma medicação para tratamento de outra condição que não cefaléia
C. A cefaléia aparece dentro de minutos a horas após o uso da medicação
D. A cefaléia desaparece dentro de 72 horas após cessar o uso da medicação

Comentários

A cefaléia tem sido relatada após o uso de uma variedade de drogas. As seguintes substâncias são a mais comumente relatadas: atropina, digitálicos, dissulfiram, hidralazina, imipramina, nicotina, nifedipina, nimodipina. Uma lista mais detalhada pode ser encontrada no apêndice (Tabela 1).

As características da cefaléia não são bem definidas na literatura, mas em sua maioria são em peso, contínuas, difusas e com intensidade de moderada a forte.

8.1.11 Cefaléia induzida pelo uso ou exposição aguda a outra substância

Critérios diagnósticos

A. Cefaléia preenchendo os critérios C e D
B. Uso agudo de ou outra exposição aguda a substância outra que não as relacionadas anteriormente
C. A cefaléia aparece dentro de 12 horas do uso ou exposição
D. A cefaléia desaparece dentro de 72 horas após uso ou exposição única

Comentários

A cefaléia tem sido relatada após exposição a uma variedade de substâncias orgânicas e inorgânicas. As seguintes substâncias são as mais comumente implicadas.

Compostos inorgânicos: arsênico, borato, bromato, clorato, cobre, iodo, chumbo, lítio, mercúrio, cloridrato de tolazolina.

Compostos orgânicos: álcoois (cadeia longa), anilina, bálsamo, cânfora, dissulfeto de carbono, tetracloreto de carbono, clordecona, EDTA, heptacloro, sulfeto de hidrogênio, querosene, álcool metílico, metilbrometo, metilcloreto, metil iodo, naftalina, compostos organofosforados (paration, píretro).

As características da cefaléia não estão bem definidas na literatura, mas são em sua maioria em peso, contínuas, difusas, com intensidade de moderada a forte.

8.2 Cefaléia por uso excessivo de medicação

Termos previamente usados
Cefaléia rebote, cefaléia induzida por medicação, cefaléia por uso inadequado de medicação.

Introdução
Esta seção, bem como a seguinte, trata de cefaléias associadas ao uso de ou exposição crônica a substâncias.

A cefaléia por uso excessivo de medicação é uma interação entre um agente terapêutico usado de maneira excessiva e um paciente suscetível. O melhor exemplo é o uso excessivo de drogas para o tratamento agudo da cefaléia causando cefaléia em pacientes suscetíveis.

Sem dúvida, a causa mais comum de cefaléia migrânea-símile ocorrendo em ≥ 15 dias ao mês, e de um quadro misto de cefaléia migrânea-símile e de cefaléia do tipo tensional-símile também ocorrendo em ≥ 15 dias ao mês é o uso excessivo de medicações para o tratamento sintomático da migrânea e/ou analgésicos. De modo geral, o uso excessivo é definido em termos de dias de tratamento por mês. O que é fundamental é que o tratamento ocorra freqüente e regularmente, isto é, em vários dias a cada semana. Por exemplo, se o critério diagnóstico for o uso em ≥ 10 dias por mês, significa dois ou três dias de uso por semana. O tratamento por uma seqüência de dias, seguido por longos intervalos sem medicação, praticado por alguns pacientes, ocasiona muito menos freqüentemente a cefaléia por uso excessivo de medicamento.

A cefaléia do tipo tensional crônica está menos associada ao uso excessivo de medicação, porém especialmente entre pacientes de centros especializados no tratamento das cefaléias é comum a transformação da cefaléia do tipo tensional episódica em crônica pelo uso excessivo de analgésicos.

Os pacientes com uma cefaléia primária preexistente que desenvolvem um novo tipo de cefaléia ou cuja migrânea ou cefaléia do tipo tensional piora notavelmente durante o uso excessivo de medicamento devem receber concomitantemente o diagnóstico da cefaléia primária preexistente e o de 8.2 *Cefaléia por uso excessivo de medicação*. Além do mais, a cefaléia associada ao uso excessivo de medicação apresenta, muitas vezes, uma peculiar alternância de caráter, inclusive dentro de um mesmo dia, variando entre características migrânea–símile e da cefaléia do tipo tensional (i.e., um novo tipo de cefaléia).

O diagnóstico de cefaléia por uso excessivo de medicação é de extrema importância clínica, uma vez que a resposta destes pacientes às medicações preventivas é ruim enquanto durar o uso excessivo de medicações para tratamento agudo.

8.2.1 Cefaléias por uso excessivo de ergotamina

Critérios diagnósticos

A. Cefaléia presente em > 15 dias/mês com pelo menos uma das seguintes características e preenchendo os critérios C e D:
   1. bilateral
   2. em pressão / aperto
   3. intensidade fraca a moderada

B. Ingestão de ergotamina em ≥ 10 dias/mês de forma regular por ≥ 3 meses

C. A cefaléia apareceu ou piorou notavelmente durante o uso excessivo de ergotamina

D. A cefaléia desaparece ou reassume seu padrão anterior dentro de dois meses após a interrupção do uso de ergotamina.

Comentário

A biodisponibilidade dos ergóticos é tão variável que não é possível estabelecer uma dose mínima.

8.2.2 Cefaléia por uso excessivo de triptanos

Critérios diagnósticos

A. Cefaléia presente em > 15 dias/mês com pelo menos uma das seguintes características e preenchendo os critérios C e D:
   1. predominantemente unilateral
   2. qualidade pulsátil
   3. intensidade de moderada a forte
   4. agravada por, ou levando a evitar a atividade física de rotina (caminhada e subir escadas)
   5. associada a pelo menos um dos seguintes:
      a. náusea e/ou vômitos
      b. fotofobia e fonofobia

B. Ingestão de triptanos (qualquer formulação) por ≥ 10 dias/mês de forma regular por ≥ 3 meses

C. A freqüência da cefaléia aumentou consideravelmente durante o uso excessivo do triptano.
D. Cefaléia reassume seu padrão prévio dentro de 2 meses após a interrupção do uso do triptano.

Comentário

O uso excessivo de triptanos pode aumentar a freqüência da migrânea até o ponto da migrânea crônica. As evidências apontam que isso ocorre mais rapidamente com o uso excessivo de triptanos do que com o de ergotamina.

8.2.3 Cefaléia induzida por uso excessivo de analgésicos

Critérios diagnósticos

A. Cefaléia presente em > 15 dias/mês com pelo menos uma das seguintes características e preenchendo os critérios C e D:
   1. bilateral
   2. em pressão / aperto (não-pulsátil)
   3. intensidade de fraca a moderada
B. Ingestão de analgésicos simples em ≥ 15 dias/mês[1] por > 3 meses
C. A cefaléia apareceu ou piorou acentuadamente durante o uso excessivo de analgésicos
D. A cefaléia desaparece ou reassume o seu padrão prévio dentro de dois meses após a interrupção dos analgésicos

Nota

1. A opinião de especialistas, mais do que evidências formais, sugere que o uso em ≥ 15 dias/mês ao invés de ≥ 10 dias/mês é necessário para induzir a cefaléia por uso excessivo de analgésicos.

8.2.4 Cefaléia por uso excessivo de opióides

Critérios diagnósticos

A. Cefaléia presente em > 15 dias/mês preenchendo os critérios C e D
B. Ingestão de opióides em ≥ 10 dias/mês por > 3 meses
C. A cefaléia apareceu ou piorou acentuadamente durante o uso excessivo de opióides
D. A cefaléia desaparece ou reassume seu padrão prévio dentro de dois meses após a interrupção dos opióides

Comentário

Estudos prospectivos indicam que os pacientes que fazem uso excessivo de opióides apresentam a maior taxa de reincidência após a retirada da substância.

8.2.5 Cefaléia por uso excessivo de combinação de medicamentos

Critérios diagnósticos

A. Cefaléia presente em > 15 dias/mês com pelo menos uma das seguintes características e preenchendo os critérios C e D:
   1. bilateral
   2. em pressão / aperto (não-pulsátil)
   3. intensidade de fraca a moderada

B. Ingestão de medicações combinadas[1] em ≥ 10 dias/mês por > 3 meses

C. A cefaléia apareceu ou piorou acentuadamente durante o uso excessivo de medicações combinadas

D. Cefaléia desaparece ou reassume seu padrão prévio dentro de dois meses após a interrupção da medicação combinada

Nota

1. As medicações combinadas tipicamente implicadas são aquelas contendo analgésicos simples combinados com opióides, butalbital e/ou cafeína.

8.2.6 Cefaléia atribuída ao uso excessivo de outra medicação

Critérios diagnósticos

A. Cefaléia presente em > 15 dias/mês, preenchendo os critérios C e D:

B. Uso excessivo regular[1] por > 3 meses de medicamento outro que não os citados anteriormente

C. A cefaléia apareceu ou piorou acentuadamente durante o uso excessivo do medicamento

D. A cefaléia desaparece ou reassume seu padrão prévio dentro de dois meses após a interrupção do uso excessivo do medicamento

Nota

1. A definição de uso excessivo em termos de dias de tratamento por mês pode variar de acordo com a natureza do medicamento.

8.2.7 Provável cefaléia por uso excessivo de medicamento

Critérios diagnósticos

A. Cefaléia preenchendo critérios de A a C para qualquer uma das subformas 8.2.1 a 8.2.6 acima

B. Uma dentre as duas características seguintes:
   1. o uso excessivo de medicação ainda não foi interrompido
   2. o uso excessivo de medicação foi interrompido nos dois últimos meses, mas a cefaléia não desapareceu nem reassumiu seu padrão prévio

Comentários

As subformas codificáveis como 8.2.7 *Provável cefaléia por uso excessivo de medicação* são: 8.2.7.1 *Provável cefaléia por uso excessivo de ergotamina*, 8.2.7.2 *Provável cefaléia por uso excessivo de triptanos*, 8.2.7.3 *Provável cefaléia por uso excessivo de analgésicos*, 8.2.7.4 *Provável cefaléia por uso excessivo de opióides*, 8.2.7.5 *Provável cefaléia por uso excessivo de combinações de medicamentos*, 8.2.7.6 *Provável cefaléia por uso excessivo de outras medicações.*

Muitos pacientes preenchendo os critérios para 8.2.7 *Provável cefaléia por uso excessivo de medicação* também preenchem critérios para 1.6.5 *Provável migrânea crônica* ou 2.4.3 *Provável cefaléia tipo tensional crônica.* Elas devem ser classificadas em ambas as condições até que a relação causal seja estabelecida, após a interrupção da medicação que tem sido utilizada excessivamente. Pacientes com 1.6.5 *Provável migrânea crônica* devem ser classificados também para o subtipo de migrânea prévio (geralmente 1.1 *Migrânea sem aura*).

8.3 Cefaléia como efeito adverso atribuído ao uso crônico de medicação

Critérios diagnósticos

A. Cefaléia presente em > 15 dias/mês, preenchendo os critérios C e D:
B. Uso crônico de medicação[1] para qualquer indicação terapêutica
C. A cefaléia aparece durante a medicação
D. A cefaléia desaparece após a interrupção da medicação[2]

Notas

1. A definição da dose e da duração variará com a medicação.
2. O tempo para resolução variará com o medicamento, mas pode ser de meses.

Comentário

A cefaléia pode ser devida a um efeito farmacológico direto do medicamento, como a vasoconstrição produzindo hipertensão arterial maligna e cefaléia, ou a um efeito secundário como a hipertensão intracraniana induzida por droga. A hipertensão intracraniana é uma complicação reconhecida do uso por longo prazo de esteróides anabolizantes, amiodarona, carbonato de lítio, ácido nalidíxico, reposição de hormônio tireoidiano, tetraciclina e minociclina.

8.3.1 Cefaléia induzida por hormônios exógenos

A. Cefaléia preenchendo os critérios C e D
B. Uso regular de hormônios exógenos

C. A cefaléia ou a migrânea aparece ou piora acentuadamente dentro de três meses após o início do uso dos hormônios exógenos
D. A cefaléia ou a migrânea desaparece ou reassume seu padrão prévio dentro de três meses após a total descontinuação do uso de hormônios exógenos

Comentários

O uso regular de hormônios exógenos, tipicamente para contracepção ou terapia de reposição, pode estar associado com o aumento na freqüência ou com o desenvolvimento inédito de cefaléia ou migrânea.

Quando uma mulher apresenta também cefaléia ou migrânea associada à retirada de estrógeno exógeno, ambos os códigos 8.3.1 *Cefaléia induzida por hormônio exógeno* e 8.4.3 *Cefaléia por retirada de estrógeno* deverão se aplicados.

8.4 Cefaléia atribuída a supressão de substância

8.4.1 Cefaléia por supressão de cafeína

Critérios diagnósticos

A. Cefaléia bilateral e/ou pulsátil preenchendo os critérios C e D
B. Consumo de cafeína de ≥ 200 mg/dia, por > duas semanas e que é interrompido ou adiado
C. A cefaléia desenvolve-se dentro de 24 horas após a última ingestão de cafeína e é aliviada dentro de uma hora, por 100 mg de cafeína
D. A cefaléia desaparece dentro de sete dias após a interrupção completa do uso de cafeína

8.4.2 Cefaléia por supressão de opióides

Critérios diagnósticos

A. Cefaléia bilateral e/ou pulsátil preenchendo os critérios C e D
B. Consumo diário de opióides por > 3 meses e que é interrompido
C. A cefaléia aparece dentro de 24 horas após a última ingestão de opióides
D. A cefaléia desaparece dentro de sete dias após a interrupção completa do uso do opióide

8.4.3 Cefaléia por supressão de estrógenos

Critérios diagnósticos

A. Cefaléia ou migrânea preenchendo os critérios C e D
B. Uso diário de estrógenos por ≥ 3 semanas e que é interrompido
C. A cefaléia ou a migrânea aparece dentro de cinco dias após último uso de estrógeno.
D. A cefaléia ou a migrânea desaparece dentro de três dias

Comentário

A supressão de estrógeno após um período de uso deste hormônio (como por exemplo durante a interrupção mensal periódica do uso de contraceptivos orais ou de terapia de reposição) pode induzir a cefaléia ou a migrânea.

8.4.4 Cefaléia atribuída a supressão de outras substâncias de uso crônico

Critérios diagnósticos

A. Cefaléia bilateral e/ou pulsátil preenchendo os critérios C e D
B. Ingestão diária de substância outra que não as relacionadas por > 3 meses e que é interrompida
C. A cefaléia aparece em relação temporal estreita com a interrupção do uso da substância
D. A cefaléia desaparece dentro de três meses após a retirada

Comentário

Tem sido sugerido, embora sem evidências suficientes, que a retirada das seguintes substâncias pode levar a cefaléia: corticosteróides, antidepressivos tricíclicos, inibidores seletivos da recaptação de serotonina (ISRSs) e antiinflamatórios não-esteróides (AINEs).

Referências bibliográficas

8.1 Cefaléia induzida pelo uso ou exposição aguda de substância

Altura BM, Altura BT, Gebrewold A. Alcohol induced spasm of cerebral blood vessels. J Mental Sci 2000;104:972–99.

Armstrong PJ, Bersten A. Normeperidine toxicity. Anesth Analg 1986;65:536–8.

Ashina M, Bendtsen L, Jensen R, Olesen J. Nitric oxideinduced headache in patients with chronic tension-type headache. Brain 2000;123:1830–7.

Askew GL, Finelli L, Genese CA, Sorhage FE, Sosin DM, Spitalny KC. Bouillabaisse: an outbreak of methemoglobinemia in New Jersey in 1992. Pediatrics 1994;94:381–4.

Askmark H, Lundberg PO, Olsson S. Drug related headache. Headache 1989;29:441–4.

Atkins FM. A critical evaluation of clinical trials in adverse reactions to foods in adults. J Allergy Clin Immunol 1986;78:174–82.

Beck HG, Schulze WH, Suter GM. Carbon monoxide – a domestic hazard. JAMA 1940;115:1.

Bonnet GF, Nepveux P. Migraine due to tyramine. Sem Hop 1971;47:2441–5.

Brewerton TD, Murphy DL, Lesem MD, Brandt HA, Jimerson DC. Headache responses following m-chlorophenylpiperazine in bulimics and controls. Headache 1992;32:217–22.

Catalano G, Catalano MC, Rodriguez R. Dystonia associated with crack cocaine use. South Med J 1997;90:1050–2.

Cleophas TJ, Niemeyer MG, vanderWall EE, vanderMeulen J. Nitrate-induced headache in patients with stable angina pectoris: beneficial effect of starting on a low dose. Angiology 1996;47:679–85.

Council of Scientific Affairs. Aspartame: review of safety issues. JAMA 1985;254:400–2.

Cregler LL, Mark H. Medical complications of cocaine abuse. N Engl J Med 1986;315:1495–501.

Dhopesh V, Maany I, Herring C. The relationship of cocaine to headache in polysubstance abusers. Headache 1991;31:17–9.

Dhuna A, Pascual-Leone A, Belgrade M. Cocaine-related vascular headaches. J Neurol Neurosurg Psychiat 1991;54:803–6.

De Marinis M, Janiri L, Agnoli A. Headache in the use and withdrawal of opiates and other associated substances of abuse. Headache 1991;31:159–63.

Ekbom K. Nitroglycerin as a provocative agent in cluster headache. Arch Neurol 1968;19:487–93.

el-Mallakh RS. Marijuana and migraine. Headache 1987;27:442–3.

el-Mallakh RS, Kranzler HR, Kamanitz JR. Headaches and psychoactive substance use. Headache 1991;31:584–7.

Forbes HS, Cobb S, Fremont-smith F. Cerebral edema and headache following carbon monoxide asphyxia. Arch Neurol Psychiatr 1924;11:164.

Gawin FH. Cocaine addiction: psychology and neurophysiology. Science 1991;251:1580–6.

Ghose K, Carrol JD. Mechanisms of tyramine-induced migraine: similarities with dopamine and interactions with disulfiram and propranolol. Neuropsychiobiol 1984;12:122–6.

Gordon CR, Mankuta D, Shupak A, Spitzer O, Doweck I. Recurrent classic migraine attacks following transdermal scopolamine intoxication. Headache 1991;31:172–4.

Gore ME, Salmon PR. Chinese restaurant syndrome: fact or fiction. Lancet 1980;318:251–2.

Hanington E, Harper AM. The role of tyramine in the etiology of migraine and related studies on the cerebral and intracerebral circulations. Headache 1968;8:84–97.

Hansen HJ, Drewes VM. The nitroglycerine ointment test – a double-blind examination. Dan Med Bull 1970;7:226–9.

Heckerling PS, Leikin JB, Maturen A, Perkins JT. Predictors of occult carbon monoxide poisoning in patients with headache and dizziness. Ann Int Med 1987;107:174–6.

Henderson WR, Raskin NH. 'Hot dog' headache: individual susceptibility to nitrite. Lancet 1972;ii:1162–3.

Hirsch AR, Rankin KM, Panelli PP. Trichloroethylene exposure and headache. Headache Quarterly 1996;7:126–38.

Horowitz LD, Herman MV, Gorlin R. Clinical response to nitroglycerine as a diagnostic test for coronary artery disease. Am J Cardiol 1972;29:149–53.

Iversen HK, Nielsen TM, Olesen J, Tfelt-Hansen P. Intravenous nitroglycerin as an experimental model of vascular headache. Basic characteristics. Pain 1989;38:17–24.

Kenney RA, Tidball CS. Human susceptibility to oral monosodium 1-glutamate. Am J Clin Nutr 1972;25:140–6.

Kerr GR, Lee MW, elLozy M, McGandy R, Stare F. Prevalence of the 'Chinese restaurant syndrome'. J Am Diet Assoc 1979;75:29–33.

Krabbe AA, Olesen J. Headache provocation by continuous intravenous infusion of histamine, clinical results and receptor mechanisms. Pain 1980;8:253–9.

Larkin JM, Brahos GJ, Moylin JA. Treatment of carbon monoxide poisoning: prognostic factors. J Trauma 1976;16:111.

Lassen LH, Thomsen LL, Olesen J. Histamine induces migraine via the H receptor. Support for the NO-hypothesis of migraine. Neuroreport 1995;6:1475–9.

Leon AS, Hunninghake DB, Bell C, Rassin DK, Tephly TR. Safety of long-term doses of aspartame. Arch Int Med 1989;149:2318–24.

Leone M, Attanasio A, Croci D, Filippini G, D'Amico D, Grazzi L, Nespolo A, Bussone G. The serotonergic agent mchlorophenylpiperazine induced migraine attacks: a controlled study. Neurology 2000;55:136–9.

Levine SR, Brust JC, Futrell N, et al. Cerebrovascular complications of the use of the crack form of alkaloidal cocaine. N Engl J Med 1990;323:699–704.

Lipton RB, Kwong CM, Solomon S. Headaches in hospitalized cocaine users. Headache 1989;29:225–8.

Lowenstein DH, Massa SM, Rowbotham MC et al. Acute neurologic and psychiatric complications associated with cocaine abuse. Am J Med 1987;83:841–6.

Luthy J, Schlatter C. Biogenic amines in food: effects of histamine, tyramine and phenylethylamine in the human. Z Lebensm Unters Forsch 1983;177:439–43.

McCullock J, Harper AM. Phenylethylamine and the cerebral circulation. In Current concepts in migraine research (McCullockJ, Harper AM, eds.). Raven Press, New York. 1978, pp. 85–8.

Meigs JL, Hughes JP. Acute carbon monoxide poisoning: an analysis of 105 cases. AMAArch Ind Hygiene Occupat Med 1952;6:344–56.

Merkel PA, Koroshetz WJ, Irizarry MC, Cudkovicz ME. Cocaine-associated cerebral vasculitis. Semin Arthritis Rheum 1995;25:172–83.

Merrit JE, Williams PB. Vasospasm contributes to monosodium glutamate-induced headache. Headache 1990;30:575–80.

Mitchell JD. Clinical neurotoxicology: an introduction. In Handbook of Clinical Neurology (DeWolff FA, ed.). Elsevier Science, 1995, pp. 1–22.

Moffet AM, Swash M, Scott DF. Effect of chocolate in migraine: a double-blind study. J Neurol Neurosurg Psychiatry 1974;37:445–8.

Monteiro JM. Headache associated with single use of substances. In The headaches (Olesen J, Tfelt-Hansen P, Welch KMA, eds.). Raven Press, Limited, New York. 1993, pp. 715–20.

Monteiro JM, Dahlof CG. Single use of substances. In The Headaches (Olesen J, Tfelt-Hansen P, Welch KM, eds.). Lippincott Williams & Wilkins, Philadelphia. 2000, pp. 861–9.

Murphree AB, Greenberg LA, Carrol RB. Neuropharmacologic effects of substances other than ethanol in alcoholic beverages. Fed Proc 1967;26:1468–73.

Norton S. Toxicology of the central nervous system. In Toxicology (Casarett LJ, Doult J, eds.). MacMillan, New York. 1975, pp. 1019–35.

Ogata S, Hosoi T, Saji H. Studies on acute alcohol intoxication. Japanese Journal of Studies of Alcohol 1966;1:67–79.

Peters GA. Migraine: diagnosis and treatment with emphasis on the migraine-tension headache, provocative tests and use of rectal suppositories. Proc Mayo Clin 1953;28:673– 86.

Reif-Lehrer L. A questionnaire study of the prevalence of Chinese restaurant syndrome. Fed Proc 1977;36:1617–23.

Sabatini U, Rascol O, Rascol A, Montastruc JL. Migraine attacks induced by subcutaneous apomorphine in two migrainous Parkinson Ian patients. Clin Neuropharmacol 1990;13:264–7.

Satel SL, Gawin FH. Migraine-like headache and cocaine use. JAMA 1989;261:2995–6.

Schamburg HH, Byck R, Gerstl R, Mashman JH. Monosodium L-glutamate: its pharmacology and role in the Chinese restaurant syndrome. Science 1969;163:826–8.

Scher W, Scher BM. A possible role for nitric oxide in glutamate (MSG)-induced Chinese restaurant syndrome, glutamate induced asthma, 'hot-dog headache', pugilistic Alzheimer's disease, and other disorders. Med Hypotheses 1992;38:185–8.

Schiffmann SS, Buckley CE, Sampson HA et al. Aspartame and susceptibility to headache. N Engl J Med 1987;317:1181–5.

Schnitker MT, Schnitker MA. Clinical notes, suggestions and new instruments. JAMA 1947;135:89.

Schwartz AM. The cause, relief and prevention of headache arising from contact with dynamite. N Engl J Med 1946;235:541–4.

Scopp AL. MSG and hydrolyzed vegetable protein induced headache review and case studies. Headache 1991;31:107–10.

Seltzer S. Foods and drug combinations, responsible for head and neck pain. Cephalalgia 1982;2:111–24.

Shaw SW, Johnson RH, Keogh HG. Oral tyramine in dietary migraine sufferers. In Current concepts in migraine research (Shaw SW, Johnson RH, Keogh HG, eds.). Raven Press, New York. 1978, pp. 31–9.

Shively M, Riegel B. Effect of nitroglycerin ointment placement on headache and flushing in health subjects. Int J Nurs Stud 1991;28:153–61.

Sicuteri F, Bene ED, Poggioni M, Bonazzi A. Unmasking latent dysnociception in healthy subjects. Headache 1987;27:180–5.

Smith I, Kellow AH, Hanington E. Clinical and biochemical correlation between tyramine and migraine headache. Headache 1970;10:43–52.

Tarasoff L, Kelly MF. Monosodium L-glutamate: a doubleblind study and review. Food Chem Toxicol 1993;31:1019–35.

Thomsen LL, Kruse C, Iversen HK, Olesen J. A Nitric oxide donor triggers genuine migraine attacks. Eur J Neurol 1994;1:71–80.

Towers CV, Pircon RA, Nageotte MP, Porto M, Garite TJ. Cocaine intoxication presenting as preeclâmpsia and eclâmpsia. Ob Gyn 1993;81:545–7.

Trelles L, Jeri R. Central nervous system stimulants: cocaine, amphetamine, nicotine. In Handbook of clinical neurology (DeWolff FA, ed.). New York: Elsevier Science, 1995, pp. 251–7.

Wallgreen H, Barry A. Drug actions in relation to alcohol effects. In: Action of alcohol. New York: Elsevier, 1970, pp. 621–714.

Wilson J. Cyanogenic glycosides. Ch. 3 in Handbook of clinical neurology, vol. 65 (DeWolff FA, ed.). New York: Elsevier Science, 1995, pp. 25–34.

Varon J, Marik PE, Fromm RE, Gueler A. Carbon Monoxide Poisoning: a review for clinicians. J Emerg Med 1999;17:87–93.

Yang WH, Drouin MA, Herbert M, Mao Y, Kursh J. The monosodium glutamate symptom complex: assessment in a double blind, placebo controlled, randomized study. J Allergy Clin Immunol 1997;99:757–62.

8.2 Cefaléia por uso excessivo de medicamento (CEM)

Ala-Hurula V, Myllyla V, Hokkanen E. Ergotamine abuse: results of ergotamine discontinuation with special reference to the plasma concentrations. Cephalalgia 1982;2:189–95.

Ala-Hurula V, Myllyla V, Hokkanen E, Tokola O. Tolfenamic acid and ergotamine abuse. Headache 1981;21:240–2.

Allgulander C. History and current status of sedative-hypnotic drug use and abuse. Acta Psychiatr Scand 1986;73:465–78.

Andersson PG. Ergotamine headache. Headache 1975;15:118–21.

Baar HA. Treatment for headache: a four-step standardized withdrawal program for analgesic abusers. Pain Clin 1990;3:173–7 (Abstract).

Bennett WM, DeBroe ME. Analgesic nephropathy: a preventable renal disease. N Eng J Med 1989;320:1269–71.

Bowdler I, Killian J, Gänsslen-Blumberg S. The association between analgesic abuse and headache – coincidental or causal. Headache 1988;28:494.

Braithwaite RA. The toxicity of tricyclic and newer antidepressants. In Handbook of Clinical Neurology (DeWolff FA, ed.). New York: Elsevier Science, 1995, pp. 311–20.

Brust JC. Opiate addiction and toxicity. Ch. 16 in Handbook of clinical neurology, vol. 65 (DeWolff FA, ed.). New York: Elsevier Science, 1995, pp. 356–61.

Catarci T, Fiacco F, Argentino C. Ergotamine-induced headache can be sustained by sumatriptan daily intake. Cephalalgia 1994;14:374–5.

Centonze V, Polite BM, diBari M, Caporaletti P, Albano O. Vascular injuries in ergotamine abuse: a case report. Funct Neurol 1993;8:265–70.

Dalquen P, Fasel J, Mihatsch MJ, Rist M, Rutishauser G. Phenacetinabusus IV. Sind zytologische harnuntersuchungen in der tumorvorsorge bei phenacetinabusern erfolgversprechend und anwendbar. Schweizerische Medizinische Wochenschrift 1980;110:302–6.

DeBroe ME, Elseviers MM. Analgesic nephropathy – still a problem? Nephron 1993;64:505–13.

deMarinis M, Janiri L, Agnoli A. Headache in the use and withdrawal of opiates and other associated substances of abuse. Headache 1991;31:159–63.

Diamond S, Dalessio DJ. Drug abuse in headache. In The practicing physician's approach to headache (Diamond S, Dalessio DJ, eds.). Williams & Wilkins, Baltimore. 1982, pp. 114–21.

Dichgans J, Diener HC. Clinical manifestations of excessive use of analgesic medication. In Drug – induced headache (Diener HC, Wilkinson M, eds.). Springer-Verlag, Berlin. 1988, pp. 8–15.

Dichgans J, Diener HD, Gerber WD et al. Analgetikainduzierter dauerkopfschmerz. Dtsch Med Wschr 1984, 109:369–73.

Diener HC. A personal view of the classification and definition of drug dependence headache. Cephalalgia 1993;13:68–71.

Diener HC, Dahlof CG. Headache associated with chronic use of substances. In The headaches (Olesen J, Tfelt-Hansen P, Welch KMA, eds.). Lippincott, Williams & Wilkins, Philadelphia. 1999, pp. 871–8.

Diener HC, Dichgans J, Scholz E, Geiselhart S, Gerber WD, Bille A. Analgesic-induced chronic headache: long-term results of withdrawal therapy. J Neurol 1989;236:9–14.

Diener HC, Haab J, Peters C, Ried S, Dichgans J, Pilgrim A. Subcutaneous sumatriptan in the treatment of headache during withdrawal from drug-induced headache. Headache 1991;31:205–9.

Diener HC, Pfaffenrath V, Soyka D, Gerber WD. Therapie des medikamenten-induzierten dauerkopfschmerzes. Münch Med Wschr 1992;134:159–62.

Diener HC, Tfelt-Hansen P. Headache associated with chronic use of substances. In The headaches (Olesen J, Tfelt-Hansen P, Welch KMA, eds.). Raven press LTD, New York. 1993, pp. 721–7.

Dige-Petersen H, Lassen NA, Noer J, Toennesen KH, Olesen J. Subclinical ergotism. Lancet 1977;i:65–6.

Drucker P, Tepper S. Daily sumatriptan for detoxification from rebound. Headache 1998;38:687–90.

Dubach UC, Rosner B, Pfister E. Epidemiologic study of abuse of analgesics containing phenacetin. Renal morbidity and mortality (1968–1979). N Engl J Med 1983;308:357–62.

Elkind AH. Drug abuse in headache patients. Clin J Pain 1989;5:111–20.

Elkind AH. Drug abuse and headache. Med Clin N Am 1991;75:717–32.

Evers S, Gralow I, Bauer B, Suhr B, Buchheister A, Husstedt IW, Ringelstein EB. Sumatriptan and ergotamine overuse and drug-induced headache: a clinicoepidemiologic study. Clin Neuropharmacol 1999;22:201–6.

Fanciullaci M, Alessandri M, Pietrini U, Briccolani-Bandini E, Beatrice S. Long-term ergotamine abuse: effect on adrenergically induced mydriasis. Clin Pharm Ther 1992;51:302–7.

Fincham JE. Over-the-counter drug use and misuse by the ambulatory elderly: a review of the literature. J Ger Drug Ther 1987;1:3–21.

Fincham RW, Perdue Z, Dunn VD. Bilateral focal cortical atrophy and chronic ergotamine abuse. Neurology 1985;35:720–2.

Fisher CM. Analgesic rebound headache refuted. Headache 1988;28:666.

Friedman AP, Brazil P, vonStorch TJ. Ergotamine tolerance in patients with migraine. JAMA 1955;157:881–4.

Gaist D, Hallas J, Sindrup SH, Gram LF. Is overuse of sumatriptan a problem? A population-based study. Eur J Clin Pharmacol 1996;50:161–5.

Gaist D, Tsiropoulus I, Sindrup SH, Hallas J, Rasmussen BK, Kragstrup J. Inappropriate use of sumatriptan: population based register and interview study. Br J Med 1998;316:1352–3.

Granella F, Farina S, Malferrari G, Manzoni GC. Drug abuse in chronic headache: a clinicoepidemiologic study. Cephalalgia 1987;7:15–9.

Gutzwiller F, Zemp E. Der analgetikakonsum in der bevölkerung und sozioökonomische aspekte des analgetikaabusus. In Das analgetikasyndrom (Mihatsch MJ, ed.). Thieme, Stuttgart. 1986, pp. 197–205.

Hering R, Steiner TJ. Abrupt outpatient withdrawal from medication in analgesic-abusing migraineurs. Lancet 1991;337:1442–3.

Hokkanen E, Waltimo O, Kallanranta T. Toxic effects of ergotamine used for migraine. Headache 1978;18:95–8.

Horowski R, Ziegler A. Possible pharmacological mechanisms of chronic abuse of analgesics and other antimigraine drugs. In Drug-induced headache (Diener HC, Wilkinson M, eds.). Springer-Verlag, Berlin. 1988, pp. 95–104.

Horton BT, Peters GA. Clinical manifestations of excessive use of ergotamine preparations and management of withdrawal effect: report of 52 cases. Headache 1963;3:214–26.

Isler H. Migraine treatment as a cause of chronic migraine. In Advances in migraine research and therapy (Rose FC, ed.). Raven Press, New York. 1982, pp. 159–64.

Jaffe JH. Drug addiction and drug abuse. In The pharmacological basis of therapeutics (Gilman AG, Rall TW, Nies AS, Taylor P, eds.). Pergamon Press, New York. 1985, pp. 522–73.

Katsarava Z, Fritsche G, Muessig M, Diener HC, Limmroth V. Clinical features of withdrawal headache following overuse of triptans and other headache drugs. Neurology 2001;57:1694–8.

Kaube H, May A, Diener HC, Pfaffenrath V. Sumatriptan misuse in daily chronic headache. Br Med J 1994;308:1573.

Kielholz P, Ladewig D. Probleme des medikamentenmi betabrauches. Schweiz Arztezeitung 1981;62:2866–9.

Klapper JA. Rebound headache: definition, symptomatology, treatment, and prevention. Headache Quarterly 1992;3:398–402.

Kouyanou K, Pither CE, Rabe-Hesketh S, Wessely S. A comparative study of iatrogenesis, medication abuse, and psychiatric morbidity in chronic pain patients with and without medically explained symptoms. Pain 1998;76:417–26.

Kudrow L. Paradoxical effects of frequent analgesic use. Adv Neurol 1982;33:335–41.

Lader M. Hypnotics and sedatives. In Handbook of clinical neurology (DeWolff FA, ed.). New York: Elsevier Science, 1995, pp. 329–55.

Lance F, Parkes C, Wilkinson M. Does analgesic abuse cause headache de novo? Headache 1988;28:61–2.

Lance JW. A concept of migraine and the search for the ideal headache drug. Headache 1990;30:17–23.

Limmroth V, Kazarawa S, Fritsche G, Diener HC. Headache after frequent use of new 5-HT agonists zolmitriptan and naratriptan. Lancet 1999;353:378.

Limmroth V, Katsarava Z, Fritsche G, Przywara S, Diener HC. Features of medication overuse headache following overuse of different acute headache drugs. Neurology 2002;59:1011–14.

Lucas RN, Falkowski W. Ergotamine and methysergide abuse in patients with migraine. Br J Psychiatry 1973;122:199–203.

Ludolph AC, Husstedt IW, Schlake HP, Grotemeyer KH, Brune GG. Chronic ergotamine abuse: evidence of functional impairment of long ascending spinal tracts. Eur Neurol 1988;28:311–6.

MacGregor EA, Vorah C, Wilkinson M. Analgesic use: a study of treatments used by patients for migraine prior to attending the City of London migraine clinic. Headache 1990;30:634–8.

Manzoni GC, Micieli G, Granella F, Sandrini G, Zanferrari C, Nappi G. Therapeutic approach to drug abuse in headache patients. In Drug-induced headache (Diener HC, Wilkinson M, eds.). Springer-Verlag, Berlin. 1988, pp. 143–9.

Marks V. Reactive (rebound) hypoglycemia. In Hypoglycemia (Marks V, Rose CF, eds.). Blackwell, Oxford. 1981, pp. 179–217.

Mathew NT. Amelioration of ergotamine withdrawal symptoms with naproxen. Headache 1987;27:130–3.

Mathew NT, Kurman R, Perez F. Drug induced refractory headache – clinical features and management. Headache 1990;30:634–8.

Michultka DM, Blanchard EB, Appelbaum KA, Jaccard J, Dentinger MP. The refractory headache patient-2. High medication consumption (analgesic rebound) headache. Behav Res Ther 1989;27:411–20.

Micieli G, Manzoni GC, Granella F, Martignoni E, Malferrari G, Nappi G. Clinical and epidemiological observations on drug abuse in headache patients. In Drug-Induced Headache (Diener HC, Wilkinson M, eds.). Springer-Verlag, Berlin. 1988, pp. 20–8.

Nicolodi M, DelBianco PL, Sicuteri F. The way to serotonergic use and abuse in migraine. Int J Clin Pharmacol Res 1997;17:79–84.

Page H. Rebound headache from ergotamine withdrawal. JAMA 1981;246:719.
Peters G, Horton BT. Headache: with special reference to the excessive use of ergotamine preparations and withdrawal effects. Proc Mayo Clin 1951;26:153–61.
Pini LA, Trenti T. Case report: does chronic use of sumatriptan induce dependence? Headache 1994;34:600–1.
Pradalier A, Dry S, Baron JF. Cephalée induite par l'abuse de tartrate d'ergotamine chez les migrainieux. Concours Méd 1984;106:106–10.
Rahman A, Segasothy M, Samad SA, Zulfiqar A, Rani M. Analgesic use and chronic renal disease in patients with headache. Headache 1993;33:442–5.
Rapoport A, Stang P, Gutterman DL, Cady R, Markley H, Weeks R, Saiers J, Fox AW. Analgesic rebound headache in clinical practice: data from a physician survey. Headache 1996;36:14–9.
Rapoport AM. Analgesic rebound headache. Headache 1988;28:662–5.
Rapoport AM, Weeks RE. Characteristics and treatment of analgesic rebound headache. In Drug-induced headache (Diener HC, Wilkinson M, eds.). Springer-Verlag, Berlin. 1988, pp. 162–7.
Roswell AR, Neylan C, Wilkinson M. Ergotamine induced headache in migrainous patients. Headache 1973;13:65–7.
Sandler DP, Smith JC, Weinberg CR, Buckalew VM, Dennis VW, Blythe WB, Burgess WP. Analgesic use and chronic renal disease. N Engl J Med 1989;320:1238–43.
Saper JR. Drug abuse among headache patients. In Headache disorders (Saper JR, ed.). PSG Publishers, Boston. 1983, pp. 263–78.
Saper JR. Drug overuse among patients with headache. Neurol Clin 1983;1:465–77.
Saper JR. Daily chronic headaches. Neurol Clin N Amer 1990;8:891–902.
Saper JR, Jones JM. Ergotamine tartrate dependency: features and possible mechanisms. Clin Neuropharmacol 1986;9:244–56.
Schnider P, Aull S, Baumgartner C et al. Long-term outcome of patients with headache and drug abuse after inpatient withdrawal: five-year followup. Cephalalgia 1996;16:481–5.
Schnider P, Aull S, Feucht M. Use and abuse of analgesics in tension-type headache. Cephalalgia 1994;14:162–7.
Schnider P, Maly J, Grunberger J, Aull S, Zeiler K, Wessely P. Improvement of decreased critical flicker frequency in headache patients with drug abuse after successful withdrawal. Headache 1995;35:269–72.
Schoenen J, Lenarduzzi P, Sianard-Gainko J. Chronic headaches associated with analgesics and/or ergotamine abuse: a clinical survey of 434 consecutive outpatients. In New advances in headache research (Rose FD, ed.). Smith- Gordon, London. 1989, pp. 29–43.
Seller EM, Busto UE, Kaplan HL, Somer G, Baylon GJ. Comparative abuse liability of codeine and naratriptan. Clin Pharmacol Ther 1998;63:121.
Shakir RA. Vitamin toxicity. In Handbook of clinical neurology, vol. 65 (DeWolff FA, ed.). New York: Elsevier Science, 1995, pp. 567–76.
Silberstein SD, Lipton RB. Chronic daily headache. In Headache (Goadsby PJ, Silberstein SD, eds.). Butterworth- Heinemann, Newton. 1997, pp. 201–25.
Silberstein SD, Lipton RB, Solomon S, Mathew NT. Classification of daily and near daily headaches: proposed revisions to the IHS classification. Headache 1994;34:1–7.
Silberstein SD, Silberstein JR. Chronic daily headache: prognosis following inpatient treatment with repetitive IV DHE. Headache 1992;32:439–45.
Stewart JH. Analgesic abuse and renal failure in Australia. Kidney International 1978;13:72–8.
Sullivan JT, Sellers EM. Treatment of the barbiturate abstinence syndrome. Med J Aust 1986;145:456–8.
Taschner KL, Wiesbeck GA. Psychiatric aspects of drug addiction of the barbiturate-alcohol type. In Drug-induced headache (Diener HC, Wilkinson M, eds.). Berlin, Springer- Verlag. 1988, pp. 80–4.
Tfelt-Hansen P. Ergotamine headache. In Updating in headache (Pfaffenrath V, Lundberg P, Sjaastad O, eds.). Springer, Berlin. 1985, pp. 169–72.

Tfelt-Hansen P. The effect of ergotamine on the arterial system in man. Acta Pharmacol Toxicol 1986;59:1–29.

Tfelt-Hansen P, Krabbe AA. Ergotamine. Do patients benefit from withdrawal? Cephalalgia 1981;1:29–32.

Tfelt-Hansen P, Olesen J. Arterial response to ergotamine tartrate in abusing and non-abusing migraine patients. Acta Physiol Scand 1981;48:69–72.

Tfelt-Hansen P, Paalzow L. Intramuscular ergotamine: plasma levels and dynamic activity. Clin Pharmacol Ther 1985;37:29–35.

Tfelt-Hansen P, Saxena PR, Ferrari MD. Ergot alkaloids. In Handbook of clinical neurology (DeWolff FA, ed.). New York: Elsevier Science. 1995, pp. 61–7.

Timmings PL, Richens A. Neurotoxicology of antiepileptic drugs. In Handbook of clinical neurology (DeWolff FA, ed.). New York: Elsevier Science. 1995, pp. 495–513.

Vasconcellos E, Pina-Garza JE, Millan EJ, Warner JS. Analgesic rebound headache in children and adolescents. J Child Neurol 1998;13:443–7.

Verhoeff NP, Visser WH, Ferrari MD, Saxena PR, vonRoyen EA. Dopamine D2 receptor imaging with 123-I-iodobenzamide SPECT in migraine patients abusing ergotamine: does ergotamine cross the blood brain barrier. Cephalalgia 1993;13:325–9.

VonKorff M, Galer BS, Stang P. Chronic use of symptomatic headache medications. Pain 1995;62:179–86.

Walker J, Parisi S, Olive D. Analgesic rebound headache: experience in a community hospital. Southern Med J 1993;86:1202–5.

Warner JS. Rebound headaches: a review. Headache Quarterly 1999;10:207–19.

Zed PJ, Loewen PS, Robinson G. Medication-induced headache: overview and systematic review of therapeutic approaches. Ann Pharmacother 1999;33:61–72.

Ziegler DK. Opiate and opioid use in patients with refractory headache. Cephalalgia 2000;14:5–10.

8.3 Cefaléia como efeito adverso atribuído ao uso crônico de medicamento

Dalton K. Migraine and oral contraceptives. Headache 1976;15:247–51.

de Lignières B, Silberstein SD. Pharmacodynamics of oestrogens and progestagens. Cephalalgia 2000;20:200–7.

Magos AL, Brewster E, Singh R, O'Dowd T, Brincat M, Studd JWW. The effects of norethisterone in postmenopausal women on oestrogen replacement therapy: a model for the premenstrual syndrome. Br J Obstet Gynaecol 1986;93:1290–6.

Nappi RE, Cagnacci A, Granella F, Piccinini F, Polatti F, Facchinetti F. Course of primary headaches during hormone replacement therapy. Maturitas 2001;38:157–63. Silberstein SD. Hormone-related headache. M Clin N Am 2001;85:1017–35.

Silberstein SD, de Lignières B. Migraine, menopause and hormonal replacement therapy. Cephalalgia 2000;20:214–2.

8.4 Cefaléia atribuída a interrupção do uso de substância

Abbott PJ. Caffeine: a toxicological overview. Med J Aust 1986;145:518–21.

Baumgartner GR, Rowen RC. Transdermal clonidine versuschlordiazepoxide in alcohol withdrawal: a randomized, controlled clinical trial. South Med J 1991;84:312–21.

Dalessio DJ. (1980). Wolff's headache and other head pain, Oxford University Press, Oxford.

Epstein MT, Hockaday JM, Hockaday TDR. Migraine and reproductive hormones through the menstrual cycle. Lancet 1975;i:543–8.

Greden JF, Fontaine M, Lubetsky M, Chamberlin K. Anxiety and depression associated with caffeinism among psychiatric inpatients. Am J Psychiatr 1978;135:963–6.

Laska EM, Sunshine A, Mueller F, Elvers WB, Siegel C, Rubin A. Caffeine as an analgesic adjuvant. JAMA 1984;251:1711–8.

Lichten E, Lichten J, Whitty A, Pieper D. The confirmation of a biochemical marker for women's hormonal migraine: the depo-oestradiol challenge test. Headache 1996;36:367–71.

Raskin NH, Appenzeller O. Headache, Saunders, Philadelphia. 1980.
Silverman K, Evans SM, Strain EC, Griffiths RR. Withdrawal syndrome after the double-blind cessation of caffeine consumption. N Eng J Med 1992;327:1109–14.
Somerville B. Estrogen withdrawal migraine. Neurology 1975;25:239–50.
vanDusseldorp M, Katan MB. Headache caused by caffeine withdrawal among moderate coffee drinkers switched from ordinary to decaffeinated coffee: a 12 week double blind trial. Br Med J 1990;300:1558–9.
White BC, Lincoln CA, Pearcz NW, Reeb R, Vaida C. Anxiety and muscle tension as consequence of caffeine withdrawal. Science 1980;209:1547–8.

9. Cefaléia atribuída a infecção

9.1 Cefaléia atribuída a infecção intracraniana
 9.1.1 Cefaléia atribuída a meningite bacteriana
 9.1.2 Cefaléia atribuída a meningite linfocítica
 9.1.3 Cefaléia atribuída a encefalite
 9.1.4 Cefaléia atribuída a abscesso cerebral
 9.1.5 Cefaléia atribuída a empiema subdural
9.2 Cefaléia atribuída a infecção sistêmica
 9.2.1 Cefaléia atribuída a infecção bacteriana sistêmica
 9.2.2 Cefaléia atribuída a infecção viral sistêmica
 9.2.3 Cefaléia atribuída a outra infecção sistêmica
9.3 Cefaléia atribuída ao HIV/Aids
9.4 Cefaléia crônica pós-infecciosa
 9.4.1 Cefaléia crônica pós-meningite bacteriana

Classificadas em outro local

Cefaléias atribuídas a infecções extracranianas da cabeça (como ouvidos, olhos e seios paranasais) são classificadas como subtipos da 11. *Cefaléia ou dor facial atribuída a transtornos do crânio, pescoço, olhos, ouvidos, nariz, seios paranasais, dentes, boca ou outras estruturas faciais ou cranianas.*

Comentário Geral

Cefaléia primária, secundária ou ambas?

Quando uma nova cefaléia ocorre pela primeira vez em relação temporal estreita com uma infecção, ela é classificada como uma cefaléia secundária à infecção. Isto também é verdadeiro se a cefaléia tem as características de migrânea, de cefaléia do tipo tensional ou de cefaléia em salvas. Quando uma cefaléia primária preexistente piora em relação temporal estreita com uma infecção, há duas possibilidades e é necessário discernimento. O paciente pode receber somente o diagnóstico da cefaléia primária preexistente ou pode receber esse diagnóstico mais o da cefaléia atribuída à infecção. Os fatores que apóiam o acréscimo do último diagnóstico são: uma relação temporal muito estreita com a infecção, piora acentuada da cefaléia preexistente, evidência muito clara de que a infecção pode agravar a cefaléia primária e, finalmente, a melhora ou o desaparecimento da cefaléia depois da cura da infecção.

Definida, provável ou crônica?

O diagnóstico de *cefaléia atribuída a uma infecção* geralmente se torna definido somente quando a cefaléia desaparece ou melhora significativamente depois do tratamento eficaz ou remissão espontânea da infecção. Se a infecção não pode ser eficazmente tratada ou não remite espontaneamente, ou quando o tempo foi insuficiente para isso acontecer, um diagnóstico de *Cefaléia provavelmente atribuída a infecção* é normalmente aplicado.

Isto não se aplica à 9.1.1 *Cefaléia atribuída a meningite bacteriana*. É reconhecido o fato de que esta cefaléia pode se tornar crônica. Quando a infecção causal é eficazmente tratada ou remite espontaneamente, mas a cefaléia persiste depois de três meses, o diagnóstico muda para 9.4.1 *Cefaléia crônica pós-meningite bacteriana.*

Em outros casos, quando a infecção é eliminada, mas a cefaléia não desaparece nem melhora significativamente depois de três meses, o diagnóstico de A9.4.2 *Cefaléia crônica pós-infecção não-bacteriana* deve ser considerado. Essa está descrita somente no apêndice, pois tais cefaléias têm sido insuficientemente documentadas, e são necessárias pesquisas para estabelecer melhores critérios para a relação causal.

Introdução

A cefaléia é um acompanhamento comum de infecções virais sistêmicas como a gripe. Também é comum em septicemias e mais raramente pode acompanhar outras infecções sistêmicas.

Em infecções intracranianas, a cefaléia é normalmente o primeiro e o mais freqüente sintoma encontrado. A ocorrência de um novo tipo de cefaléia que é difusa, pulsátil e associada com uma sensação de indisposição e/ou febre deve direcionar a atenção para uma infecção intracraniana mesmo na ausência de rigidez de nuca. Infelizmente, não há bons estudos prospectivos sobre as cefaléias associadas com infecção intracraniana e critérios diagnósticos precisos para estes subtipos de dor de cabeça não puderam ser desenvolvidos em todos os casos.

9.1 Cefaléia atribuída a infecção intracraniana

9.1.1 Cefaléia atribuída a meningite bacteriana

Critérios diagnósticos

A. Cefaléia com pelo menos uma das características seguintes e preenchendo os critérios C e D:
   1. dor difusa
   2. intensidade aumentando gradualmente até forte
   3. associada com náusea, fotofobia e/ou fonofobia
B. Evidência de meningite bacteriana pelo exame do LCR
C. A cefaléia aparece durante a meningite

D. Uma dentre as duas condições seguintes:
   1. a cefaléia desaparece dentro de até três meses após a cura da meningite
   2. A cefaléia persiste, mas três meses ainda não se passaram desde a cura da meningite

Comentários

A cefaléia é o sintoma mais comum da meningite bacteriana e pode ser o primeiro. A cefaléia é um sintoma-chave da síndrome meníngea ou meningismo, consistindo normalmente de cefaléia, rigidez de nuca e fotofobia.

Vários microorganismos podem causar meningite primária ou secundária. A estimulação direta dos terminais sensitivos localizados nas meninges pela infecção bacteriana causa o começo da cefaléia. Produtos bacterianos (toxinas), mediadores de inflamação, como bradicinina, prostaglandinas e citocinas e outros agentes liberados pela inflamação não só causam dor diretamente mas também induzem a sensibilização dolorosa e a liberação de neuropeptídeos.

Quando a cefaléia persistir após três meses, codificar como 9.4.1 *Cefaléia crônica pós-meningite bacteriana.*

9.1.2 Cefaléia atribuída a meningite linfocítica

Critérios diagnósticos

A. Cefaléia com pelo menos uma das características seguintes e preenchendo os critérios C e D:
   1. início agudo
   2. intensidade forte
   3. associada com rigidez de nuca, febre, náusea, fotofobia e/ou fonofobia

B. O exame do LCR revela pleocitose linfocítica, proteína levemente elevada e glicose normal[1]

C. A cefaléia aparece em relação temporal estreita com a meningite

D. A cefaléia desaparece dentro de três meses[2] após o tratamento bem-sucedido ou remissão espontânea da infecção

Notas

1. Vírus, borrelia, listeria, fungo, tuberculose ou outro(s) agente(s) infeccioso(s) podem ser identificados através de métodos apropriados.
2. A cefaléia normalmente desaparece dentro de uma semana.

Comentários

A cefaléia, febre, fotofobia e rigidez de nuca são os principais sintomas de meningite linfocítica ou meningite não-bacteriana e a dor de cabeça pode permanecer como o principal sintoma ao longo de todo o curso da doença.

A cefaléia pode aparecer na infecção intracraniana, mas também em inflamação sistêmica. Uma vez que os sinais de inflamação sistêmica associados com dor de cabeça não significam necessariamente meningite ou encefalite, o diagnóstico de meningite linfocítica deve ser confirmado através de exame do LCR.

As enteroviroses respondem pela maioria das causas virais. O *herpes simplex*, o adenovírus, a caxumba e outros também podem ser responsáveis.

9.1.3 Cefaléia atribuída a encefalite

Critérios diagnósticos

A. Cefaléia com pelo menos uma das características seguintes e preenchendo os critérios C e D:
   1. dor difusa
   2. intensidade aumentando gradualmente até forte
   3. associada com náusea, fotofobia ou fonofobia

B. Sintomas e sinais neurológicos de encefalite aguda e diagnóstico confirmado por EEG, exame do LCR, neuroimagem e/ou outra investigação laboratorial[1]

C. A cefaléia aparece durante a encefalite

D. A cefaléia desaparece dentro de três meses após o tratamento bem-sucedido ou a remissão espontânea da infecção

Nota

1. O método de PCR fornece o diagnóstico específico.

Comentários

As causas de cefaléia incluem a irritação meníngea e o aumento de pressão intracraniana. A dor de cabeça pode também ser uma reação sistêmica aos produtos tóxicos do agente(s) infeccioso(s). A cefaléia pode ocorrer precocemente e ser o único sintoma clínico da encefalite.

Os vírus *herpes simplex*, o arbovírus e o da caxumba são causas conhecidas de encefalite. Com exceção da encefalite por HSV (nas quais 95% dos casos são identificáveis com PCR), o vírus causador é identificado em menos da metade dos casos de encefalite.

9.1.4 Cefaléia atribuída a abscesso cerebral

Critérios diagnósticos

A. Cefaléia com pelo menos uma das características seguintes e preenchendo os critérios C e D:
   1. bilateral
   2. dor constante
   3. intensidade aumentando gradualmente até moderada ou forte
   4. agravada por esforço abdominal
   5. acompanhada de náusea

B. Neuroimagem e/ou evidência laboratorial de abscesso cerebral
C. A cefaléia aparece durante a infecção ativa
D. A cefaléia desaparece dentro de três meses após o tratamento bem-sucedido do abscesso

Comentários
A compressão direta e a irritação das estruturas meníngeas ou arteriais e o aumento da pressão intracraniana são os mecanismos que causam a cefaléia.

Os organismos que mais comumente causam abscesso cerebral incluem estreptococos, *Staphylococcus aureus*, espécies de bacteróides e enterobactérias. Os fatores predisponentes incluem as infecções de seios paranasais, ouvido, mandíbulas, dentes ou pulmões.

9.1.5 Cefaléia atribuída a empiema subdural

Critérios diagnósticos
A. Cefaléia com pelo menos uma das características seguintes e preenchendo os critérios C e D:
   1. unilateral ou muito mais intensa em um lado
   2. associada com dolorimento do crânio
   3. acompanhada de febre
   4. acompanhada de rigidez da nuca
B. Evidência por neuroimagem e/ou laboratorial de empiema subdural
C. A cefaléia aparece durante a infecção ativa e é localizada, ou máxima, no lado do empiema
D. A cefaléia desaparece dentro de três meses após o tratamento bem-sucedido do empiema

Comentários
A cefaléia é causada pela irritação meníngea, pressão intracraniana aumentada e/ou febre.

O empiema subdural é freqüentemente secundário a sinusite ou otite média. Pode também ser uma complicação da meningite. O diagnóstico precoce é feito por TC ou RM.

9.2 Cefaléia atribuída a infecção sistêmica

Classificada em outro local
A cefaléia atribuída a meningite ou encefalite acompanhando infecção sistêmica deve ser codificada como 9.1 *Cefaléia atribuída a infecção intracraniana.*

Critérios diagnósticos

A. Cefaléia com pelo menos uma das características seguintes e preenchendo os critérios C e D:
   1. dor difusa
   2. intensidade aumentando gradualmente até moderada ou forte
   3. associada com febre, mal-estar geral ou outros sintomas de infecção sistêmica

B. Evidência de infecção sistêmica

C. A cefaléia aparece durante a infecção sistêmica

D. A cefaléia desaparece dentro de 72 horas após o tratamento eficaz da infecção

Comentários

A cefaléia em infecções sistêmicas normalmente é um sintoma relativamente pouco importante e inútil para o diagnóstico. Estas condições são principalmente dominadas por febre, mal-estar geral e sintomas sistêmicos. Não obstante, algumas infecções sistêmicas, particularmente a gripe, têm dor de cabeça como um sintoma proeminente junto com febre e outros sintomas. Em outros casos, a infecção sistêmica é acompanhada por meningite ou encefalite, e a dor de cabeça deve ser classificada com essas doenças.

A grande variabilidade quanto a propensão de causar cefaléia indica que as infecções sistêmicas não têm esse efeito simplesmente através da febre. Os mecanismos causadores de cefaléia incluem efeitos diretos dos próprios microorganismos. Nas doenças infecciosas, a cefaléia comumente coexiste com a febre e pode ser dependente dela, mas a cefaléia pode acontecer na ausência de febre. A presença ou ausência de febre pode ser usada na classificação diferencial da cefaléia. A causa exata da dor de cabeça pela febre não está elucidada. Alguns microorganismos infecciosos podem influenciar núcleos do tronco cerebral que liberam substâncias que causam cefaléia, ou endotoxinas podem ativar indutores da óxido nítrico sintetase (NOS) causando a produção de óxido nítrico (NO). A natureza exata destes mecanismos permanece por ser investigada.

9.2.1 Cefaléia atribuída a infecção sistêmica bacteriana

Critérios diagnósticos

A Cefaléia que preenche os critérios para 9.2 *Cefaléia atribuída a infecção sistêmica*

B. Investigação laboratorial revela a reação inflamatória e identifica o germe

Comentário

Alguns agentes infecciosos têm um tropismo particular pelo sistema nervoso central. Eles podem ativar núcleos do tronco cerebral onde a liberação de toxina induz mecanismos da cefaléia.

9.2.2 Cefaléia atribuída a infecção sistêmica viral

Critérios diagnósticos

A. Cefaléia preenchendo os critérios para 9.2 *Cefaléia atribuída a infecção sistêmica*
B. Diagnóstico clínico e laboratorial (sorologia e/ou PCR molecular) de infecção viral

9.2.3 Cefaléia atribuída a outra infecção sistêmica

Critérios diagnósticos

A. Cefaléia preenchendo os critérios para 9.2 *Cefaléia atribuída a infecção sistêmica*
B. Diagnóstico clínico e laboratorial (sorologia, microscopia, cultura ou PCR molecular) de outra infecção que não bacteriana ou viral

9.3 Cefaléia atribuída ao HIV/Aids

Classificada em outro local

Cefaléia atribuída a uma infecção específica superposta é codificada de acordo com aquela infecção.

Critérios diagnósticos

A. Cefaléia com modo de início, local e intensidade[1] variáveis, preenchendo os critérios C e D
B. Confirmação da infecção pelo HIV e/ou do diagnóstico de Aids, e da presença de fisiopatologia relacionada ao HIV/Aids capaz de causar cefaléia[2], por neuroimagem, exame de LCR, EEG e investigações laboratoriais
C. A cefaléia aparece em relação temporal estreita com a fisiopatologia relacionada com HIV/Aids
D. A cefaléia desaparece dentro de três meses após a infecção cessar

Notas

1. A cefaléia como um sintoma de infecção por HIV é em peso e bilateral. Por outro lado, o início, o local e a intensidade da dor de cabeça variam de acordo com as condições relacionadas ao HIV/Aids (tais como meningite, encefalite ou infecção sistêmica) que estão presentes.
2. Ver comentários.

Comentários

A cefaléia em peso e bilateral pode ser uma parte da sintomatologia da infecção pelo HIV. A cefaléia pode também ser atribuída a meningite asséptica durante a infecção pelo HIV (mas não exclusivamente nos estágios de Aids) e a meningite ou encefalite associada com infecções oportunistas ou neoplasias (as quais em sua maioria ocorrem nos estágios de Aids). As infecções intracranianas mais comuns no HIV/Aids são a toxoplasmose e a meningite criptocócica.

A cefaléia que ocorre em pacientes com HIV/Aids, mas atribuída a uma infecção específica superposta, é codificada conforme essa infecção.

9.4 Cefaléia crônica pós-infecciosa

9.4.1 Cefaléia crônica pós-meningite bacteriana

Critérios diagnósticos

A. Cefaléia com pelo menos uma das características seguintes e preenchendo os critérios C e D:
   1. dor difusa e contínua
   2. associada com vertigem
   3. associada com dificuldade de concentração e/ou perda de memória

B. Evidência de infecção bacteriana intracraniana prévia por exame do LCR ou neuroimagem

C. A cefaléia é uma continuação direta da 9.1.1 *Cefaléia atribuída a meningite bacteriana*

D. A cefaléia persiste por > 3 meses depois da resolução da infecção

Comentários

Cerca de 32% dos sobreviventes de meningite bacteriana sofrem de cefaléia persistente (Bohr et al., 1983).

Não há nenhuma evidência de cefaléia persistente em seguida a outras infecções, mas os critérios para A9.4.2 *Cefaléia crônica pós-infecção não-bacteriana* estão no apêndice. Mais pesquisa é necessária.

Referências bibliográficas

9.1.1 Cefaléia atribuída a meningite bacteriana

Drexler ED. Severe headache: when to worry, what to do. Postgrad Med 1990;87:164–70/173–80.

Francke E. The many causes of meningitis. Postgrad Med 1987;82:175–8/181–3,/187–8.

Gedde-Dahl TW, Lettenstrom GS, Bovre K. Coverage for meningococcal disease in the Norwegian morbidity and mortality statistics. NIPH Ann 1980;3(2):31–5.

Jones HR, Siekert RG. Neurological manifestation of infective endocarditis. Brain 1989;112:1295–315.

Tonjum T. Nilsson F, Bruun JH, Hanebeg B. The early phase of meningococcal disease. NIPH Ann 1983;6:175–81.

Zhang SR, Zhang YS, Zhao XD. Tuberculous meningitis with hydrocephalus: a clinical and CT study. Chung Hua Nei Ko Tsa Chih 1989;28:202–4.

9.1.2 Cefaléia atribuída a meningite linfocítica

Cochius JI, Burns RJ, Willoughby JO. CNS cryptococcosis: unusual aspects. Clin Exp Neurol 1989;26:183–91.
Dalton M, Newton RW. Aseptic meningitis. Dev Med Child Neurol 1991;33:446–58.
Gomez-Arada F, Canadillas F, Marti-Masso FJ et al. Pseudomigraine with temporary neurological symptoms and lymphocytic pleocytosis. Brain 1997;120:1105–13.
Mak SC, Jeng JE, Jong JY, Chiang CH, Chou LC. Clinical observations and virological study of aseptic meningitis in the Kaohsinug area. Taiwan I Hsueh Hui Twa Chih 1990;89:868–72.
Pachner AR, Steere AC. Neurological findings of Lyme disease. Yale Biol Med 1984;57:481–3.
Pachner AR, Steere AC. The triad of neurologic manifestations of Lyme disease: meningitis, cranial neuritis, and radiculoneuritis. Neurology 1985;35:47–53.
Singer JI, Maur PR, Riley JP, Smith PB. Management of central nervous system infections during an epidemic of enteroviral aseptic meningitis. J Pediatr 1980;96:559–63.

9.1.3 Cefaléia atribuída a encefalite

Brooks RG, Licitra CM, Peacock MG. Encephalitis caused by Coxiella burnetii. Ann Neurol 1986;20:91–3.
Davis LE, McLaren LC. Relapsing herpes simplex encephalitis following antiviral therapy. Ann Neurol 1983;13:192–5.
Domachowske JB, Cunningham CK, Cummings DL, Crosley CJ, Hannan WP, Weiner LB. Acute manifestations and neurologic sequelae of Epstein-Barr virus encephalitis in children. Pediatr Infect Dis J 1996;15:871–5.
Kennedy PG. Retrospective analsys of 46 cases of simplex encephalitis seen in Glasgow between 1962 and 1985. OJM 1988;86:533–40.
Kennedy PG, Adams IH, Graham DI, Clements GB. A clinicopathological study of herpes simplex encephalitis. Neuropathol Appl Neurobiol 1998;14:395–415.
Poneprasert B. Japanese encephalitis in children in northern Thailand. Southeast Asian J Trop Med Public health 1989;20:599–603.
Saged JI, Weinstein Mo, Miller DC. Chronic encephalitis possibly due to herpes simplex virus: two cases. Neurology 1985;35:1470–2.

9.1.4 Cefaléia atribuída a abscesso cerebral

Chalstrey S, Pfleiderer AG, Moffat DA. Persisting incidence and mortality of sinogenic cerebral abscess: a continuing reflection of late clinical diagnosis. J R Soc Med 1991;84:193–5.
Chun CH, Johnson JD, Hofstetter M, Raff MJ. Brain abscess: a study of 45 consecutive cases. Medicine 1986;65:415–31.
Harris LF, Maccubbin DA, Triplett JN, Haws FB. Brain abscess: recent experience at a community hospital. South Med J 1985;78:704–7.
Kulay A, Ozatik N, Topucu I. Otogenic intracranial abscesses. Acta Neurochir (Wien) 1990;107:140–6.
Yen PT, Chan ST, Huang TS. Brain abscess: with spcial reference to otolaryngologic sources of infection. Otolaryngol Head Neck Surg 1995;113:15–22.

9.1.5 Cefaléia atribuída a empiema subdural

Hodges J, Anslow P, Gillet G. Subdural empyema: continuing diagnostic problems in the CT scan era. QJM 1986;59:387–93.

McIntyre PB, Lavercombe PS, Kemp RJ, McCormack JG. Subdural and epidural empyema: diagnostic and therapeutic problems. Med J Aust 1991;154:653–7.

Sellik JA. Epidural abscess and subdural empyema. J Am Osteopath Assoc 1989;89:806–10.

9.2 Cefaléia atribuída a infecção sistêmica

De Marinis M, Welch KM, Headache associated with noncephalic infections: classification and mechanisms. Cephalalgia 1992;12:197–201.

9.3 Cefaléia atribuída ao HIV/Aids

Brew BJ, Miller J. Human immunodeficiency virus-related headache. Neurology 1993;43:1098–100.

Denning DW. The neurological features of HIV infection. Biomed Pharmacother 1988;42:11-4.

Evers S, Wibbeke B, Reichelt D, Suhr B, Brilla R, Husstedt IW. The impact of HIV infection on primary headache. Unexpected findings from retrospective, cross-sectional, and prospective analyses. Pain 2000;85:191–200.

Hollander H, Strimgari S. Human immunodeficiency virusassociated meningitis. Clinical course and correlations. Am J Med 1987;83:813–6.

Rinaldi R, Manfredi R, Azzimondi G et al. Recurrent 'migrainelike' episodes in patients with HIV disease. Headache 1007;37:443–8.

Weinke T, Rogler G, Sixt C et al. Cryptococcosis in AIDS patients: observations concerning CNS involvement. J Neurol 1989;236:38–42.

9.4 Cefaléia crônica pós-infecciosa

Bohr V, Hansen B, Kjersen H, Rasmussen N, Johnsen N, Kristensen HS, Jessen O. Sequelae from bacterial meningitis and their relation to the clinical condition during acute illness, based on 667 questionnaire returns. Part II of a three part series. J Infect 1983;7:102–10.

10. Cefaléias atribuídas a transtornos da homeostase

10.1	Cefaléia atribuída a hipóxia e/ou hipercapnia
10.1.1	Cefaléia das grandes altitudes
10.1.2	Cefaléia do mergulho
10.1.3	Cefaléia da apnéia do sono
10.2	Cefaléia da diálise
10.3	Cefaléia atribuída a hipertensão arterial
10.3.1	Cefaléia atribuída a feocromocitoma
10.3.2	Cefaléia atribuída a crise hipertensiva sem encefalopatia hipertensiva
10.3.3	Cefaléia atribuída a encefalopatia hipertensiva
10.3.4	Cefaléia atribuída a pré-eclâmpsia
10.3.5	Cefaléia atribuída a eclâmpsia
10.3.6	Cefaléia atribuída a resposta pressórica aguda a um agente exógeno
10.4	Cefaléia atribuída ao hipotireoidismo
10.5	Cefaléia atribuída ao jejum
10.6	Cefaléia cardíaca
10.7	Cefaléia atribuída a outro distúrbio da homeostase

Classificada em outro local

7.1.2 *Cefaléia atribuída a hipertensão craniana secundária a causas metabólica, tóxica ou hormonal.*

Comentário Geral

Cefaléia primária, secundária ou ambas?

Quando uma nova cefaléia ocorre pela primeira vez em relação temporal estreita com um transtorno da homeostase, ela é classificada como uma cefaléia secundária àquele transtorno. Isso também é verdadeiro se a cefaléia apresenta características de migrânea, cefaléia do tipo tensional ou cefaléia em salvas. Quando uma cefaléia primária preexistente piora em relação temporal estreita com um transtorno da homeostase, existem duas possibilidades e é necessário discernimento. O paciente pode receber apenas o diagnóstico da cefaléia primária preexistente ou pode receber esse diagnóstico mais o da cefaléia atribuída ao distúrbio homeostático. Os fatores que apóiam o acréscimo do último diagnóstico são: uma relação temporal estreita com o transtorno homeostático, piora acentuada da cefaléia preexistente, evidência muito clara de que o transtorno homeostático pode agravar a cefaléia primária e, finalmente, a melhora ou o desaparecimento da cefaléia após a melhora ou término do transtorno da homeostase.

Definitiva, provável ou crônica?
O diagnóstico de *cefaléia atribuída a transtorno da homeostase* somente se torna definitivo quando a cefaléia desaparece ou melhora significativamente após tratamento eficaz ou a remissão espontânea do transtorno. Se esse transtorno não pode ser tratado eficazmente ou não se remite espontaneamente, ou quando não houve tempo suficiente para que isso ocorresse, um diagnóstico de *provável cefaléia atribuída a transtorno da homeostase* geralmente é aplicado.

A alternativa, quando o transtorno da homeostase é eficazmente tratado ou remite espontaneamente, mas a cefaléia não desaparece ou melhora significativamente após três meses, o diagnóstico a ser aplicado é o de A10.8 *Cefaléia crônica pós-transtorno da homeostase*. Isso é descrito somente no apêndice, uma vez que essas cefaléias são insuficientemente documentadas e mais estudos são necessários para se estabelecer melhores critérios de relação causal.

Introdução
As cefaléias descritas aqui foram previamente referidas como *Cefaléia associada a doença sistêmica ou metabólica*. Entretanto, considerou-se que a terminologia *cefaléia atribuída a distúrbio da homeostase* expressasse mais exatamente a verdadeira natureza dessas cefaléias. As cefaléias causadas por alterações significativas da pressão arterial e por isquemia miocárdica são agora incluídas nesta seção. Além disso, os transtornos dos mecanismos homeostáticos que afetam uma variedade de sistemas orgânicos, incluindo as alterações dos gases arteriais, os distúrbios da volemia como nas diálises e os transtornos da função endócrina são descritos aqui. A cefaléia atribuída ao jejum também está incluída.

10.1 Cefaléia atribuída a hipóxia e/ou hipercapnia

Comentários
A cefaléia ocorre dentro de 24 horas após o início agudo da hipóxia com $PaO_2 < 70$ mmHg ou em pacientes cronicamente hipóxicos com PaO_2 persistentemente neste valor ou abaixo dele.

Freqüentemente, é difícil separar os efeitos da hipóxia dos da hipercapnia.

10.1.1 Cefaléia das grandes altitudes

Critérios diagnósticos
A. Cefaléia com pelo menos uma das seguintes características e preenchendo os critérios C e D:

1. bilateral
2. frontal ou frontotemporal
3. caráter em peso ou pressão
4. intensidade fraca ou moderada
5. agravada por exercício, movimento, esforço abdominal, tosse ou inclinação

B. Ascensão a altitudes superiores a 2.500 m
C. A cefaléia aparece dentro de 24 horas após a ascensão
D. A cefaléia desaparece dentro de oito horas após descer

Comentários

A cefaléia é uma complicação freqüente da ascensão a grandes altitudes, ocorrendo em mais de 80% dos casos. A 10.1.1 *Cefaléia das grandes altitudes* parece não depender de história prévia de cefaléia, embora pacientes com migrânea possam descrever uma cefaléia mais intensa que se assemelha às suas crises típicas de migrânea.

A doença das montanhas aguda consiste de cefaléia pelo menos moderada combinada com um ou mais dos sintomas seguintes: náusea, anorexia, fadiga, tonteira e transtornos do sono. A acetazolamida (125 mg duas ou três vezes ao dia) pode reduzir a suscetibilidade à doença das montanhas aguda. As estratégias de prevenção incluem a aclimatação por dois dias antes de dedicar-se a exercícios extenuantes em grandes altitudes, evitar o consumo de álcool e aumentar a ingestão de líquidos. A maioria das cefaléias das grandes altitudes responde a analgésicos simples como o paracetamol ou o ibuprofeno.

10.1.2 Cefaléia do mergulho

Classificada em outro local

1. *Migrânea*, 2. *Cefaléia do tipo tensional*, 4.3 *Cefaléia primária do esforço*, 11.2.1 *Cefaléia cervicogênica*, 13.6 *Neuralgia do supra-orbitário*, 13.10 *Cefaléia por compressão externa* e 13.11 *Cefaléia por estímulo frio* desencadeadas pelo mergulho são classificadas como esses transtornos.

Critérios diagnósticos

A. Cefaléia sem características típicas conhecidas, preenchendo os critérios C e D
B. Mergulho a uma profundidade além de 10 m
C. A cefaléia aparece durante o mergulho e é acompanhada por pelo menos um dos seguintes sintomas de intoxicação por CO_2 na ausência de doença descompressiva:
   1. sensação de cabeça vazia
   2. confusão mental

3. dispnéia
4. sensação de ruborização facial
5. incoordenação motora

D. A cefaléia desaparece dentro de uma hora após o tratamento com O_2 a 100%

Comentários

Sabe-se que a hipercapnia (PCO_2 arterial > 50 mmHg) causa relaxamento da musculatura lisa cerebrovascular e leva à vasodilatação e à elevação da pressão intracraniana. Existe alguma evidência de que a hipercapnia, na ausência de hipóxia, esteja associada com cefaléia. O melhor exemplo clínico de cefaléia atribuída a hipercapnia ocorre em mergulhadores. O dióxido de carbono pode se acumular em um mergulhador que intencionalmente prenda a sua respiração de forma intermitente (*skip breathing*) numa tentativa errônea de economizar o suprimento de ar, ou que realiza respirações superficiais para minimizar as oscilações de flutuação em passagens estreitas de cavernas ou destroços afundados. Os mergulhadores também podem hipoventilar inadvertidamente quando uma roupa de mergulho ou um colete flutuante apertados restringem a expansão torácica, ou quando ventilam inadequadamente em resposta aos esforços físicos. Os exercícios extenuantes elevam em até dez vezes a produção de CO_2, resultando na elevação transitória da PCO_{-2} a mais de 60 mmHg. A cefaléia do mergulho habitualmente se intensifica durante a fase de descompressão do mergulho ou no retorno à superfície.

Uma cefaléia fraca não específica também é comum em mergulhadores com doença descompressiva e pode estar associada a dor musculoesquelética e, em casos mais sérios, com sintomas neurológicos focais e/ou respiratórios, perda da consciência e/ou déficits cognitivos.

A cefaléia em mergulhadores também pode ocorrer como resultado da intoxicação por monóxido de carbono, o qual raramente contamina o suprimento de ar comprimido dos mergulhadores se o sistema de fornecimento de ar for posicionado de forma a se ligar impropriamente à saída do motor de combustão. Essa cefaléia é codificada como 8.1.3 *Cefaléia induzida por monóxido de carbono.*

Podem ocorrer migrânea, cefaléia do tipo tensional, cefaléia primária do exercício, cefaléia cervicogênica, neuralgia do supra-orbitário, cefaléia por compressão externa e cefaléia por estímulo frio durante o mergulho, mas o mergulho deve ser considerado um fator desencadeante e não propriamente uma causa da cefaléia.

10.1.3 Cefaléia da apnéia do sono

Critérios diagnósticos

A. Cefaléia recorrente com pelo menos uma das seguintes características e preenchendo os critérios C e D:
   1. ocorre em > 15 dias por mês

2. bilateral, caráter em pressão e não associada a náusea, fotofobia ou fonofobia
3. cada cefaléia desaparece dentro de 30 minutos

B. Apnéia do sono (índice de transtornos respiratórios ≥ 5) demonstrada por polissonografia noturna
C. A cefaléia está presente ao acordar
D. A cefaléia cessa dentro de 72 horas, e não recorre após tratamento eficaz da apnéia do sono

Comentários

Embora a cefaléia matinal seja muito mais comum em pacientes com apnéia do sono do que na população geral, a cefaléia presente ao acordar é um sintoma inespecífico que ocorre em uma variedade de cefaléias primárias e secundárias, em outra doenças respiratórias relacionadas ao sono que não a apnéia do sono (p.ex., síndrome de Pickwick, doença pulmonar obstrutiva crônica), e em outros transtornos primários do sono, como a síndrome dos movimentos periódicos das pernas do sono. Um diagnóstico definitivo de 10.1.3 *Cefaléia da apnéia do sono* necessita da realização de polissonografia noturna.

Não está claro se o mecanismo envolvido na 10.1.3 *Cefaléia da apnéia do sono* está relacionado à hipóxia, à hipercapnia ou ao distúrbio do sono.

10.2 Cefaléia da diálise

Critérios diagnósticos

A. Pelo menos três crises de cefaléia aguda preenchendo os critérios C e D
B. O paciente encontra-se em hemodiálise
C. A cefaléia aparece em, pelo menos, metade das sessões de hemodiálise
D. A cefaléia desaparece dentro de 72 horas após cada sessão dialítica e/ou cessa totalmente após a realização bem-sucedida de transplante

Comentários

A cefaléia comumente ocorre em associação com hipotensão e com a síndrome do desequilíbrio dialítico. A síndrome do desequilíbrio pode se iniciar com cefaléia e a partir de então progredir para obnubilação e, finalmente, coma, com ou sem convulsões. Essa síndrome é rara e pode ser evitada pela modificação dos parâmetros dialíticos.

Como a cafeína é rapidamente removida pela diálise, a 8.4.1 *Cefaléia por supressão de cafeína* deve ser considerada nos pacientes que ingerem grandes quantidades de cafeína.

10.3 Cefaléia atribuída a hipertensão arterial

Comentário

A hipertensão arterial crônica leve (140-159/90-99 mmHg) ou moderada (160-170/100-109 mmHg) parece não causar cefaléia. Se a hipertensão arterial moderada predispõe a cefaléia é uma questão que permanece controversa, mas há pouca evidência de que isso ocorra. A monitorização ambulatorial da tensão arterial em pacientes com hipertensão arterial leve ou moderada não revelou uma relação convincente entre as flutuações no nível tensional num período de 24 horas e a presença ou a ausência de cefaléia.

10.3.1 Cefaléia atribuída a feocromocitoma

Critérios diagnósticos

A. Crises intermitentes isoladas de cefaléia acompanhadas por pelo menos um dos seguintes e preenchendo os critérios C e D:
   1. sudorese
   2. palpitações
   3. ansiedade
   4. palidez

B. Feocromocitoma demonstrado por investigações bioquímicas, exames de imagem e/ou cirurgia

C. A cefaléia aparece concomitantemente com o aumento abrupto da tensão arterial

D. A cefaléia desaparece ou melhora significativamente dentro de uma hora da normalização dos níveis tensionais

Comentários

Uma cefaléia paroxística ocorre em 51% a 80% dos pacientes com feocromocitoma. É freqüentemente intensa, frontal ou occipital e, geralmente, descrita como de caráter pulsátil ou em pressão. Uma característica importante dessa cefaléia é sua duração curta: < 15 minutos em 50% e < 1 hora em 70% dos pacientes. Outras características incluem apreensão e/ou ansiedade, comumente com uma sensação de morte iminente, tremor, distúrbios visuais, dor abdominal ou torácica, náusea, vômitos e, ocasionalmente, parestesia. A face pode empalidecer ou ruborizar-se durante as crises.

O diagnóstico é estabelecido pela demonstração de um aumento da excreção de catecolaminas ou de metabólitos de catecolamina, e pode geralmente ser assegurado com uma única amostra de urina de 24 horas coletada quando o paciente está hipertenso ou sintomático.

Quando a encefalopatia hipertensiva está presente, a cefaléia é codificada como 10.3.3 *Cefaléia atribuída a encefalopatia hipertensiva.* Quando o diagnóstico de feocromocitoma ainda não foi realizado e a encefalopatia hipertensiva não está presente, os pacientes podem preencher os critérios diagnósticos para 10.3.2 *Cefaléia atribuída a crise hipertensiva sem encefalopatia hipertensiva.*

10.3.2 Cefaléia atribuída a crise hipertensiva sem encefalopatia hipertensiva

Critérios diagnósticos

A. Cefaléia com pelo menos uma das seguintes características e preenchendo os critérios C e D:
   1. bilateral
   2. caráter pulsátil
   3. desencadeada por atividade física

B. Crise hipertensiva definida como um aumento paroxístico da tensão arterial sistólica (para > 160 mmHg) e/ou diastólica (para > 120 mmHg), mas sem características clínicas de encefalopatia hipertensiva.

C. A cefaléia aparece durante a crise hipertensiva

D. A cefaléia desaparece dentro de uma hora após a normalização da tensão arterial

E. As investigações apropriadas afastaram as toxinas vasopressoras ou os medicamentos como fatores causais

Comentários

A hipertensão paroxística pode ocorrer em associação com a falência dos reflexos dos barorreceptores (após endarterectomia carotídea ou subseqüente à irradiação do pescoço) ou em pacientes com tumores de células enterocromafins.

10.3.3 Cefaléia atribuída a encefalopatia hipertensiva

Critérios diagnósticos

A. Cefaléia com pelo menos uma das seguintes características e preenchendo os critérios C e D:
   1. dor difusa
   2. caráter pulsátil
   3. agravada por atividade física

B. Elevação persistente da tensão arterial para > 160/100 mmHg com pelo menos dois dos seguintes:
   1. confusão mental
   2. redução do nível da consciência
   3. distúrbios visuais (outros que não aqueles da migrânea com aura típica), incluindo amaurose
   4. crises epilépticas

C. A cefaléia aparece em relação temporal estreita com o aumento da tensão arterial
D. A cefaléia desaparece dentro de três meses após o tratamento eficaz e o controle da hipertensão
E. Outras causas de sintomas neurológicos foram excluídas.

Comentários

Admite-se que a encefalopatia hipertensiva ocorra quando a vasoconstrição cerebrovascular compensatória não consegue mais prevenir uma hiperperfusão cerebral à medida que a tensão arterial se eleva. Na mediada que a auto-regulação normal do fluxo sangüíneo cerebral é suplantada, a permeabilidade endotelial aumenta e o edema cerebral ocorre. Na RM, freqüentemente isto é mais proeminente na substância branca parietooccipital.

Embora a encefalopatia hipertensiva em pacientes com hipertensão arterial crônica seja habitualmente acompanhada por uma tensão arterial diastólica > 120 mmHg e por uma retinopatia hipertensiva de grau 3 ou 4 (classificação de Keith-Wagner), indivíduos previamente normotensos podem desenvolver sinais de encefalopatia com tensão arterial tão baixa quanto 160/100 mmHg. A retinopatia hipertensiva pode não estar presente por ocasião da apresentação clínica.

Qualquer causa de hipertensão, incluindo feocromocitoma e ingestão de toxinas vasopressoras, pode levar à encefalopatia hipertensiva.

10.3.4 Cefaléia atribuída a pré-eclâmpsia

Critérios diagnósticos

A. Cefaléia com pelo menos uma das seguintes características e preenchendo os critérios C e D:
   1. bilateral
   2. caráter pulsátil
   3. agravada por atividade física
B. Gravidez ou puerpério (até sete dias pós-parto) e pré-eclâmpsia definida por ambos os seguintes:
   1. hipertensão (> 140/90 mmHg) documentada por duas aferições da tensão arterial com intervalo de pelo menos quatro horas
   2. excreção de proteína urinária > 0,3g em 24 horas
C. A cefaléia aparece durante períodos de pressão arterial elevada.
D. A cefaléia desaparece dentro de sete dias após o tratamento eficaz da hipertensão
E. As investigações apropriadas afastaram as toxinas vasopressoras, os medicamentos ou o feocromocitoma como fatores causadores

Comentário

A placenta parece essencial para o desenvolvimento da pré-eclâmpsia. A pré-eclâmpsia é um transtorno multissistêmico com várias formas. Além da hipertensão, podem ocorrer proteinúria, edema tecidual, trombocitopenia e anormalidades da função hepática. A pré-eclâmpsia parece envolver uma grande resposta inflamatória materna, com atividade sistêmica imunológica ampla.

10.3.5 Cefaléia atribuída a eclâmpsia

Critérios diagnósticos

A. Cefaléia com pelo menos uma das seguintes características e preenchendo os critérios C e D:
   1. bilateral
   2. caráter pulsátil
   3. agravada por atividade física
B. Gravidez ou puerpério (até quatro semanas pós-parto) e eclâmpsia definida por todos os seguintes:
   1. hipertensão (> 140/90 mmHg) documentada por duas aferições da tensão arterial com intervalo de pelo menos quatro horas
   2. excreção de proteína urinária > 0,3 g em 24 horas
   3. uma crise epiléptica ocorreu
C. A cefaléia aparece durante períodos de tensão arterial elevada.
D. A cefaléia desaparece dentro de sete dias após o tratamento eficaz da hipertensão.
E. As investigações apropriadas afastaram as toxinas vasopressoras, os medicamentos ou o feocromocitoma como fatores causadores
F. Um acidente vascular cerebral foi excluído

Comentário

Os relatos de casos indicam que a eclâmpsia pode ocorrer no puerpério tanto quanto durante a gravidez.

10.3.6 Cefaléia atribuída a resposta pressórica aguda a um agente exógeno

Codificada em outro local

8.1.6 *Cefaléia induzida por cocaína*

Critérios diagnósticos

A. Cefaléia sem características típicas conhecidas, preenchendo critérios C e D
B. Um agente apropriado ou toxina foi administrado ou ingerido e uma elevação aguda da tensão arterial ocorreu

C. A cefaléia aparece em relação temporal estreita com a elevação aguda da tensão arterial
D. A cefaléia desaparece dentro de 24 horas após a normalização da tensão arterial
E. Nenhum outro mecanismo para a cefaléia está aparente

Comentários

Além da cocaína, os agentes que podem produzir elevações agudas da pressão arterial incluem os simpaticomiméticos e anfetaminas, e os inibidores da monoamina-oxidase quando ocorrem interações com alimentos contendo tiramina.

Não há evidências suficientes para estabelecer critérios de qual elevação da pressão arterial é necessária para produzir cefaléia, e isto pode variar de pessoa para pessoa. O critério D é arbitrário, mas foi incluído para aumentar a especificidade do diagnóstico.

10.4 Cefaléia atribuída ao hipotireoidismo

Critérios diagnósticos

A. Cefaléia com pelo menos uma das seguintes características e preenchendo os critérios C e D:
   1. bilateral
   2. não-pulsátil
   3. contínua
B. O hipotireoidismo é demonstrado por investigações apropriadas
C. A cefaléia aparece dentro de dois meses após outros sintomas do hipotireoidismo tornarem-se evidentes
D. A cefaléia desaparece dentro de dois meses após o tratamento eficaz do hipotireoidismo

Comentário

Estima-se que aproximadamente 30% dos pacientes com hipotireoidismo sofram com cefaléia. Este mecanismo não está claro. Há uma preponderância feminina e freqüentemente uma história de migrânea na infância. A cefaléia atribuída ao hipotireoidismo não está associada a náusea e vômitos.

10.5 Cefaléia atribuída ao jejum

Classificada em outro local

A migrânea induzida por hipoglicemia é classificada de acordo com o subtipo em 1. *Migrânea*, com hipoglicemia considerada como um fator precipitante.

Critérios diagnósticos

A. Cefaléia com pelo menos uma das seguintes características e preenchendo os critérios C e D:
   1. localização frontal
   2. dor difusa
   3. caráter não-pulsátil
   4. intensidade fraca ou moderada

B. O paciente jejuou por >16 horas

C. A cefaléia aparece durante o jejum

D. A cefaléia desaparece dentro de 72 horas após o retorno à ingestão de alimento

Comentários

A cefaléia pelo jejum é significativamente mais comum em indivíduos com história pregressa de migrânea. Naqueles indivíduos com história pregressa de migrânea, a cefaléia pode assemelhar-se a 1.1 *Migrânea sem aura.*

A possibilidade da cefaléia se desenvolver como resultado do jejum aumenta com a duração do jejum.

A cefaléia associada ao jejum parece não estar relacionada com a duração do sono, a interrupção da ingestão de cafeína ou a hipoglicemia. Embora a cefaléia possa ocorrer dentro das condições de disfunção cerebral induzida pela hipoglicemia, não há evidências conclusivas para sustentar uma relação causal. A cefaléia do jejum pode ocorrer na ausência de hipoglicemia, a hipoglicemia insulino-induzida não desencadeia cefaléia em indivíduos migranosos, e a cefaléia não é uma queixa habitual de pacientes que se apresentam em serviços de emergência com hipoglicemia sintomática. Estudos bem controlados são necessários para demonstrar uma relação causal, se existir.

10.6 Cefaléia cardíaca

Critérios diagnósticos

A. Cefaléia, que pode ser forte, agravada por exercício e acompanhada de náusea, preenchendo os critérios C e D

B. Uma isquemia miocárdica aguda ocorreu

C. A cefaléia aparece concomitantemente com a isquemia miocárdica aguda

D. A cefaléia desaparece e não recorre após tratamento médico eficaz para a isquemia ou a revascularização coronariana

Comentários

O diagnóstico deve incluir uma documentação cuidadosa da cefaléia e simultânea isquemia cardíaca durante teste ergométrico ou teste de esforço ou teste nuclear cardíaco de estresse. A falha em reconhecer e corretamente diagnosticar a 10.6 *Cefaléia cardíaca* pode ter graves conseqüências. Conseqüentemente, distinguir esta desordem de 1.1 *Migrânea sem aura* tem uma importância fundamental, particularmente uma vez que os medicamentos vasoconstritores (p.ex., triptanos, ergóticos) estão indicados no tratamento da migrânea, mas contraindicados em pacientes com doença cardíaca isquêmica. Ambos os transtornos podem produzir uma cefaléia forte acompanhada por náusea e ambos os transtornos podem ser desencadeados pelo exercício. Uma cefaléia migrânea-símile pode ser desencadeada pelo tratamento para angina, como com nitroglicerina.

10.7 Cefaléia atribuída a outro transtorno da homeostase

Critérios diagnósticos

A. Cefaléia preenchendo os critérios C e D
B. Evidência de um transtorno da homeostase outro que não aqueles descritos anteriormente
C. A cefaléia aparece dentro de dois meses após o início do transtorno e outra evidência existe de que tal transtorno possa causar cefaléia
D. A cefaléia desaparece dentro de três meses após a resolução do transtorno da homeostase

Referências bibliográficas

10.1.1 Cefaléia das grandes altitudes, 10.1.3 Cefaléia da apnéia do sono

Aldrich MS, Chauncey JB. Are morning headaches part of obstructive sleep apnea syndrome? Arch Intern Med 1990;150:1265–7.

Appenzeller O. Altitude Headache. Headache 1972;12:126–9.

Ginsberg MD. Carbon monoxide intoxication: clinical features, neuropathology and mechanisms of injury. J Toxicol Clin Toxicol 1985;23:281–8.

Heckerling PS, Leikiin JB, Maturen A, Perkins JT. Predictors of occult carbon monoxide poisoning in patients with headache and dizziness. Ann Intern Med 1987;107:174–6.

Jozefowicz RF. Neurologic manifestations of pulmonary disease. Neurologic Clinics 1989;7:605–16.

Lipton RB, Mazer C, Newman LC, Solomon S. Sumatriptan relieves migraine-like headaches associated with carbon monoxide exposure. Headache 1997;37:392–5.

Loh NK, Dinner DS, Foldvary DO, Skobieranda F, Yew WW. Do patients with obstructive sleep apnea wake up with headaches? Arch Intern Med 1999;159:1765–8.

Poceta JS, Dalessio DJ. Identification and treatment of sleep apnea in patients with chronic headache. Headache 1995;35:586–9.

Porcelli J, Gugelchuk G. A trek to the top: A review of acute mountain sickness. J Amer Osteopath Assoc 1995;95:718–20.

Silber E, Sonnenberg P, Collier DJ, Pollard A, Murdoch DR, Goadsby PJ. Clinical features of headache at altitude: a prospective study. Neurology 2003;60:1167–71.

10.1.2 Cefaléia do mergulho

Cheshire WP, Ott MC Jr. Headache in divers. Headache 2001;41:235–47.

Edmonds RC, Greene ER, Schoene RB et al. Diving and subaquative medicine. 3rd Ed. Oxford: Butterworth- Heinemann 1992;404–6.

Sliwka U, Kransney JA, Simon SG et al. Effects of sustained low-level elevations of carbon dioxide on cerebral blood flow and autoregulation of the intracerebral arteries in humans. Aviat Space Environ Med 1998;69:299–306.

10.2 Cefaléia da diálise

Antoniazzi AL, Bigal ME, Bordini CA, Speciali JG. Headache associated with dialysis. The IHS criteria revisited. Cephalalgia 2003;23:146–9.

Jameson MD, Wiegmann TB. Principles, uses, and complications of hemodialysis. Medical Clinics of North America 1990;74:945–60.

10.3 Cefaléia atribuída a hipertensão arterial

Dodick DW. Recurrent short-lasting headache associated with paroxysmal hypertension: a clonidine-responsive syndrome. Cephalalgia 2000;20:509–14.

Gus M, Fuchs FD, Pimentel M, Rosa D, Melo AG, Moreira LB. Behavior of ambulatory blood pressure surrounding episodes of headache in mildly hypertensive patients. Arch Intern Med 2001;161:252–5.

Kruszewski P, Bieniaszewski L, Neubauer J, Krupa Wojciechowska B. Headache in patients with mild to moderate hypertension is generally not associated with simultaneous blood pressure elevation. J Hypertension 2000;18:437–44.

Lance JW, Hinterberger H. Symptom of pheochromocytoma with particular reference to headache, correlated with catecholamine production. Arch Neurol 1976;33:281–8.

Land SH, Donovan T. Pre-eclâmpsia and eclâmpsia headache: classification recommendation [letter]. Cephalalgia 1999;19:67–9.

Loh KC, Shlossberg AH, Abbott EC, Salisbury SR, Tan MH. Phaeochromocytoma: a ten-year survey. Quart J Med 1997;90:51–60.

Mannelli M, Ianni L, Cilotti A, Conti A. Pheochromocytoma in Italy: Amulticentric retrospective study. Eur J Endocrinol 1999;141:619–624.

Thomas JE, Rooke ED, Kvale WF. The neurologists experience with pheochromocytoma. JAMA 1966;197:754–58.

Vaughan CJ, Delanty N. Hypertensive emergencies. Lancet 2000;356:411–17.

alker JJ. Pre-eclâmpsia. Lancet 2000;56:1260–65.

Weiss NS. Relation of high blood pressure to headache, epistaxis, and selected other symptoms. The United States Health Examination Survey of Adults. N Engl J Med 1972;287:631–3.

Zampaglione B, Pascale C, Marchisio M, Cavallo-Perin P. Hypertensive urgencies and emergencies. Prevalence and clinical presentation. Hypertension 1996;27:144–7.

10.4 Cefaléia atribuída ao hipotireoidismo

Airaghi L, Catania A. Endocrine headache. In: Seminars in headache management. Neuroendocrinological aspects of headache, vol 4, number 4. B C Decker Inc, 1999;1–15.

Amy JR. Tests of thyroid function in chronic headache patients. Headache 1987;27:351–3.

Arafah BM, Prunty D, Ybarra J, Hlavin ML, Selman WR. The dominant role of increased intrasellar pressure in the pathogenesis hypopituitarism, hyperprolactinemia, and headache in patients with pituitary adenomas. J Clin Endocrinol Metab 2000;85:1789–93.

Fenichel NM. Chronic headache due to masked hypothyroidism. Ann Intern Med 1948;29:456–60.

Moreau T. Headache in hypothyroidism. Prevalence and outcome under thyroid hormone therapy. Cephalalgia 1988;18:687–9.

10.5 Cefaléia atribuída ao jejum

Dalton K. Food intake prior to migraine attacks. Study of 2,313 spontaneous attacks. Headache 1975;15:188–93.

Dexter JD, Roberts J, Byer JA. The five hour glucose tolerance test and effect of low sucrose diet in migraine. Headache 1978;18:91–4.

Malouf R, Brust JCM. Hypoglycemia: causes, neurological manifestations, and outcome. Ann Neurol 1985;17:421–30.

Mosek AC, Korczyn AD. Yom Kippur Headache. Neurology 1995;45:1953–5.

Pearce J. Insulin induced hypoglycaemia in migraine. J Neurol Neurosurg Psychiat 1971;34:154–6.

Service FJ. Hypoglycemic disorders. In: Wyngaarden JB, Smith LH, Bennett JC, eds. Cecil's textbook of medicine, 18th ed. Philadelphia: WB Saunders, 1992:1310–7.

10.6 Cefaléia cardíaca

Blacky RA, Rittlemeyer JT, Wallace MR. Headache angina. Am J Cardiol 1987;60:730.

Bowen J, Oppenheimer G. Headache as a presentation of angina: reproduction of symptoms during angioplasty. Headache 1993;33:238–239.

Fleetcroft R, Maddocks JL. Headache due to ischaemic heart disease. J R Soc Med 1985;78:676.

Grace A, Horgan J, Breathnach K, Staunton H. Anginal headache and its basis. Cephalalgia 1997;17:195–6.

Lefkowitz D, Biller J. Bregmatic headache as a manifestation of myocardial ischemia. Arch Neurol 1982;39:130.

Lipton RB, Lowenkopf T, Bajwa ZH, Leckie RS, Ribeiro S, Newman LC, Greenberg MA. Cardiac cephalgia: a treatable form of exertional headache. Neurology 1997;49:813–6.

Vernay D, Deffond D, Fraysse P, Dordain G. Walk headache: an unusual manifestation of ischemic heart disease. Headache 1989;29:350–1.

11. Cefaléia ou dor facial atribuída a distúrbio do crânio, pescoço, olhos, ouvidos, nariz, seios da face, dentes, boca ou outras estruturas faciais ou cranianas

11.1	Cefaléia atribuída a transtorno de osso craniano
11.2	Cefaléia atribuída a transtorno do pescoço
11.2.1	Cefaléia cervicogênica
11.2.2	Cefaléia atribuída a tendinite retrofaríngea
11.2.3	Cefaléia atribuída a distonia craniocervical
11.3	Cefaléia atribuída a transtorno dos olhos
11.3.1	Cefaléia atribuída ao glaucoma agudo
11.3.2	Cefaléia atribuída a erros de refração
11.3.3	Cefaléia atribuída a heteroforia ou heterotropia (estrabismo latente ou manifesto)
11.3.4	Cefaléia atribuída a inflamação ocular
11.4	Cefaléia atribuída a transtorno dos ouvidos
11.5	Cefaléia atribuída a rinossinusite
11.6	Cefaléia atribuída a transtorno dos dentes, mandíbula ou estruturas relacionadas
11.7	Cefaléia ou dor facial atribuída a transtorno da articulação temporomandibular (ATM)
11.8	Cefaléia atribuída a outro transtorno do crânio, pescoço, olhos, ouvidos, nariz, seios da face, dentes, boca ou outras estruturas faciais ou cervicais

Classificada em outro local

Cefaléias decorrentes de traumatismos da cabeça ou pescoço são classificadas no grupo 5. *Cefaléia atribuída a trauma cefálico e/ou cervical.* Cefaléias neuralgiformes são classificadas no grupo 13. *Neuralgias cranianas e causas centrais de dor facial.*

Comentário Geral

Cefaléia primária, secundária ou ambas?

Quando uma nova cefaléia ocorre pela primeira vez em relação temporal estreita com um transtorno craniocervical, ela deve ser classificada como uma cefaléia secundária àquele transtorno. Isso também é verdadeiro se a cefaléia apresenta características de migrânea, cefaléia do tipo tensional ou cefaléia em salvas. Quando uma cefaléia primária preexistente piora em relação temporal estreita com um transtorno craniocervical, há duas possibilidades e é necessário discernimento. O paciente pode receber apenas o diagnóstico da cefaléia primária preexistente ou receber esse diagnóstico mais o da cefaléia atribuída ao distúrbio craniocervical. Os fatores que apóiam o acréscimo do último diagnóstico são: uma relação temporal muito estreita com o transtorno craniocervical, piora acentuada da cefaléia preexistente, evidência clara de que o transtorno craniocervical possa agravar a cefaléia primária e, por fim, a melhora ou desaparecimento da cefaléia após a melhora do transtorno craniocervical.

Definitiva, provável ou crônica?

Um diagnóstico de *cefaléia ou dor facial atribuída a distúrbio do crânio, pescoço, olhos, ouvidos, nariz, seios da face, dentes, boca ou outras estruturas faciais ou cranianas* geralmente se torna definitivo quando a cefaléia desaparece ou apresenta melhora significativa após o tratamento eficaz ou a remissão espontânea do transtorno craniocervical. Se este transtorno não pode ser eficazmente tratado ou não se remite espontaneamente, ou quando não houve tempo suficiente para que isso ocorresse, um diagnóstico de *provável cefaléia atribuída a transtorno craniocervical* (especificar) é geralmente estabelecido.

Se o transtorno craniocervical for eficazmente tratado ou se remitir espontaneamente, mas a cefaléia não desaparecer ou melhorar de forma importante após um mês, a cefaléia persistente tem outros mecanismos. Não obstante, a A11.9 *Cefaléia crônica pós-distúrbio craniocervical* está descrita no apêndice. As cefaléias que preenchem estes critérios existem, mas têm sido insuficientemente estudadas e sua inclusão no apêndice pretende estimular futuras pesquisas acerca dessas cefaléias e seus mecanismos.

Introdução

Os transtornos da coluna cervical e de outras estruturas do pescoço e da cabeça são não raramente considerados as causas mais comuns de cefaléia, já que muitas cefaléias se iniciam nas regiões cervical, nucal ou occipital, ou ali se localizam. Além disso, alterações degenerativas da coluna cervical podem ser encontradas em praticamente todas as pessoas acima de 40 anos de idade. A localização da dor e a detecção de alterações degenerativas ao raio X têm sido argumentos para considerar a coluna cervical como a causa mais freqüente de cefaléias. Entretanto, estudos controlados de grandes proporções têm demonstrado que estas alterações são igualmente freqüentes entre os indivíduos que não sofrem de cefaléia. Desse modo, a espondilose ou a osteocondrose não podem ser consideradas uma explicação das cefaléias. O mesmo se aplica similarmente a outros transtornos muito freqüentes: sinusite crônica, transtornos da articulação temporomandibular ou erros de refração.

Sem critérios específicos, praticamente todos os tipos de cefaléia poderiam ser classificados como C*efaléia ou dor facial atribuída a distúrbio do crânio, pescoço, olhos, ouvidos, nariz, seios da face, dentes, boca ou outras estruturas faciais ou cranianas* e este problema existiu no passado. Não é suficiente meramente listar as manifestações das cefaléias no sentido de defini-las, uma vez que estas características não são únicas. O propósito dos critérios neste capítulo é não somente descrever as cefaléias em todas as suas possíveis subformas, mas estabelecer relações causais específicas entre as cefaléias e as dores faciais e os distúrbios do crânio, pescoço, olhos, ouvidos, nariz, seios da face, dentes, boca ou outras estruturas faciais ou cranianas, quando estas existirem. Por essa razão foi necessário identificar critérios operacionais específicos rigorosos para a cefaléia cervicogênica e outras causas de cefaléia descritas neste capítulo. Não é possível levar em consideração aqui os resultados de testes diagnósticos não confirmados ou cujos critérios de qualidade não tenham sido investigados. Contrariamente, o objetivo dos critérios aqui revistos é motivar, como uma tarefa futura, o desenvolvimento de testes confiáveis e validados para estabelecer as relações causais específicas entre as cefaléias e os distúrbios craniocervicais que são atualmente disponíveis somente numa extensão muito limitada.

As cefaléias atribuídas a causas incluídas aqui pela primeira vez são 11.2.3 *Cefaléia atribuída a distonia craniocervical* e 11.3.4 *Cefaléia atribuída a inflamação ocular.*

11.1 Cefaléia atribuída a distúrbio de osso craniano

Critérios diagnósticos

A. Dor em uma ou mais regiões da cabeça ou da face, preenchendo os critérios C e D
B. Evidência clínica, laboratorial e/ou por imagem de uma lesão óssea craniana reconhecida por ser, ou geralmente aceita como, uma causa válida de cefaléia[1]
C. A dor aparece em relação temporal estreita com e é máxima sobre a lesão óssea
D. A dor desaparece dentro de três meses após tratamento bem-sucedido da lesão óssea

Nota

1. Muitos transtornos do crânio (p.ex., anormalidades congênitas, fraturas, tumores, metástases) geralmente não são acompanhados por cefaléia. Exceções importantes são: osteomielite, mieloma múltiplo e doença de Paget. A cefaléia pode também ser causada por lesões da mastóide e por petrosite.

11.2 Cefaléia atribuída a transtorno do pescoço

Comentário

A cefaléia atribuída a um transtorno do pescoço, mas que não preenche os critérios para 11.2.1 *Cefaléia cervicogênica*, 11.2.2 *Tendinite retrofaríngea* ou 11.2.3 *Distonia craniocervical* não está suficientemente validada.

11.2.1 Cefaléia cervicogênica

Termos previamente utilizados
Cefaléia cervical.

Classificada em outro local
A cefaléia casualmente associada com pontos dolorosos miofasciais cervicais é classificada como 2.1.1 *Cefaléia do tipo tensional infreqüente associada a dolorimento pericraniano*, 2.2.1 *Cefaléia do tipo tensional freqüente associada a dolorimento pericraniano* ou 2.3.1 *Cefaléia do tipo tensional crônica associada a dolorimento pericraniano.*

Critérios diagnósticos
A. Dor referida de uma fonte no pescoço e percebida em uma ou mais regiões da cabeça e/ou face, preenchendo os critérios C e D
B. Evidência clínica, laboratorial e/ou por imagem de um transtorno ou lesão na coluna cervical ou nos tecidos moles do pescoço, reconhecidos por ser, ou geralmente aceitos como uma causa válida de cefaléia[1]
C. Evidência de que a dor pode ser atribuída ao transtorno ou à lesão do pescoço, baseada em pelo menos uma das seguintes:
   1. demonstração de sinais clínicos que impliquem uma fonte de dor no pescoço[2]
   2. abolição da cefaléia após um bloqueio anestésico diagnóstico de uma estrutura cervical ou de seu suprimento nervoso, utilizando placebo ou outro controle adequado[3]
D. A dor desaparece dentro de três meses após o tratamento bem-sucedido do transtorno ou lesão causal

Notas
1. Os tumores, as fraturas, as infecções e a artrite reumatóide da coluna cervical alta não foram formalmente validados com causa de cefaléia, mas são, no entanto, aceitos como causas válidas quando assim demonstradas em casos individuais. A espondilose cervical e a osteocondrite NÃO são aceitas como causas válidas para o preenchimento do critério B. Quando os pontos dolorosos miofasciais forem a causa, a cefaléia deve ser classificada como 2. *Cefaléia do tipo tensional.*
2. Os sinais clínicos aceitáveis para o critério C1 devem ter sua confiabilidade e validade demonstradas. A tarefa futura é a identificação desses testes operacionais seguros e validados. Características clínicas tais como dor no pescoço, dolorimento focal no pescoço, história de trauma de pescoço, exacerbação mecânica da dor, unilateralidade, coexistência de dor no ombro, redução da movimentação do pescoço, início na nuca, náusea, vômitos, fotofobia etc., não são exclusivas da cefaléia cervicogênica. Podem ser

características da cefaléia cervicogênica, mas não definem a relação entre o transtorno e a fonte da cefaléia.

3. A abolição da cefaléia significa o alívio completo da dor, indicado pelo escore zero numa escala analógica visual (EAV). Entretanto, aceito como preenchendo o critério C2 é uma redução da dor ≥ 90% para um nível < 5 numa EAV de 100 pontos.

11.2.2 Cefaléia atribuída a tendinite retrofaríngea

Critérios diagnósticos

A. Dor não-pulsátil unilateral ou bilateral na região posterior do pescoço irradiando para a região posterior da cabeça ou para a cabeça toda e preenchendo os critérios C e D
B. Edema dos tecidos moles pré-vertebrais, em adultos medindo mais de 7 mm no nível entre C1 e C4 (técnicas especiais de raios X podem ser necessárias)
C. A dor é significativamente agravada pela inclinaçao da cabeça para trás
D. A dor é atenuada dentro de duas semanas de tratamento com antiinflamatórios não-hormonais em doses recomendadas

Comentários

A temperatura corporal e a velocidade de hemossedimentação (VHS) estão geralmente elevadas. Embora a retroflexão do pescoço agrave mais consistentemente a dor, isso também costuma ocorrer com a rotação e a deglutição. Os processos transversos das três primeiras vértebras são geralmente doloridos à palpação.

Em muitos casos, um material calcificado amorfo tem sido aspirado dos tecidos pré-vertebrais edemaciados. Calcificações finas nos tecidos paravertebrais são melhor visualizadas na TC.

A dissecção alta da carótida deve ser afastada.

11.2.3 Cefaléia atribuída a distonia craniocervical

Critérios diagnósticos

A. Sensação de câimbra, tensão ou dor no pescoço, irradiando-se para a região posterior da cabeça ou para toda a cabeça e preenchendo os critérios C e D
B. Movimentos anormais ou defeito postural do pescoço ou cabeça devido a hiperatividade muscular
C. Evidência de que a dor decorre da hiperatividade muscular baseada em pelo menos um dos seguintes:
    1. demonstração de sinais clínicos que impliquem uma fonte de dor no músculo hiperativo (p.ex., a dor é precipitada ou exacerbada por

contração muscular, pelos movimentos, pela postura sustentada ou pela pressão externa)

2. início simultâneo da dor e da hiperatividade muscular

D. A dor desaparece dentro de três meses após o tratamento bem-sucedido do transtorno causal

Comentário

As distonias focais da cabeça e do pescoço acompanhadas por dor são distonia faríngea, torcicolo espasmódico, distonia mandibular, distonia lingual e uma combinação das distonias craniana e cervical (distonia segmentar craniocervical). A dor é causada por contrações locais e alterações secundárias.

11.3 Cefaléia atribuída a transtornos dos olhos

11.3.1 Cefaléia atribuída a glaucoma agudo

Critérios diagnósticos

A. Dor no olho e atrás ou acima dele, preenchendo os critérios C e D

B. Pressão intra-ocular aumentada, com pelo menos um dos seguintes:
   1. hiperemia conjuntival
   2. turvação da córnea
   3. transtornos visuais

C. A dor aparece simultaneamente com o glaucoma

D. A dor desaparece dentro de 72 horas após o tratamento eficaz do glaucoma

11.3.2 Cefaléia atribuída a erros de refração

Critérios diagnósticos

A. Cefaléia fraca, recorrente, frontal ou nos próprios olhos, preenchendo os critérios C e D

B. Erro de refração não corrigido ou inadequadamente corrigido (por exemplo, hipermetropia, astigmatismo, presbiopia, uso de óculos inadequados)

C. A cefaléia e a dor ocular aparecem pela primeira vez em estreita relação temporal com o erro de refração, estão ausentes ao acordar e se agravam por atividade visual prolongada a distância ou em ângulo nos quais a visão está prejudicada

D. A cefaléia e a dor ocular desaparecem dentro de sete dias e não recorrem após a completa correção do erro de refração

11.3.3 Cefaléia atribuída a heteroforia ou heterotropia (estrabismo latente ou manifesto)

Critérios diagnósticos

A. Cefaléia recorrente, não-pulsátil, fraca a moderada e frontal, preenchendo critérios C e D
B. A heteroforia ou a heterotropia foram demonstradas, com pelo menos um dos seguintes:
   1. visão borrada intermitente ou diplopia
   2. dificuldade em ajustar o foco de objetos próximos para objetos distantes e vice-versa
C. Pelo menos um dos seguintes:
   1. a cefaléia aparece ou piora durante uma atividade visual, especialmente quando cansativa
   2. a cefaléia é atenuada ou melhora com o fechamento de um dos olhos
D. A cefaléia desaparece dentro de sete dias e não recorre, após correção apropriada da visão

11.3.4 Cefaléia atribuída a inflamação ocular

Critérios diagnósticos

A. Dor no olho, atrás ou ao redor dele, preenchendo os critérios C e D
B. Inflamação ocular diagnosticada por investigações apropriadas
C. A cefaléia aparece durante a inflamação
D. A cefaléia desaparece dentro de sete dias após a melhora do transtorno inflamatório

Comentário

A inflamação ocular pode se apresentar de muitas formas e pode ser classificada de várias maneiras: pela localização anatômica (i.e., irites, ciclites, coroidites), pela evolução (aguda, subaguda, crônica), pela causa presumida (agentes infecciosos endógenos ou exógenos, relacionados às lentes, traumática), ou pelo tipo de inflamação (granulomatosa, não-granulomatosa).

11.4 Cefaléia atribuída a distúrbio dos ouvidos

Classificada em outro local

A cefaléia atribuída a neurinoma do acústico é classificada como 7.4.2 *Cefaléia atribuída diretamente a neoplasia.* A cefaléia atribuída a uma lesão que não do ouvido ocasionando otalgia referida é classificada de acordo com a localização e/ou natureza da lesão.

Critérios diagnósticos

A. Cefaléia acompanhada por otalgia e preenchendo os critérios C e D
B. Lesão estrutural do ouvido diagnosticada por investigações apropriadas
C. A cefaléia e a otalgia aparecem em relação temporal estreita com a lesão estrutural
D. A cefaléia e a otalgia desaparecem simultaneamente com a remissão ou o tratamento bem-sucedido da lesão estrutural

Comentários

Não há evidência de que qualquer doença do ouvido cause cefaléia sem otalgia concomitante. As lesões estruturais da orelha, conduto auditivo externo, membrana timpânica ou ouvido médio podem dar origem a otalgia primária associada a cefaléia.

Entretanto, somente cerca de 50% de todos os casos de dor no ouvido são devidos a lesões estruturais nos ouvidos externo ou médio. Transtornos em outras regiões podem determinar otalgia referida como resultado da irradiação da dor para a região do ouvido. Fibras sensitivas do quinto, sétimo, nono e décimo nervos cranianos projetam-se na orelha, conduto auditivo externo, membrana timpânica e ouvido médio. Por esta razão, a dor referida proveniente de lesão estrutural remota em qualquer uma das regiões anatômicas para as quais esses nervos se projetam pode ser sentida como otalgia referida. Uma vez que estes não são transtornos do ouvido, eles são classificados em outros lugares de acordo com a localização e/ou natureza da(s) lesão(ões).

11.5 Cefaléia atribuída a rinossinusite

Classificada em outro local

Cefaléia sinusal (*sinus headache*).

Critérios diagnósticos

A. Cefaléia frontal acompanhada por dor em uma ou mais regiões da face, ouvidos ou dentes e preenchendo os critérios C e D
B. Evidência clínica, por endoscopia nasal, por imagens de TC e/ou RM e/ou laboratorial de rinossinusite aguda ou agudização de rinossinusite cronica[1,2]
C. A cefaléia e dor facial aparecem simultaneamente com o início ou exacerbação aguda da rinossinusite
D. A cefaléia e/ou a dor facial desaparecem dentro de sete dias após a remissão ou o tratamento bem-sucedido da rinossinusite aguda ou da agudização de rinossinusite crônica

Notas

1. A evidência clínica pode incluir secreção nasal purulenta, obstrução nasal, hiposmia/anosmia e/ou febre.
2. A sinusite crônica não é validada com uma causa de cefaléia ou dor facial a não ser que ocorra uma agudização.

Comentários

Outras condições que são freqüentemente consideradas como causa de cefaléia não estão suficientemente validadas como tal. Estas incluem o desvio do septo nasal, a hipertrofia de cornetos, a atrofia de membranas dos seios e o contato mucoso. A última, entretanto, é definida no apêndice sob A11.5.1 *Cefaléia do ponto de contato mucoso*.

A migrânea e a cefaléia tipo tensional são freqüentemente confundidas com a 11.5 *Cefaléia atribuída a rinossinusite* por causa da semelhança na localização da cefaléia. Um grupo de pacientes pode ser identificado que tem todas as características de 1.1 *Migrânea sem aura* e, adicionalmente, características clínicas concomitantes, tais como dor facial, congestao nasal e cefaléia deflagrada por mudanças meteorológicas. Nenhum destes pacientes tem descarga nasal purulenta ou outras características diagnósticas de rinossinusite. Portanto, é necessário diferenciar a 11.5 *Cefaléia atribuída a rinossinusite* das chamadas "cefaléias sinusais", um diagnóstico comumente feito, mas inespecífico. A maioria destes casos preenche os critérios para a 1.1 *Migrânea sem aura*, com a cefaléia acompanhada por sintomas autonômicos nasais importantes ou deflagrada por alterações nasais.

11.6 Cefaléia atribuída a distúrbios dos dentes, mandíbula ou estruturas relacionadas

Critérios diagnósticos

A. Cefaléia acompanhada por dor nos dentes e/ou mandíbula e preenchendo os critérios C e D
B. Evidência de transtorno dos dentes, mandíbula ou estruturas relacionadas
C. A cefaléia e a dor nos dentes e/ou mandíbula aparecem em relação temporal estreita com o transtorno
D. A cefaléia e a dor nos dentes e/ou mandíbula desaparecem dentro de três meses após o tratamento bem-sucedido do transtorno

Comentário

Os transtornos dos dentes freqüentemente causam dor de dente e/ou dor facial, mas raramente causam cefaléia. Entretanto, a dor originada nos dentes pode ser referida e causar cefaléias difusas. A causa mais comum de cefaléia é a periodontite ou a pericoronite, como resultado de infecção ou irritação traumática ao redor de um terceiro molar inferior parcialmente erupcionado.

11.7 Cefaléia ou dor facial atribuída a transtorno da articulação temporomandibular (ATM)

Critérios diagnósticos

A. Dor recorrente em uma ou mais regiões da cabeça e/ou face, preenchendo os critérios C e D
B. Transtorno da ATM demonstrado por exames de raios X, RM e/ou cintilografia óssea
C. Evidência de que a dor pode ser atribuída ao transtorno da ATM, baseado em pelo menos uma das seguintes:
   1. a dor é desencadeada por movimentos mandibulares e/ou pela mastigação de alimentos duros ou resistentes
   2. redução da amplitude ou abertura irregular da mandíbula
   3. ruído em uma ou ambas as ATMs durante os movimentos mandibulares
   4. dolorimento na(s) cápsula(s) articular(es) de uma ou ambas as ATMs
D. A cefaléia desaparece dentro de três meses e não recorre após tratamento bem-sucedido do transtorno da ATM

Comentário

A dor proveniente da articulação temporomandibular ou de estruturas relacionadas é comum. Isto decorre dos chamados transtornos da articulação temporomandibular (p.ex., deslocamento de disco, osteoartrite, hipermobilidade articular) ou artrite reumatóide e pode estar associada com dor miofascial e cefaléia.

11.8 Cefaléia atribuída a outro distúrbio do crânio, pescoço, olhos, ouvidos, nariz, seios da face, dentes, boca ou outras estruturas faciais ou cervicais

Critérios diagnósticos

A. Cefaléia com ou sem dor em uma ou mais regiões da face, preenchendo os critérios C e D
B. Evidência de transtorno, que não os citados anteriormente, do crânio, pescoço, olhos, ouvidos, nariz, seios da face, dentes, boca ou outra estrutura facial ou cervical
C. A cefaléia aparece em relação temporal estreita com, ou existe uma outra evidência de uma relação causal com o transtorno do crânio, pescoço, olhos, ouvidos, nariz, seios da face, dentes, boca ou outra estrutura facial ou cervical
D. A cefaléia desaparece dentro de três meses após tratamento bem-sucedido do transtorno

Referências bibliográficas

11.1 Cefaléia atribuída a transtorno de osso craniano

Bhatoe HS, Deshpande GU. Primary cranial Ewing's sarcoma. Br J Neurosurg 1998;12:165-9.

Hayashi T, Kuroshima Y, Yoshida K, Kawase T, Ikeda E, Mukai M. Primary osteosarcoma of the sphenoid bone with extensive perto steal extension - case report. Neural Med Chir (Tokyi) 2000;40:419-22.

Scherer A, Engelbrecht V, Nawatny J, Messing-Junger M, Reifenberger G, Modder U. MRI of the cerebellopontine angle in patients with cleidocranial dysostosis. Rufo Fortschr Geb Rontgenstr Neuen Bildgeb Verfahr 2001;173:315-8.

11.2 Cefaléia atribuída a transtorno do pescoço

Antonaci F, Fredriksen TA, Sjaastad O. Cervicogenic headache: clinical presentation, diagnostic criteria, and differential diagnosis. Curr Pain Headache Rep 2001;5:387-92.

Antonaci F, Ghirmai S, Bono G, Sandrini G, Nappi G. Cervicogenic headache: evaluation of the original diagnostic criteria. Cephalalgia 2001;21:573-83.

Bogduk N, Corrigan B, Kelly P, Schneider G, Farr R. Cervical Headache. Med J Aust 1985;143:202 207.

Bogduk N. Cervicogenic headache: anatomic basis and pathophysiologic mechanisms. Curr Pain Headache Rep 2001;5:382-6.

Bogduk N. Headache and the neck. In: Goadsby PJ, Silberstein SD (eds): Headache. Boston, Butterworth-Heinemann, 1997;369-381.

Fredriksen TA, Sjaastad O. Cervicogenic headache: current concepts of pathogenesis related to anatomical structure. Clin Exp Rheumatol 2000;18(2 Suppl 19):S16-8.

Gübel H, Edmeads JG. Disorders of the skull and cervical spine. ln: Olesen J, Tfelt-Hansen P, Welch KMA. The Headaches. 2nd edition. Lippincott Williams & Wilkins, Philadelphia 2000;891-898.

Giibel H. Die Kopfschmerzen. Ursachen, Mechanismen, Diagnostik und Therapie in der Praxis. Springer Verlag, Berlin, Heidelberg, New York, London, Paris, Tokyo, Hong Kong, Barcelona, Budapest 1997;1-901.

Lance JW, Anthony M. Neck-tongue syndrome on sudden turning of the head. J Neurol Neurosurg Psychiat 1980;43:97-101.

Leone M, D'Amico D, Grazzi L, Attanasia A, Bussone G. Cervicogenic headache: a critical review of the current diagnostic criteria. Pain 1998;78:1-5.

Leone M, D'Amico D, Moschiano F, Farinotti M, Fillipini G, Bussone G. Possible identification of cervicogenic headache among patients with migraine: an analysis of 374 headaches. Headache 1995;35:461-4.

Lord S, Barnsley L, Wallis B, Bogduk N. Third occipital headache: a prevalence study. J Neurol Neurosurg Psychiat 1994;57:1187-90.

Lord SM, Bogduk N. The cervical synovial joints as sources of post-traumatic headache. J Musculoskel Pain 1996;4:8194.

Poughias L, Kruszewski P, Inan L. Cervicogenic headache: a clinical review with special emphasis on therapy. Funct Neurol 1997;12:305-17.

Sjaastad O, Fredriksen TA, Stolt-Nielsen A, Salvesen R, Jansen J, Pareja JA, Sjaastad O, Fredriksen TA. Cervicogenic headache: the importance of sticking to the criteria. Funct Neurol 2002;17:35-6.

11.2.2 Cefaléia atribuída a tendinite retrofaringeana

Eastwood JD, Hudgins PA, Malone D. Retropharyngeal effusion in acute calcific prevertebral tendonitis: diagnosis with CT and MR imaging. Am J Neuroradiol 1998;19:1789-92.

Ekbom K, Torhall J, Annell K, Traff J. Magnetic resonance imaging in retropharyngeal tendonitis. Cephalalgia 1994;14:266-9.

Pearce JM. Longus cervicis colli 'myositis' (syn: retropharyngeal tendonitis). J Neurol Neurosurg Psychiat 1996;61:324-9.

Sarkozi J, Fam AG. Acute calcific retropharyngeal tendonitis: an unusual cause of neck pain. Arthritis Rheum 1984;27:708-10.

11.2.3 Cefaléia atribuída a distonia craniocervical

Csala B, Deuschl G. Craniocervical dystonia. Pragmatic general concept or nosologic entity? Nervenarzt 1994;65:75-94.

Friedman J, Standaert DG. Dystonia and its disorders. Neural Clin 2001;19:681-705.

Gòbel H, Deuschl G. Dauerkontraktionen kranialer oder zervikaler Muskeln. Münchener Medizinische Wochenschrift 1997;139:456-8.

Gòbel H, Heinze A, Heinze-Kuhn K, Austermann K. Botulinum toxin A in the treatment of headache syndromes and pericranial pain syndromes. Pain 2001;91:195-9.

Markham CH. The dystonias. Curr Opin Neurol Neurosurg 1992;5:301-7.

11.3 Cefaléia atribuída a transtornos dos olhos

Daroff RB. Ocular causes of headache. Headache 1998;38:661-7.

Daum KM, Good G, Tijerina L. Symptoms in video display terminal operators and the presence of small refractive errors. J Am Optom Assoc 1988;59:691-7.

Gerling J, Janknecht P, Kommerell G. Orbital pain in optic neuritis and anterior ischemic optic neuropathy. NeuroOphthalmology 1998;19:93-99.

Gòbel H, Martin TJ. Ocular disorders. In: Olesen J, TfeltHansen P, Welch KMA. The Headaches. 2nd edition. Lippincott Williams & Wilkins, Philadelphia 2000;899-904.

Gordon GE, Chronicle EP, Rolan P. Why do we still not know whether refractive error causes headaches? Towards a framework for evidence based practice. Ophthalmic Physiol Opt 2001;21:45-50.

Lewis J, Fourman S. Subacute angle-closure glaucoma as a cause of headache in the presence of a white eye. Headache 1998;38:684-6.

McCluskey PJ, Lightman S, Watson PG et al. Posterior scleritis. Clinical features, systemic associations, and outcome in a large serres of patients. Ophthalmology 1999;106:2380-6.

11.4 Cefaléia atribuída a transtorno dos ouvidos, 11.5 Cefaléia atribuída a rinossinusite

Abu-Bakra M, Jones NS. Prevalence of nasal mucosal contact points in patients with facial pain compared with patients without facial pain. J Laryngol Otol 2001;115:629-32.

Blumenthal HJ. Headache and sinus disease. Headache 2001;41:883-8.

Boes CJ, Swanson JW, Dodick DW. Chronic paroxysmal hemicrania presenting as otalgia with a sensation of external acoustic meatus obstruction: two cases and a pathophysiologic hypothesis. Headache 1998;38:787-91.

Dose LG, Aviv J. Headaches and disease of the nose and paranasal sinuses. Semin Neurol 1997;17:351-4.

De Vuyst D, De Schepper AM, Parizel PM. Chronic cocaine abuse. JBR-BTR 2001;84:60.

Kenny TJ, Duncavage J, Bracikowski J, Yildirim A, Murray JJ, Tanner SB. Prospective analysis of sinus symptoms and correlation with paranasal computed tomography scan. Otolaryngol Head Neck Surg 2001;125:40-3.Lam DK, Lawrence HP, Tenenbaum HC. Aural symptoms in temporomandibular disorder patients attending a craniofacial pain unit. J Orofac Pain 2001;15:146-57.

Lanza DC, Kennedy DW. Adult rhinosinusitis defined. Report of the Rhinosinusitis Task Force Committee of the American Academy of Otolaryngology Head and Neck Surgery. Otolaryngol Head Neck Surg 1997;11?:Sl-57.

Levine HL. Patients with headache and visual disturbance: a differentiation between migraine and sinus headache. Arch Otolaryngol Head Neck Surg 2000: 126:234-35.

Murphy E, Merrill RL. Non-odontogenic toothache. J Ir Dent Assoc 2001;47(2):46-58.

Pinto A, De Rossi SS, Mcouone S, Sollecito TP. Nasal mucosal headache presenting as orofacial pain: a review of the literature and a case report. Oral Surg Oral Med Oral Pathol Oral Radiol Endod 2001;92:180-3.

Sandstrom M, Wilen J, Oftedal G, Hansson Mild K. Mobile phone use and subjective symptoms. Comparison of symptoms experienced by users of analogue and digital mobile phones. Occup Med (Lond) 2001;51:25-35.

Seiden AM, Martin VT. Headache and the frontal sinus. Otolaryngol Clin North Am 2001;34:227-41.

Sydbom A, Blomberg A, Parnia S, Stenfors N, Sandstrom T, Dahlen SE. Health effects of diesel exhaust emissions. Eur Respir J 2001;17:733-46.Tosun F, Gerek M, Ozkaptan Y. Nasal surgery for contact point headaches. Headache 2000;40:237-40.

West B, Jones NS. Endoscopy-negative, computed tomography-negative facial pain in a nasal clinic. Laryngoscope 2001;111(4 Pt 1):581-6.

11.6 Cefaléia atribuída a transtornos dos dentes, mandíbula ou estruturas relacionadas

Allen DT, Voytovich MC, Allen JC. Painful chewing and blindness: signs and symptoms of temporal arteritis. J Am Dent Assoc 2000;131:1738-41.

Ciancaglini R, Radaelli G. The relationship between headache and symptoms of temporomandibular disorder in the general population. J Dent 2001;29:93-8.

Egermark I, Carlsson GE, Magnusson T. A 20-year longitudinal study of subjective symptoms of temporomandibular disorders from childhood to adulthood. Acta Odontol Scand 2001;59:40-8.

Epstein JB, Caldwell J, Black G. The utility of panoramic imaging of the temporomandibular joint in patients with temporomandibular disorders. Oral Surg Oral Med Oral Pathol Oral Radiol Endod 2001;92:236-9.

Henrikson T, Ekberg EC, Nilner M. Symptoms and signs of temporomandibular disorders in girls with normal occlusion and Class II malocclusion. Acta Odontol Scand 1997;55:229-35.

Ivanhoe CB, Lai JM, Francisco GE. Bruxism alter brain injury: successful treatment with botulinum toxin-A. Arch Phys Med Rehabil 1997;78:1272-3.

Kirveskari P. Prediction of demand for treatment of temporomandibular disorders. J Oral Rehabil 2001;28:572-5.

Magnusson T, Egermark I, Carlsson GE. A longitudinal epidemiologic study of signs and symptoms of temporomandibular disorders from 15 to 35 years of age. J Orofac Pain 2000;14:310-9.

Marcusson A, List T, Paulin G, Dworkin S. Temporomandibular disorders in adults with repaired cleft lip and palate: a comparison with controls. EOS 2001;23:193-204.

Sonnesen L, Bakke M, Solow B. Malocclusion traits and symptoms and signs of temporomandibular disorders in children with severe malocclusion. Eur J Orthod 1998;20:543-59.

11.7 Cefaléia ou dor facial atribuída a transtorno da articulação temporomandibular (ATM)

List T, Wahlund K, Larsson B. Psychosocial functioning and dental factors in adolescents with temporomandibular disorders: a case-control study. J Orofac Pain 2001;15:218-27.

Ciancaglini R, Radaelli G. The relationship between headache and symptoms of temporomandibular disorder in the general population. J Dent 2001;29:93-8.

Molina OF, dos Santos Junior J, Nelson SJ, Nowlin T. Fronte of TMD and Bruxer compared to TMD and nonbruxer patients regarding chiei complaint, previous consultations, modes of therapy, and chronicity. Cranio 2000;18:205-19.

Ogus H. Degenerative disease ofthe temporomandibularjoint and pain-dysfunction syndrome. J Roy Soc Med 1978;71:748-54.

Jacome D. Primary yawning headache. Cephalalgia 2001;21:697-9.

12. Cefaléia atribuída a transtorno psiquiátrico

12.1	Cefaléia atribuída a transtorno de somatização
12.2	Cefaléia atribuída a transtorno psicótico

Classificada em outro local

Cefaléia atribuída à dependência de substâncias, abuso ou sua retirada, cefaléia atribuída à intoxicação aguda e cefaléia atribuída ao uso excessivo de medicação serão todas classificadas no grupo 8. *Cefaléia atribuída a substância ou a sua retirada.*

Comentários Gerais

Cefaléia primária, secundária ou ambas?

Quando uma nova cefaléia ocorre pela primeira vez em relação temporal estreita com um transtorno psiquiátrico, ela é classificada como uma cefaléia secundária àquele transtorno. Isto é também verdadeiro se a cefaléia apresentar características de migrânea, cefaléia do tipo tensional ou cefaléia em salvas. Quando uma cefaléia primária piora em relação temporal estreita com um transtorno psiquiátrico, há duas possibilidades e é necessário discernimento. O paciente pode receber somente o diagnóstico da cefaléia primária preexistente ou pode receber esse diagnóstico mais o da cefaléia atribuída ao transtorno psiquiátrico. Os fatores que apóiam o acréscimo do último diagnóstico são: uma relação temporal muito estreita com o transtorno psiquiátrico, uma piora acentuada da cefaléia preexistente, evidência clara de que o transtorno psiquiátrico pode agravar a cefaléia primária e, finalmente, a melhora ou resolução da cefaléia após a resolução do transtorno psiquiátrico.

Definida, provável ou crônica?

Um diagnóstico de *cefaléia atribuída a transtorno psiquiátrico* usualmente torna-se definido quando a cefaléia desaparece ou melhora significativamente após o tratamento eficaz ou a remissão espontânea do transtorno psiquiátrico. Se este transtorno não pode ser tratado eficazmente ou não se remite espontaneamente, ou quando não ocorreu tempo suficiente para isso ocorrer, um diagnóstico de *provável cefaléia atribuída a transtorno psiquiátrico* é geralmente aplicado.

Uma cefaléia crônica atribuída a transtorno psiquiátrico, e persistindo após sua resolução, ainda não foi descrita.

Introdução

Em geral, há evidências muito limitadas corroborando as causas psiquiátricas de cefaléia. Desta forma, as únicas categorias incluídas nesta classificação são daqueles raros casos nos quais uma cefaléia ocorre no contexto de uma alteração psiquiátrica que é reconhecida por se manifestar sintomaticamente por cefaléia (p. ex., um paciente que relata uma cefaléia associada com a ilusão de que um artefato metálico teria sido secretamente inserido em sua cabeça, ou uma cefaléia que é uma manifestação de transtorno de somatização). A grande maioria das cefaléias que ocorrem em associação com transtornos psiquiátricos não está causalmente relacionada com eles e sim representa co-morbidades (talvez refletindo um substrato biológico comum). A cefaléia tem sido relatada como co-morbidade de vários transtornos psiquiátricos, incluindo o transtorno depressivo maior, transtorno distímico, transtorno do pânico, transtorno de ansiedade generalizada, transtornos somatoformes e transtornos de ajustamento. Nestes casos, o diagnóstico de uma cefaléia primária e o do transtorno psiquiátrico co-mórbido devem ser ambos realizados.

Contudo, experiências clínicas sugerem que, em alguns casos, cefaléias ocorrendo exclusivamente durante alguns transtornos psiquiátricos comuns, tais como transtorno depressivo maior, transtorno do pânico, transtorno de ansiedade generalizada e transtorno somatoforme indiferenciado, podem melhor ser consideradas como atribuídas a estes transtornos psiquiátricos. Para encorajar futuras pesquisas dentro desta área, foram incluídos no apêndice critérios para cefaléias atribuídas a esses transtornos psiquiátricos.

Um diagnóstico de cefaléia deve aumentar a suspeita clínica de um transtorno depressivo maior, transtorno do pânico, transtorno de ansiedade generalizada e vice-versa. Além disso, as evidências mostram que a presença de uma comorbidade psiquiátrica tende a piorar o curso da migrânea e/ou a cefaléia do tipo tensional por incrementos na freqüência e intensidade da cefaléia, tornando-a menos responsiva ao tratamento. Desta forma, a identificação e o tratamento de qualquer co-morbidade psiquiátrica são importantes para o tratamento apropriado da cefaléia. Em crianças e adolescentes, as cefaléias primárias (migrânea, cefaléia do tipo tensional episódica e especialmente cefaléia do tipo tensional crônica) são freqüentemente co-mórbidas com transtornos psiquiátricos. Transtorno do sono, transtorno de ansiedade de separação, fobia escolar, transtorno de ajustamento e outros transtornos geralmente diagnosticados pela primeira vez na infância e adolescência (particularmente transtorno de déficit de atenção e hiperatividade [TDAH], transtorno de conduta, transtorno de aprendizado, enurese, encoprese e tique) devem ser cuidadosamente investigados e tratados, quando encontrados, considerando seu impacto negativo na incapacidade e prognóstico da cefaléia nesses pacientes.

Para averiguar se a cefaléia deve ser atribuída a um transtorno psiquiátrico, primeiramente é importante determinar se existe ou não um transtorno psiquiátrico presente com a cefaléia. O ideal, nestes casos, é fazer uma avaliação psiquiátrica para um diagnóstico preciso do transtorno psiquiátrico. No mínimo, contudo, é importante inquirir sobre sintomas psiquiátricos co-mórbidos comuns, tais como ansiedade generalizada, ataques de pânico e depressão.

12.1 Cefaléia atribuída a distúrbio de somatização

Critérios diagnósticos

A. Cefaléia sem características típicas conhecidas, preenchendo critério C

B. Presença de transtorno de somatização, preenchendo os critérios DSM-IV:
   1. história de muitas queixas físicas com início antes dos 30 anos de idade, que ocorrem por um período de vários anos e resultam em busca de tratamento ou prejuízo significativo no funcionamento social, ocupacional ou outras importantes áreas de atividade do indivíduo
   2. no mínimo quatro sintomas dolorosos, dois sintomas gastrointestinais não dolorosos, um sintoma sexual ou reprodutivo e um sintoma pseudoneurológico
   3. após apropriada investigação, cada um destes sintomas não pode ser totalmente explicado por uma afecção conhecida ou efeito direto de uma substância ou medicação; ou, se existe uma condição médica relatada, as queixas físicas ou o prejuízo resultante excedem o que seria esperado a partir da história, exame físico ou achados laboratoriais

C. A cefaléia não é atribuída a outra causa

Comentários

O transtorno de somatização, como definido no DSM-IV, é um transtorno polissintomático caracterizado por múltiplas dores recorrentes e sintomas gastrointestinais, sexuais e pseudoneurológicos, ocorrendo por um período de anos, com início antes dos 30 anos de idade. Estes sintomas são, por definição, considerados como somatoformes, isto é, são queixas de sintomas físicos sugestivos, mas não completamente explicados por uma condição médica ou efeito(s) direto(s) de uma substância. Nos Estados Unidos, é encontrado predominantemente em mulheres, nas quais o risco estimado durante o tempo de vida é de 2%, com uma proporção mulheres/homens de aproximadamente 10/1. Esta proporção não é tão grande em algumas outras culturas (p.ex., gregos e porto-riquenhos).

Deve ser notado que a lista de sintomas requeridos no DSM-IV é muito extensa: um mínimo de oito sintomas somatoformes precisa ter ocorrido durante o tempo de vida do paciente, cada um com intensidade suficiente para resultar em procura de ajuda médica ou ingestão de medicação (prescrita ou não), ou afetar a produtividade da pessoa (p.ex., causando perda de dias no trabalho). O DSM-IV fixou um limite assim alto para reduzir os diagnósticos falsos-positivos, mais particularmente pela possibilidade de que sintomas "inexplicados" sejam de fato parte de uma alteração médica complexa e ainda não diagnosticada, com uma apresentação sintomática variável, como a esclerose múltipla ou o lúpus eritematoso sistêmico. Transtornos somatoformes com menos do que oito sintomas são diagnosticados no DSM-IV como *transtorno somatoforme indiferenciado*. Devido à dificuldade e a incerteza associadas a este diagnóstico, a A12.6 *Cefaléia atribuída a transtorno somatoforme indiferenciado* está incluída no apêndice.

Para averiguar se a cefaléia é parte da apresentação do transtorno de somatização, é importante perguntar se o paciente possui uma história de queixas somáticas múltiplas, desde que em qualquer tempo o paciente possa permanecer focado em uma queixa particular. Considere o seguinte relato de caso abaixo (de Yutzy, 2003):

Uma mulher de 35 anos apresentou-se com uma queixa de cefaléia intensa, "com se uma faca fosse fincada na parte de trás da minha cabeça até os meus olhos", bem como outras cefaléias que ocorriam praticamente todos os dias. O exame físico e neurológico não sugeriam qualquer etiologia específica para suas cefaléias, e foi importante colher uma cuidadosa história dos sintomas. A paciente também relatava história de outras dores, incluindo dor abdominal, associadas, às vezes, com náuseas e vômitos, períodos de constipação seguidos de diarréias que tinham resultado em investigação para doença da vesícula e doença ulcerosa péptica sem achados significativos, e dor "em todas as articulações", mais particularmente nos joelhos e na região lombar, que ela disse ter sido diagnosticada como artrite degenerativa quando ainda tinha 27 anos, embora até então não apresentasse deformidades. Ela tivera problemas menstruais desde a menarca, com dor que a levava para a cama e excessivo fluxo com grandes coágulos azuis, que só se resolveram após histerectomia, realizada quando tinha 33 anos de idade. Mãe de quatro filhos, relatou uma longa história de problemas sexuais, incluindo dispareunia. Disseram-lhe que possuía "útero caído". Durante sua vida, raramente teve orgasmos e não tinha desejo sexual "por anos". Reportou episódios de visão borrada com "manchas" em frente aos olhos, que a levavam a parar de trabalhar, e outros episódios quando não conseguia ouvir qualquer coisa, "como se alguém colocasse suas mãos sobre minhas orelhas". Ela também relatou períodos de tremor incontrolável e sensação de que tinha perdido o controle sobre seu corpo, pelos quais foi investigada para crises convulsivas. Referiu que, às vezes, ficava apavorada em ter algum problema médico sério, mas "com todos os exames que fiz, tenho certeza que já teriam encontrado alguma coisa".

Após uma completa história médica, ficou evidente que a cefaléia era parte de uma síndrome muito mais ampla. Essa mulher teve múltiplas queixas físicas, com quadro iniciando antes dos 30 anos e que não tinham explicação médica adequada; foram suficientemente importantes para levá-la a buscar o médico e afetaram uma variedade de sistemas orgânicos, preenchendo critérios do DSM-IV para transtornos de somatização (no mínimo quatro sintomas dolorosos [cefaléia, dor abdominal, dor lombar e dor articular dos joelhos], no mínimo dois sintomas gastrointestinais não dolorosos [náusea, vômitos, diarréia e constipação], no mínimo um sintoma sexual ou reprodutivo [dispareunia, fluxo menstrual excessivo, diminuição do desejo sexual] e no mínimo um sintoma pseudoneurológico [audição abafada, tremor incontrolável, visão borrada, manchas no campo visual]). Desta forma, sua cefaléia deveria ser diagnosticada corretamente como 12.1 *Cefaléia atribuída a distúrbio de somatização.*

12.2 Cefaléia atribuída a transtorno psicótico

Termos previamente utilizados
Cefaléia delirante.

Critérios diagnósticos

A. Cefaléia sem características típicas conhecidas, preenchendo os critérios de C a E
B. Crença delirante sobre a presença e/ou a etiologia de cefaléia[1], ocorrendo no contexto de um transtorno delirante, esquizofrenia, episódio depressivo maior com manifestação psicótica, episódio maníaco com manifestação psicótica ou outros transtornos psicóticos, preenchendo os critérios do DSM-IV
C. A cefaléia ocorre somente quando há delírio
D. A cefaléia melhora quando os delírios se remitem
E. A cefaléia não é atribuída a outra causa

Nota

1. Por exemplo, a falsa convicção de um paciente em possuir um tumor ou massa cerebral, originando cefaléia. Isto deve preencher critérios da DSM-IV para *transtorno delirante, tipo somático.*

Comentários

Delírios, como definidos no DSM-IV, são falsas convicções baseadas em inferência incorreta sobre a realidade e que são firmemente sustentados pelo paciente, apesar da óbvia evidência em contrário. Os delírios, como qualquer firme convicção, podem ser praticamente sobre qualquer coisa. Em 12.2. *Cefaléia atribuída a transtorno psicótico*, o delírio envolve especificamente a presença de cefaléia. Em algumas situações, o delírio pode envolver uma falsa convicção de que uma alteração médica séria (por exemplo, tumor cerebral) está presente e é a causa da cefaléia, apesar de repetidas e apropriadas confirmações de que tal condição médica inexista. Em outros casos, o conteúdo do delírio pode ser mais bizarro: por exemplo, um delírio de que um transmissor foi cirurgicamente implantado dentro de sua cabeça e que este é a causa da cefaléia.

A cefaléia delirante é aparentemente muito rara, e dados empíricos ainda não são encontrados sobre esta condição.

Referências bibliográficas

Curioso EP, Young WB, Shecter AL, Kaiser R. Psychiatric comorbidity predicts outcome in chronic daily headache patients. Neurology 1999;52(Suppl 2):A471.

Canestri N, Galli F, Guidetti V, Tomaciello A. Chronic Daily Headache in children and adolescents: a two years followup. Cephalalgia 2001;21:288.

Guidetti V, Galli F, Fabrizi n Napoli L, Giannantoni AS, Bruni O, Trillo S. Headache and psychiatric comorbidity: clinical aspects and outcome in an 8-year follow-up study. Cephalalgia 1998;18:455-62.

Lake A. Behavioral and nonpharmacologic treatments of headache. Med Clin North Am 2001;85:1055-75.

Marazzitti D, Toni C, Pedri S, Bonucelli U et al. Prevalence of headache syndromes in panic disorder. Int Clin Psychopharmacol 1999;14:247-251.

Mitsikostas DD, Thomas AM. Comorbidity of headache and depressive disorders. Cephalalgia 1999;19:211-217.

Pakalnis A, Greenberg G, Drake ME, Paolich J. Pediatric migraine prophylaxis with divalproex. J Child Neurol 2001;16:731-4.

Radat F, Sakh D, Lutz G, el Amrani M, Ferreri M, Bousser MG. Psychiatric comorbidity is related to headache induced by chronic substance use in migraineurs. Headache 1999;39:477-80.

Radat F. Psychopathology and headache. Rev Neurol 2000;156(Suppl 4):4562-7.

Yutzy S. Somatoform disorders. In: Tasman A, Kay J, Lieberman JA. Psychiatry, 2nd ed. Chichester: John Wiley and Sons 2003;1419-20.

• Parte 3 •

Neuralgias cranianas, dor facial primária e central e outras cefaléias

13. Neuralgias cranianas e causas centrais de dor facial

14. Outras cefaléias, neuralgias cranianas, dor facial central ou primária

13. Neuralgias cranianas e causas centrais de dor facial

13.1	Neuralgia do trigêmeo
13.1.1	Neuralgia clássica do trigêmeo
13.1.2	Neuralgia sintomática do trigêmeo
13.2	Neuralgia do glossofaríngeo
13.2.1	Neuralgia clássica do glossofaríngeo
13.2.2	Neuralgia sintomática do glossofaríngeo
13.3	Neuralgia do intermédio
13.4	Neuralgia do laríngeo superior
13.5	Neuralgia do nasociliar
13.6	Neuralgia do supra-orbitário
13.7	Outras neuralgias de ramos terminais
13.8	Neuralgia do occipital
13.9	Síndrome pescoço-língua
13.10	Cefaléia por compressão externa
13.11	Cefaléia por estímulo frio
13.11.1	Cefaléia atribuída a aplicação externa de estímulo frio
13.11.2	Cefaléia atribuída a ingestão ou inalação de estímulo frio
13.12	Dor contínua causada por compressão, irritação ou distensão de nervos cranianos ou raízes cervicais superiores por lesão estrutural
13.13	Neurite óptica
13.14	Neuropatia ocular diabética
13.15	Dor facial ou cefálica atribuída ao herpes-zóster
13.15.1	Dor facial ou cefálica atribuída ao herpes-zóster agudo
13.15.2	Neuralgia pós-herpética
13.16	Síndrome de Tolosa-Hunt
13.17	"Migrânea" oftalmoplégica
13.18	Causas centrais de dor facial
13.18.1	Anestesia dolorosa
13.18.2	Dor central pós-acidente vascular encefálico
13.18.3	Dor facial atribuída a esclerose múltipla
13.18.4	Dor facial persistente idiopática
13.18.5	Síndrome da ardência bucal
13.19	Outra neuralgia craniana ou dor facial centralmente mediada

Introdução

A dor na cabeça e pescoço é mediada por fibras aferentes dos nervos trigêmeo, intermédio, glossofaríngeo, vago e raízes cervicais superiores via nervos occipitais. A estimulação desses nervos por compressão, tração, exposição ao frio, outras formas de irritação ou por lesão nas vias centrais pode desencadear dor em pontadas ou dores persistentes na área inervada.

A causa pode ser evidente, como na infecção por herpes-zóster ou uma anormalidade estrutural demonstrada por exame de neuroimagem, mas em alguns casos a causa pode não ser aparente.

As neuralgias do trigêmeo e do glossofaríngeo apresentam problemas de terminologia. Quando a dor decorre da compressão do nervo por alça vascular demonstrada na cirurgia, a neuralgia seria no senso estrito referida como secundária. Como muitos pacientes não são encaminhados para cirurgia, permanece a dúvida sobre se eles têm neuralgia primária ou secundária. Por essa razão, o termo *clássico*, melhor do que *primário*, tem sido aplicado àqueles pacientes com história típica, mesmo quando a origem vascular da compressão for descoberta durante o seu curso. O termo *secundário* pode então ser reservado àqueles pacientes nos quais um neurinoma ou lesão similar são demonstradas.

Outra dificuldade surge com a alteração conhecida como *dor facial atípica* (um termo inapropriado, uma vez que muitos casos seguem um padrão). O fato de alguns casos resultarem de cirurgia, ferimento na face, dentes e gengivas sugere a possibilidade de causa infecciosa ou traumática. Até que seja melhor conhecida essa condição, a denominação *dor facial persistente idiopática* parece preferível e não comprometedora.

13.1 Neuralgia do trigêmeo

Termos previamente usados
Tique doloroso, tic douloureux

13.1.1 Neuralgia clássica do trigêmeo

Descrição
A neuralgia do trigêmeo é um transtorno unilateral caracterizado por dores de curta duração assemelhando-se a choques elétricos, que têm início e término abrupto e se limitam a uma ou mais divisões do nervo trigêmeo. Comumente, a dor é desencadeada por estímulos triviais, como lavar-se, barbear-se, fumar, falar e/ou escovar os dentes (fatores gatilho), e freqüentemente ocorre espontaneamente. Pequenas áreas na região nasolabial e/ou queixo podem ser particularmente suscetíveis ao desencadeamento da dor (áreas de gatilho). As dores costumam se remitir por períodos de tempo variáveis.

Critérios diagnósticos

A. Crises paroxísticas de dor que duram de uma fração de segundo a dois minutos, afetando uma ou mais divisões do nervo trigêmeo e preenchendo os critérios B e C.
B. A dor tem pelo menos uma das seguintes características:
    1. intensa, aguda, superficial ou em pontada
    2. desencadeada por fatores ou áreas de gatilho

C. Crises estereotipadas para cada paciente
D. Sem evidência clínica de déficit neurológico
E. Não atribuída a outro distúrbio

Comentários
A neuralgia clássica do trigêmeo geralmente se inicia na segunda ou terceira divisões do nervo trigêmeo, afetando a bochecha ou queixo. Em menos de 5% dos pacientes, a primeira divisão está afetada. A dor nunca atravessa para o outro lado da face, mas raramente pode ocorrer bilateralmente. Nesses casos, uma causa central como a esclerose múltipla deve ser considerada. Entre os paroxismos o paciente costuma permanecer assintomático, mas em alguns casos de longa duração pode persistir uma dor de fundo em peso. Após um paroxismo de dor, geralmente há um período de refratariedade, no qual a dor não pode ser provocada. Em alguns casos, os paroxismos podem ser desencadeados por estímulos somatossensitivos fora da área trigeminal, como nos membros, ou por outro estímulo sensorial, como luzes brilhantes, sons altos e pelo paladar.

A dor freqüentemente provoca espasmos dos músculos da face do lado afetado (tique doloroso).

O aumento da freqüência da exploração cirúrgica da fossa posterior e o imageamento por RM têm demonstrado que muitos pacientes, possivelmente a maioria deles, apresentam compressão da raiz trigeminal por vasos tortuosos ou aberrantes.

A neuralgia clássica do trigêmeo costuma ser responsiva à farmacoterapia, pelo menos, no início.

13.1.2 Neuralgia trigeminal sintomática

Descrição
Dor indistinguível da 13.1.1 *Neuralgia clássica do trigêmeo*, mas causada por lesão estrutural demonstrável, que não a compressão vascular.

Critérios diagnósticos
A. Crises paroxísticas de dor que duram de uma fração de segundo a dois minutos, com ou sem dolorimento persistente entre os paroxismos, afetando uma ou mais divisões do nervo trigêmeo e preenchendo os critérios B e C.
B. A dor tem pelo menos uma das seguintes características:
   1. intensa, aguda, superficial ou em pontadas
   2. desencadeada por fatores ou áreas de gatilho
C. Crises estereotipadas para cada paciente.
D. Uma lesão causal, que não a compressão vascular, deve ser demonstrada por investigação apropriada e/ou exploração da fossa posterior.

Comentários

Pode haver alteração da sensibilidade nos territórios de distribuição do ramos do nervo trigêmeo. Ao contrário da 13.1.1 *Neuralgia trigeminal clássica*, a 13.1.2 *Neuralgia trigeminal sintomática* não demonstra período refratário após um paroxismo.

13.2 Neuralgia do glossofaríngeo

13.2.1 Neuralgia clássica do glossofaríngeo

Descrição

A neuralgia do glossofaríngeo é uma dor forte, transitória, em pontada, sentida no ouvido, base da língua, fossa tonsilar ou abaixo do ângulo da mandíbula. A dor é, portanto, sentida na área de distribuição dos ramos auricular e faríngeo do nervo vago, assim como em área do glossofaríngeo. É geralmente provocada por deglutir, falar, tossir e pode aparecer e desaparecer da mesma forma como a neuralgia do trigêmeo.

Critérios diagnósticos

A. Crises paroxísticas de dor facial durando de uma fração de segundo a dois minutos e preenchendo os critérios B e C
B. A dor tem todas as seguintes características:
   1. localização unilateral
   2. distribuição na porção posterior da língua, fossa tonsilar, faringe ou abaixo do ângulo da mandíbula e/ou no ouvido
   3. aguda, em pontada e intensa
   4. desencadeada por deglutir, mastigar, falar, tossir ou bocejar.
C. Crises estereotipadas para cada paciente.
D. Sem evidência clínica de déficit neurológico.
E. Não atribuída a outro distúrbio[1].

Nota

1. Exclusão de outras causas de dor pela história, exame físico e investigações especiais

13.2.2 Neuralgia sintomática do glossofaríngeo

Descrição

Dor como na 13.2.1 *Neuralgia clássica do glossofaríngeo*, com a ressalva de que um dolorimento pode persistir entre os paroxismos e uma alteração de sensibilidade pode ser detectada nas áreas de distribuição do nervo glossofaríngeo.

Critérios diagnósticos

A. Crises paroxísticas de dor durando de uma fração de segundo a dois minutos e preenchendo os critérios B e C
B. A dor tem todas as seguintes características:
   1. localização unilateral
   2. distribuição na porção posterior da língua, fossa tonsilar, faringe ou abaixo do ângulo da mandíbula e/ou no ouvido
   3. aguda, em pontada e intensa
   4. desencadeada por deglutir, mastigar, falar, tossir ou bocejar
C. Crises estereotipadas para cada paciente
D. Uma lesão causal demonstrada por investigação apropriada ou cirurgia

13.3 Neuralgia do intermédio

Descrição

Transtorno raro, caracterizado por breves paroxismos de dor sentida profundamente no canal auditivo.

Critérios diagnósticos

A. Paroxismos de dor, de ocorrência intermitente, sentidos profundamente no conduto auditivo, durando segundos ou minutos
B. Presença de uma área de gatilho na parede posterior do canal auditivo
C. Não atribuída a outro distúrbio[1]

Nota

1. Outras causas, em particular uma lesão estrutural, devem ser excluídas pela história, exame físico e outras investigações apropriadas.

Comentários

Transtornos do lacrimejamento, salivação e/ou paladar algumas vezes acompanham a dor. Há uma associação freqüente com o herpes-zóster. Em virtude da pequena área inervada pelo nervo intermédio alguns pacientes podem ter uma variante otálgica da neuralgia do glossofaríngeo.

13.4 Neuralgia do laríngeo superior

Descrição

Transtorno raro, que se caracteriza por dor forte na face lateral da garganta, região submandibular e sob a orelha, que é desencadeada por deglutir, gritar ou rodar a cabeça.

Critérios diagnósticos

A. Paroxismos de dor sentidos na garganta, região submandibular e sob a orelha, que duram segundos ou minutos e preenchem os critérios de B a D
B. Paroxismo desencadeado por deglutir, alterar a voz ou rodar a cabeça
C. Um ponto de gatilho está presente na face lateral da garganta, sobre a membrana hipotireóidea
D. A condição é aliviada por bloqueio anestésico local e curada por secção do nervo laríngeo superior
E. Não atribuída a outro transtorno[1]

Nota

1. Outras causas, especialmente uma lesão estrutural, foram excluídas pela história, exame físico e investigações apropriadas.

13.5 Neuralgia do nasociliar

Termo previamente utilizado

Neuralgia de Charlin.

Descrição

Condição rara, na qual uma dor lancinante e se irradiando para a região medial frontal é desencadeada por um toque na porção externa de uma narina

Critérios diagnósticos

A. Dor em pontadas durando de segundos a horas em um lado do nariz, ascendendo para região frontal e medial e preenchendo os critérios B e C
B. A dor é desencadeada pelo toque na face externa da narina ipsilateral
C. A dor é abolida por bloqueio ou secção do nervo nasociliar ou pela aplicação de cocaína na narina do lado afetado

13.6 Neuralgia do supra-orbitário

Descrição

Transtorno incomum caracterizado por dor na região do entalhe supra-orbitário e porção medial da fronte em área suprida pelo nervo supra-orbitário.

Critérios diagnósticos

A. Dor paroxística ou constante na região do entalhe supra-orbitário e porção medial da fronte em área suprida pelo nervo supra-orbitário.
B. O nervo afetado é dolorido à palpação da região supra-orbitária
C. A dor é abolida por bloqueio anestésico local ou ablação do nervo supra-orbitário

13.7 Outras neuralgias de ramos terminais

Descrição

O dano ou o encarceramento de ramos periféricos do nervo trigêmeo, excluindo os nervos nasociliar e supra-orbitário, podem desencadear dor referida na área inervada pelo ramo afetado. Exemplos são as neuralgias dos nervos infra-orbitário, lingual, alveolar e mentoniano.

Critérios diagnósticos

A. Dor na distribuição de um ramo periférico do nervo trigêmeo, excluindo o nervo nasociliar e supra-orbitário
B. O nervo afetado é dolorido à palpação
C. A dor é abolida por bloqueio anestésico local ou ablação do nervo

Comentários

A A13.7.1 *Cefaléia numular* descrita no apêndice provavelmente é uma neuralgia localizada de ramo terminal do nervo trigêmeo.

13.8 Neuralgia do occipital

Descrição

A neuralgia do occipital é uma dor paroxística e em pontada na distribuição dos nervos occipitais maior ou menor, acompanhada por hipoestesia ou disestesia na área afetada. É comumente associada a sensação dolorosa local na região do nervo afetado.

Critérios diagnósticos

A. Dor paroxística, em pontada, com ou sem dolorimento persistente entre os paroxismos, na distribuição dos nervos occipital maior, menor e/ou terceiro nervo occipital
B. O nervo afetado é dolorido à palpação
C. A condição é temporariamente aliviada por bloqueio anestésico local do nervo

Comentários

A neuralgia do occipital deve ser distinguida da dor occipital irradiada a partir das articulações atlantoaxial ou zigoapofisária, ou de pontos de gatilho nos músculos do pescoço e de suas inserções.

13.9 Síndrome pescoço-língua

Descrição

Dor de início súbito no occipício ou porção superior do pescoço, com sensibilidade anormal no mesmo lado da língua.

Critérios diagnósticos

A. Dor que dura segundos ou minutos, com ou sem disestesias simultâneas, na área de distribuição do nervo lingual e da segunda raiz cervical, preenchendo os critérios B e C
B. A dor tem início agudo
C. A dor é comumente desencadeada pela rotação súbita da cabeça

Comentário

As fibras proprioceptivas da língua entram no sistema nervoso central através da segunda raiz dorsal cervical, através de conexões entre os nervos lingual e hipoglosso e entre este último e a segunda raiz cervical. Há evidências clínicas e cirúrgicas de que a raiz C2 é comprometida pela rotação súbita da cabeça, particularmente se ocorre uma subluxação da articulação atlantoaxial. As sensações anormais na língua ipsilaterais podem ser dormência, parestesias ou sensação de movimentos involuntários.

13.10 Cefaléia por compressão externa

Descrição

Cefaléia resultante da estimulação continua de nervos cutâneos pela aplicação de pressão, por exemplo por uma faixa em torno da cabeça, um chapéu apertado ou óculos utilizado durante a natação.

Critérios diagnósticos

A. Cefaléia com todas as seguintes características e preenchendo os critérios C e D:
   1. não pulsátil
   2. intensificando-se em minutos
   3. sem sintomas acompanhantes
B. Aplicação contínua de pressão externa na fronte ou no couro cabeludo
C. A cefaléia aparece durante a pressão e é máxima no sítio de pressão
D. A cefaléia desaparece após o alívio da pressão

Comentários

A compressão externa pode levar a uma cefaléia mais forte do tipo migranosa se o estímulo for prolongado.

13.11 Cefaléia por estímulo frio

13.11.1 Cefaléia atribuída a aplicação externa de estímulo frio

Descrição

Cefaléia generalizada que se segue a exposição da área desprotegida da cabeça a um ambiente de baixa temperatura, como em clima muito frio ou por mergulhar em água gelada.

Critérios diagnósticos

A. Cefaléia difusa e/ou não pulsátil, preenchendo os critérios C e D
B. Presença de estímulo frio externo na cabeça
C. A cefaléia aparece durante estímulo frio
D. A cefaléia desaparece após remoção do estímulo frio

13.11.2 Cefaléia atribuída a ingestão ou inalação de estímulo frio

Termo previamente usado

Cefaléia do sorvete.

Descrição

Dor de curta duração, que pode ser intensa, produzida pela passagem de material frio (sólido, líquido ou gasoso) por sobre o palato e/ou parede posterior da faringe, em indivíduos suscetíveis.

Critérios diagnósticos

A. Cefaléia aguda frontal[1] e não pulsátil, preenchendo os critérios C e D
B. Estímulo frio no palato e/ou na parede posterior da faringe devido à ingestão de comida ou bebida gelada ou inalação de ar frio
C. A cefaléia aparece imediatamente e somente depois de estímulo frio
D. A cefaléia desaparece dentro de cinco minutos após a remoção do estímulo frio

Nota

1. Em pacientes migranosos, a cefaléia pode ser referida no local usual da migrânea.

13.12 Dor constante causada por compressão, irritação ou distensão de nervos cranianos ou raízes cervicais superiores por lesão estrutural

Descrição

Cefaléia ou dor facial constante causada por uma lesão que compromete diretamente as fibras aferentes de nervos que medeiam a sensibilidade dolorosa da cabeça e/ou pescoço. Um déficit sensitivo pode ser detectado na distribuição apropriada.

Critérios diagnósticos

A. Dor constante e/ou em pontada no território suprido por um nervo sensitivo craniano, preenchendo os critérios C e D
B. Evidência de compressão, irritação ou distorção do nervo craniano apropriado
C. A dor e a compressão, irritação ou distorção ocorrem simultaneamente e correspondem em localização
D. A dor é aliviada pela remoção da causa da compressão, irritação ou distorção

Comentários

As lesões estruturais podem ser expansivas (p.ex., tumor ou aneurisma) ou podem ser contidas dentro de limites anatômicos (p.ex., osteomielite dos ossos cranianos). Se não há déficit sensitivo ou evidência por imagem que apóie, o diagnóstico é duvidoso.

A dor facial ao redor da orelha ou têmpora pode resultar da invasão do nervo vago por um carcinoma de pulmão.

13.13 Neurite óptica

Descrição

Dor atrás de um ou de ambos os olhos, acompanhada de deficiência da visão central, causada pela desmielinização do nervo óptico.

Critérios diagnósticos

A. Dor em peso atrás de um ou de ambos os olhos, acentuada pela movimentação ocular, preenchendo os critérios C e D
B. Deficiência visual devida a escotoma central ou paracentral
C. Início da dor e da deficiência visual separados por < 4 semanas[1]
D. A dor desaparece em quatro semanas
E. Uma lesão compressiva foi excluída

Nota

1. A dor precede a deficiência visual em < 4 quatro semanas. Durante este tempo, o critério B não é preenchido e o diagnóstico é de *Provável neurite óptica*.

Comentários

Geralmente a visão melhora em quatro semanas.

Freqüentemente a neurite óptica é uma manifestação da esclerose múltipla.

13.14 Neuropatia ocular diabética

Descrição

Dor na região do olho e da fronte, associada à paresia de um ou mais nervos oculomotores (geralmente, o III nervo craniano) em um paciente com diabetes mellitus.

Critérios diagnósticos

A. Dor em paciente com diabetes mellitus, aparecendo em poucas horas ao redor de um olho

B. Paralisia do terceiro nervo craniano, freqüentemente preservando a função pupilar, e/ou paresia do quarto e/ou sexto nervos cranianos

C. A neuropatia aparece dentro de sete dias do início da dor[1]

D. Não atribuída a outro distúrbio.

Nota

1. A dor precede os sinais de neuropatia por < 7 dias. Durante este período, o critério B não é preenchido e o diagnóstico é de *Provável neuropatia ocular diabética.*

13.15 Dor facial ou cefálica atribuída ao herpes-zóster

13.15.1 Dor facial ou cefálica atribuída ao herpes-zóster agudo

Descrição

Dor cefálica ou facial causada pelo herpes-zóster.

Critérios diagnósticos

A. Dor cefálica ou facial na distribuição de um nervo ou divisão de um nervo e preenchendo os critérios C e D

B. Erupção herpética no território do mesmo nervo

C. A dor precede a erupção herpética por < 7 dias[1]

D. A dor desaparece dentro de três meses

Nota

1. A dor precede a erupção herpética por < 7 dias. Durante este período o critério B não é preenchido e o diagnóstico é de *Provável dor facial ou cefálica atribuída ao* herpes-zóster agudo.

Comentários

O herpes-zóster afeta o gânglio trigeminal em 10% a 15% dos pacientes, e a divisão oftálmica é a única afetada em cerca de 80% dos pacientes. O herpes-zóster pode também acometer o gânglio geniculado, causando erupção no meato acústico externo. O palato mole ou as áreas de distribuição das raízes cervicais superiores podem ser comprometidos em alguns pacientes.

O herpes-zóster oftálmico pode associar-se a paralisia do III, IV e VI nervos cranianos e o herpes-zóster geniculado a paralisia fácil e/ou sintomas auditivos. O herpes-zóster ocorre em cerca de 10% dos pacientes com linfoma e em 25% dos pacientes com doença de Hodgkin.

13.15.2 Neuralgia pós-herpética

Descrição

Dor facial persistindo ou que recorre passados três meses ou mais do início do herpes-zóster.

Critérios diagnósticos

A. Dor cefálica ou facial na distribuição de um nervo ou divisão de um nervo preenchendo os critérios C e D
B. Erupção herpética no território do mesmo nervo
C. A dor precede a erupção herpética por < 7 dias
D. A dor persiste após três meses

Comentários

A neuralgia pós-herpética é uma seqüela do herpes-zóster mais freqüente nos idosos, acometendo 50% dos pacientes que contraem herpes-zóster após os 60 anos. Costumam ocorrer hipoestesia, hiperalgesia e/ou anodinia no território envolvido.

13.16 Síndrome de Tolosa-Hunt

Descrição

Dor episódica orbitária associada com paralisia de um ou mais dentre os III, IV e VI nervos cranianos, que comumente desaparece espontaneamente, mas tende a recorrer e remitir.

Critérios diagnósticos

A. Um ou mais episódios de dor unilateral orbitária persistindo por semanas se não tratada
B. Paresia de um ou mais dentre os III, IV e VI nervos cranianos e/ou demonstração de um granuloma por RM ou biópsia
C. A paresia coincide com o início da dor ou a sucede dentro de duas semanas
D. A dor e a paresia desaparecem dentro de 72 horas com o tratamento adequado com corticosteróide
E. Outras causas de lesões foram excluídas por investigação apropriada[1]

Nota

1. Outras causas de oftalmoplegia dolorosa incluem tumores, vasculite, meningite basal, sarcoidose, diabetes mellitus e "migrânea" oftalmoplégica.

Comentários

Alguns casos relatados de síndrome de Tolosa-Hunt tiveram envolvimento adicional dos nervos trigêmeo (comumente a primeira divisão), óptico, facial ou acústico. A inervação simpática da pupila ocasionalmente é afetada.

Em alguns casos biopsiados, a síndrome foi causada por material granulomatoso no seio cavernoso, fissura orbital superior ou órbita.

Um acompanhamento cuidadoso é necessário para excluir outras causas de oftalmoplegia dolorosa.

13.17 "Migrânea" oftalmoplégica

Descrição

Crises recorrentes de cefaléia com características migranosas associada à paresia de um ou mais nervos oculares cranianos (comumente, o III nervo), na ausência de outra lesão intracraniana demonstrável, exceto as alterações à RM do próprio nervo afetado.

Critérios diagnósticos

A. Pelo menos duas crises preenchendo os critérios B e C
B. Cefaléia migrânea-símile, acompanhada ou seguida dentro de quatro dias do seu início por paresia de um ou mais dentre os III, IV e/ou VI nervos cranianos
C. Lesões parasselares, na fissura orbital e fossa posterior excluídas por investigação apropriada

Comentários

Esta condição é muito rara. É improvável que a 13.17 *Migrânea oftalmoplégica* seja uma variante da migrânea, uma vez que a cefaléia freqüentemente dura uma ou mais semanas e há um período latente de quatro dias entre o início da cefaléia e o início da oftalmoplegia. Além disso, em alguns casos a RM mostra um realce pelo gadolínio na porção cisternal do nervo craniano afetado, o que sugere uma neuropatia desmielinizante recorrente.

13.18 Causas centrais de dor facial

13.18.1 Anestesia dolorosa

Descrição

Anestesia ou hipoestesia persistente e dolorosa na distribuição do nervo trigêmeo ou uma das suas divisões ou dos nervos occipitais.

Critérios diagnósticos

A. Dor e disestesia persistentes na área da distribuição de uma ou mais divisões do nervo trigêmeo ou dos nervos occipitais
B. Diminuição da sensibilidade a picada, em algumas vezes, outra perda sensitiva na área afetada
C. Há uma lesão no nervo pertinente ou em sua conexão central

Comentários

A anestesia dolorosa está geralmente relacionada a um trauma cirúrgico do gânglio trigeminal ou dos nervos occipitais, ocorrendo mais freqüentemente após a rizotomia ou termocoagulação para o tratamento da 13.1.1 *Neuralgia clássica do trigêmeo.*

13.18.2 Dor central pós-acidente vascular encefálico

Descrição

Dor e disestesia unilaterais associadas a prejuízo da sensibilidade, envolvendo parte da face ou toda ela, não explicável por uma lesão do nervo trigêmeo. É atribuída a uma lesão da via quintotalâmica (trigêmino-talâmica), tálamo ou projeção talamocortical. Os sintomas podem envolver também o tronco e/ou os membros do lado afetado *ou contralateral.*

Critérios diagnósticos

A. Dor e disestesia em uma hemiface, associada a perda da sensibilidade a picada, temperatura e/ou tato, preenchendo os critérios C e D
B. Um ou ambos dos seguintes:
   1. história de início súbito, sugerindo uma lesão vascular (acidente vascular encefálico)
   2. demonstração por TC ou RM de lesão vascular em localização apropriada
C. A dor e a disestesia aparecem dentro de seis meses após o AVE
D. Não explicada por uma lesão no nervo trigêmeo

Comentários

A dor facial seguindo-se a lesão talâmica é parte de uma hemissíndrome. Em lesões laterais do bulbo, a dor hemifacial pode ocorrer isoladamente, porém é mais freqüentemente acompanhada por hemidisestesia cruzada.

A dor e a disestesia geralmente são persistentes.

13.18.3 Dor facial atribuída a esclerose múltipla

Classificada em outro local

A dor atribuída a neurite óptica, ocorrendo como uma manifestação da esclerose múltipla, é codificada como 13.13 *Neurite óptica.*

Descrição
Dor facial unilateral ou bilateral, com ou sem disestesia, atribuída a uma lesão desmielinizante das conexões centrais do nervo trigêmeo, comumente remitindo e recorrendo.

Critérios diagnósticos
A. Dor, com ou sem disestesia, em um ou ambos os lados da face
B. Evidência de que o paciente tenha esclerose múltipla
C. A dor e a disestesia aparecem em estreita relação temporal com, e com demonstração por RM, de uma lesão desmielinizante na ponte ou na via quintotalâmico (trigêmino-talâmica).
D. Outras causas foram excluídas

Comentários
A dor pode ser tique-símile, como na 13.1 *Neuralgia do trigêmeo*, ou contínua. A neuralgia do trigêmeo ocorrendo numa pessoa jovem e afetando um lado da face e depois o outro deve gerar a suspeita de esclerose múltipla.

13.18.4 Dor facial persistente idiopática

Termo usado previamente
Dor facial atípica.

Descrição
Dor facial persistente sem as características das neuralgias cranianas descritas anteriormente e não atribuída a outro transtorno.

Critérios diagnósticos
A. Dor na face, presente diariamente e persistindo a maior parte do dia, preenchendo os critérios B e C
B. A dor é restrita, no início, a uma área limitada de uma hemiface[1] e é profunda e mal localizada
C. A dor não está associada a perda sensitiva ou a outros sinais físicos
D. As investigações, incluindo raios X da face e mandíbula, não demonstram qualquer anormalidade relevante

Nota
1. Comumente o início da dor é na comissura nasolabial ou na região lateral do queixo, e pode se espalhar para a maxila superior ou inferior ou para uma área mais ampla da face e pescoço.

Comentários
A dor pode iniciar-se após cirurgia ou lesão da face, dentes ou gengiva, mas persiste sem qualquer causa local demonstrável.

A dor facial ao redor da orelha ou têmpora pode preceder a detecção de um carcinoma de pulmão ipsilateral, causando dor referida pela invasão do nervo vago.

O termo *odontalgia atípica* tem sido aplicado à dor contínua no dente ou alvéolo dentário após a extração, na ausência de qualquer causa dentária identificável.

13.18.5 Síndrome da ardência bucal

Descrição

Uma sensação de queimação intra-oral para a qual não se encontra uma causa médica ou dentária.

Critérios diagnósticos

A. Dor na boca presente diariamente e persistindo a maior parte do dia
B. A mucosa oral de aparência normal
C. Doenças locais e sistêmicas foram excluídas

Comentário

A dor pode ser limitada à língua (*glossodinia*). Secura subjetiva da boca, parestesias e alteração do paladar podem ser sintomas associados.

13.19 Outra neuralgia craniana ou dor facial centralmente mediada

Neuralgia do vidiano de Vail e neuralgia esfenopalatina de Sluder não estão suficientemente validadas. O reconhecimento da síndrome de Eagle (Montalberti et al., 1995) como uma entidade distinta permanece no aguardo de maiores esclarecimentos.

Referências bibliográficas

13.1 Neuralgia do trigêmeo

Barker FG II, Jannetta PJ, Bissonette DJ, Larkins MV, Jho HD. The long-term outcome of microvascular decompression for trigeminal neuralgia. N Engl J Med 1997;334:1077-83.

Taha JM, Tew JM Jr. Treatment of trigeminal neuralgia by percutaneous radiofrequency rhizotomy. Neurosurgery Clinics of North America 1997;8:31-9.

Terrence CF, Jensen TS. Trigeminal neuralgia and other facial neuralgias. In: Olesen J, Tfelt-Hansen P, Welch KMA eds The Headaches, 2nd ed. Philadelphia, Lippincott Williams & Wilkins 2000;929-38.

Zakrzewska JM. Trigeminal neuralgia. In: Zakrzewska JM, Harrison SD, eds. Assessment and management of orofacial pain. Pain Research and Clinical Management, Amsterdam, Elsevier 2002;14:263-366.

13.2 Neuralgia do glossofaríngeo

Ekbom KA, Westerberg CE. Carbamazepine in glossopharyngeal neuralgia. Arch Neurol 1966;14:595-6.

Laha RK, Jannetta PJ. Glossopharyngeal neuralgia. J Neurosurg 1977;47:316-20.

Minagor A, Sheremata WA. Glossopharyngeal neuralgia and MS. Neurology 2000;54:1368-70.

Rushton JG, Stevens JC, Miller RH. Glossopharyngeal (vagoglossopharyngeal) neuralgia. A study of 217 cases. Arch Neurol 1981;38:201-5.

13.3 Neuralgia do intermédio

Bruyn GW. Nervus intermedius neural gia (Hunt). In: Rose FC ed Headache. Handbook of Clinical Neurology. Amsterdam: Elsevier 1986;4(48):487-94.

13.4 Neuralgia do laríngeo superior

Bruyn GW. Superior laryngeal neuralgia. In: Row FC ed. Headache. Handbook of Clinical Neurology. Amsterdam: Elsevier 1986;4(48):495-500.

13.5 Neuralgia do nasociliar

Bruyn GW. Charlin's neuralgia. In: Rase FC ed. Headache. Handbook of Clinical Neurology, Amsterdam: Elsevier 1986;4(48):483-6.13.6 Neuralgia do supra-orbitário

Sjaastad O, Stolt-Nielsen A, Pareja JA, Vincent M. Supraorbital neuralgia. The clinical manifestation and a possible therapeutic approach. Headache 1999;39:204-12.

13.7 Outras neuralgias de ramos terminais

de Vries N, Smelt WL. Local anaesthetic block of posttraumatic neuralgia of the infraorbital nerve. Rhinology 1990;28:103-106.

13.8 Neuralgia do occipital

Bogduk N. Greater occipital neuralgia. In: Long DM ed. Current Therapy in Neurological Surgery. Toronto, Philadelphia: BC Decker Inc 1985;175-1811.

Hammond SR, Danta A. Occipital neuralgia. Clin Exp Neurol 1978;15:258-270.

13.9 Síndrome pescoço-língua

Bertoft ES, Westerberg CE. Further observations on the necktcngue syndrome. Cephalalgia 1985;5(Suppl 3):312-3.

Bogduk N. An anatomical explanation for the neck-tongue syndrome. J Neurol Neurosurg Psychiat 1981;44:202-8.

Léince JW, Anthony M. Neck-tongue syndrome on sudden turning of the head. J Neurol Neurosurg Psychiat 1980;43:97-111.

13.10 Cefaléia por compressão externa

Pestronk A, Pestronk S. Goggle migraine. N Engl J Med 1983;308:226.

13.11 Cefaléia por estímulo frio

Drummond PD, Lance JW. Neurovascular disturbances in headache patients. Clin Exp Neurol 1984;20:93-9.

Odell-Smith R. Ice cream headache. In: Vinken PJ, Bruyn GW eds Handbook of Clinical Neurology. Amsterdam: Elsevier 1968;5:188-91.

Raskin NH. Ice cream, ice-pick and chemical headaches. In: Rose FC ed Headache. Handbook of Clinical Neurology. Amsterdam: Elsevier 1986;4(48):441-8.

Raskin NH, Knittle SC. Ice cream headache and orthostatic symptoms in patients with migraine. Headache 1976;16:222-5.

Wolf S, Hardy JD. Studies on pain. Observations on pain due to local cooling and on factors involved in the 'cold pressor' effect. J Clin Invest 1941;20:521-33.

13.12 Dor consistente causada por compressão, irritação ou distensão de nervos cranianos ou raízes cervicais superiores por lesão estrutural

Adams RD, Victor M, Ropper AH. Principies of Neurology 6th ed. New York: McGraw-Hill 1997;187-193/1370-85.

Capobianco DJ. Facial pain as a symptom of nonmetastatic lung cancer. Headache 1995;35:581-5.

Dalessio DJ ed. Wolff's Headache and other head pain. 6th edn New York: Oxford University Press 1993:345-64.

Mokri B. Raeder's paratrigeminal syndrome. Arch Neurol 1982;39:395-99.

Schoenen J, Broux R, Moonen G. Unilateral facial pain as the first symptom of lung cancer: are there diagnostic clues? Cephalalgia 1992;12:178-9.

13.13 Neurite óptica

Adams RD, Victor M, Ropper AH. Principies of Neurology 6th edn. New York, McGraw-Hill 1997;910-11.

Kaufman DI, Trobe JD, Eggenberger ER, Whitaker JN. Practice parameter: the role of corticosteroids in the management of acute monosymptomatic optic neuritis. Neurology 2000;54:2039-44.

Shults WT. Diseases of the visual pathways I. In Swash M, Oxbury J, eds. Clinical Neurology. Edinburgh, Churchill Livingstone 1991;410-13.

13.14 Neuropatia ocular diabética

Kennard C. Disorders of eye movements I. In: Swash MO, Bury J, eds. Clinical Neurology. Edinburgh. Churchill Livingstone 1991;446-7.

13.15 Dor facial ou cefálica atribuída ao herpes-zóster

Bowsher D. The management of postherpetic neuralgia. Postgrad Med J 1997;73:623-9.

Dworkin RH, Portenoy RK. Pain and its persistence in herpes zoster. Pain 1996;67:241-52.

Ragozzino MW, Melton LJ, Kerland LT, Chu CP, Perry HO. Population-based study of Herpes Zoster and its sequelae. Medicine 1982;61:310-6.

13.16 Síndrome de Tolosa-Hunt

de Arcaya AA, Cerezal L, Canga A, Polo JM, Berciano J, Pascual J. Neuroimaging diagnosis of Tolosa-Hunt syndrome. MRI contribution. Headache 1999;39:321-5.

Forderreuther S, Straube A. The criteria of the International Headache Society for Tolosa-Hunt syndrome need to be revised. J Neurol 1999;246:371-7.

Goadsby PJ, Lance JW. Clinicopathological correlation in a case of painful ophthalmoplegia: Tolosa-Hunt syndrome. J Neurol Neurosurg Psychiat 1989;52:1290-3.

Hannerz J. Pain characteristics of painful ophthalmoplegia (the Tolosa-Hunt syndrome). Cephalalgia 1985;5:103-6.

Hunt WE. Tolosa-Hunt syndrome: one cause of painful ophthalmoplegia. J Neurosurg 1976;44:544-9.

Tolosa E. Periarteritic lesions of the carotid siphon with the clinical features of a carotid infraclinoidal aneurysm. J Neurol Neurosurg Psychiatry 1954;17:300-2.

13.17 "Migrânea" oftalmoplégica

Lance JW, Zagami AS. Ophthalmoplegic migraine: a recurrent demyelinating neuropathy? Cephalalgia 2001;21:84-9.

Mark AS, Casselman J, Brown D, Sanchez J, Kolsky M, Larsen TC III, Lavin P, Ferraraccio B. Ophthalmoplegic migraine: reversible enhancement and thickening of the cisternal segment of the oculomotor nerve on contrast-enhanced MR images. Am J Neurtlradiol 1998;19:1887-91.

13.18.1 Anestesia dolorosa

Illingworth R. Trigeminal neuralgia: surgical aspects. In: Rase RD ed Headache. Handbook of Clinical Neurology. Amsterdam: Elsevier 1986;4 (48):449-58.

Pagni CA. Central and painful anaesthesia. Pathophysiology and treatment of sensory deprivation syndromes due to central and peripheral nervous system lesions. Progr Neurol Surg 1977;2:132-257.

13.18.2 Dor central pós-acidente vascular encefálico

Bowsher D. Central pain: clinical and physiological characteristics. J Neurol Neurosurg Psychiat 1996;61:62-9.

Bowsher D, Leijon G, Thuomas KA. Central poststroke pain. Correlation of MRI with clinical pain characteristics and sensory abnormalities. Neurology 1998;51:1352-8.

Fitzek S, Baumgartner U, Fitzek C et al. Mechanisms and Predictors of chronic facial pain in lateral medullary infarction. Ann Neurol 2001;49:493-500.

13.18.3 Dor facial atribuída a esclerose múltipla

Jensen TS, Rasmussen P, Reske-Nielsen E. Association of trigeminal neuralgia with multiple sclerosis: clinical pathological features. Acta Neurol Scand 1982;65:182-9.

13.18.4 Dor facial persistente idiopática

Boivie J, Casey KL. Central pain in the face and head. In Olesen J, Tfelt-Hansen P, Welch KMA eds. The Headaches, 2nd ed. Philadelphia, Lippincott, Williams & Wilkins 2000;939-45.

Gouda JJ, Brown JA. Atypical facial pain and other pain syndromes. Differential diagnosis and treatment. Neurosurgery Clinics of North America 1997;1:87-99.

Harrison SD. Atypical facial pain and atypical odontalgia in Zakrzewska JM, Harrison SD, eds. Assessment and management of orofacial pain. Pain Research and Clinical Management, Amsterdam: Elsevier 2002;14:251-62.

13.18.5 Síndrome da ardência bucal

Zakrzewska J. Burning mouth. In Zakrzewska JM, Harrison SD, eds. Assessment and management of orofacial pain. Pain Research and Clinical Management. Amsterdam. Elsevier 2002;14:367-80.

13.19 Outra neuralgia craniana ou dor facial centralmente mediada

Montalbetti L, Ferrandi D, Pergami P, Savoldi F. Elongated styloid process and Eagle's syndrome. Cephalalgia 1995;15:80-93.

14. Outras cefaléias, neuralgias cranianas e dor facial central ou primária

14.1 Cefaléia não classificada em outro local
14.2 Cefaléia não especificada

Introdução

A fim de tornar essa classificação abrangente, foi acrescentada, após os verbetes de diversos transtornos, uma subcategoria para alterações que preenchem todos, exceto um dos critérios para esses transtornos. Ainda assim, podem existir cefaléias que não se enquadram em nenhum dos capítulos existentes, porque elas estão sendo descritas pela primeira vez, ou porque simplesmente inexistem informações disponíveis suficientes. Este capítulo é destinado a esses tipos e subtipos de cefaléias.

14.1 Cefaléia não classificada em outro local

Termo previamente utilizado

Cefaléia não classificada.

Critérios diagnósticos

A. Cefaléia com aspectos característicos sugerindo ser uma entidade diagnóstica diferente das demais
B. Não preenche critérios para nenhuma das cefaléias descritas anteriormente

Comentários

Várias novas modalidades de cefaléias foram descritas entre a primeira edição da *Classificação Internacional das Cefaléias* e esta segunda edição. Prevê-se que haverá mais entidades ainda por ser descritas. Tais cefaléias, até que sejam classificadas, poderão ser codificadas como 14.1 *Cefaléia não classificada em outro local.*

14.2 Cefaléia não especificada

Termo previamente utilizado

Cefaléia não classificada.

Critérios diagnósticos

A. Uma cefaléia está ou esteve presente

B. Não há informação disponível suficiente para classificar a cefaléia em nenhum nível desta classificação

Comentários

É evidente que algum diagnóstico precisa ser dado a um grande número de pacientes sobre os quais muito poucas informações estão disponíveis, permitindo apenas afirmar que eles têm ou tiveram uma cefaléia, mas não qual o tipo de cefaléia. Tais pacientes são codificados como 14.2 *Cefaléia não especificada*. Esse código, entretanto, nunca deve ser utilizado como desculpa por não se obter informações detalhadas sobre a cefaléia, quando tais informações estão disponíveis. Deverá ser utilizado apenas nas situações em que a informação não pode ser obtida, porque o paciente morreu, está incapacitado para comunicar-se ou não acessível.

Apêndice

Introdução

Na primeira edição da *Classificação Internacional das Cefaléias* não houve apêndice. Desta vez, foi introduzido um e esperamos que seja usado de várias formas.

A principal finalidade do apêndice é apresentar critérios de pesquisa para uma série de novas entidades que ainda não foram suficientemente validadas por estudos científicos. Contudo, a experiência dos especialistas do Subcomitê para a Classificação Internacional das Cefaléias e as publicações de qualidades diversas sugerem que existem várias entidades diagnósticas que se acredita serem verdadeiras, mas para as quais evidências científicas adicionais são necessárias para serem formalmente aceitas. Assim, prevê-se que alguns dos distúrbios agora colocados no apêndice poderão ser transferidos para o corpo principal da classificação na próxima edição.

Em alguns casos, apresentamos critérios diagnósticos alternativos àqueles do corpo principal da classificação. Isso porque a experiência clínica e algumas publicações sugerem que pode ser interessante a sua inclusão, mas o Subcomitê ainda não concluiu que as evidências sejam suficientes para mudar a classificação. Este é o caso, por exemplo, dos sintomas que acompanham a migrânea sem aura. O critério diagnóstico alternativo D do apêndice é mais fácil, tanto de se compreender como de se aplicar, mas ainda não está suficientemente validado.

Finalmente, o apêndice é usado como um primeiro passo no sentido de eliminar transtornos incluídos, por tradição, como entidades diagnósticas na primeira edição, porém para as quais evidências suficientes ainda não foram publicadas.

A1. Migrânea

A1.1 Migrânea sem aura

Critérios diagnósticos

A. Pelo menos cinco crises preenchendo os critérios de B a D
B. Crises durando de quatro a 72 horas (se não tratadas ou tratadas sem sucesso)

C. A cefaléia apresenta pelo menos duas das seguintes características:
   1. localização unilateral
   2. caráter pulsátil
   3. intensidade de moderada a forte
   4. agravada por ou levando a evitar atividades físicas rotineiras (p. ex., caminhar, subir escadas)

D. Durante a cefaléia, pelo menos dois dos seguintes:
   1. náusea
   2. vômito
   3. fotofobia
   4. fonofobia
   5. osmofobia

E. Não atribuído a outro transtorno

Comentários

Apenas o critério D difere daqueles presentes no corpo principal da classificação. Embora esta alternativa pareça mais fácil de se compreender e aplicar, não está suficientemente validada.

A1.1.1 Migrânea sem aura menstrual pura

Critérios diagnósticos

A. Crises, numa mulher que menstrua, preenchendo os critérios para a 1.1 *Migrânea sem aura*

B. As crises ocorrem exclusivamente nos dias 1 ± 2 (dias -2 a +3)[1] da menstruação[2], em pelo menos dois de três ciclos menstruais e em nenhuma outra época do ciclo

Notas

1. O primeiro dia da menstruação é o dia 1 e o dia anterior é o dia –1; não há dia 0.
2. Para os propósitos desta classificação considera-se a menstruação como o sangramento endometrial resultante tanto de um ciclo menstrual normal quanto da suspensão de progestógenos exógenos, como no caso dos contraceptivos orais combinados e da terapia de reposição hormonal cíclica.

A1.1.2 Migrânea sem aura relacionada à menstruação

Critérios diagnósticos

A. Crises, numa mulher que menstrua, preenchendo os critérios para a 1.1 *Migrânea sem aura*

B. As crises ocorrem nos dias 1± 2 (dias –2 a +3)[1] da menstruação[2], em pelo menos dois de três ciclos menstruais e adicionalmente em outras épocas do ciclo

Notas

1. O primeiro dia da menstruação é o dia 1 e o dia anterior é o dia -1; não há dia 0.
2. Para os propósitos desta classificação, considera-se a menstruação como o sangramento endometrial resultante tanto de um ciclo menstrual normal quanto da suspensão de progestógenos exógenos, como no caso dos contraceptivos orais combinados e da terapia de reposição hormonal cíclica.

A1.1.3 Migrânea sem aura não-relacionada à menstruação

Critérios diagnósticos

A. Crises, numa mulher que menstrua, preenchendo os critérios para a 1.1 *Migrânea sem aura*
B. As crises não têm relação com a menstruação[1]

Nota

1. Ou seja, não preenchem o critério B para a A1.1.1 *Migrânea sem aura menstrual pura* e para a A1.1.2 *Migrânea relacionada a menstruação sem aura.*

Comentários

Esta subclassificação de 1.1 *Migrânea sem aura* é aplicável apenas a mulheres que menstruam.

A importância na diferenciação entre A1.1.1 *Migrânea sem aura menstrual pura* e A1.1.2 *Migrânea sem aura relacionada à menstruação* é que a profilaxia hormonal parece ser mais eficaz na migrânea menstrual pura. Para confirmar o diagnóstico, é necessária a evidência fornecida por registros prospectivos, por no mínimo três meses, uma vez que muitas mulheres superdimensionam a associação entre as crises e a menstruação.

As crises menstruais são, na maioria das vezes, de migrânea sem aura. Em mulheres que apresentam migrânea com e sem aura, a migrânea com aura não parece estar associada à menstruação.

O(s) mecanismo(s) da migrânea pode(m) ser diferente(s) no sangramento endometrial resultante do ciclo menstrual normal e no sangramento decorrente da retirada de progestógenos exógenos (como o que ocorre na contracepção oral combinada e na terapia de reposição hormonal cíclica). Por exemplo, o ciclo menstrual endógeno resulta de mudanças hormonais complexas no eixo ovário-hipotálamo-hipofisário, levando à ovulação, que pode ser suprimida pelo uso de contraceptivos combinados. Portanto, pesquisas clínicas deveriam separar estas subpopulações. As estratégias terapêuticas também podem ser diferentes para estas subpopulações distintas.

Existe alguma evidência de que as crises menstruais, pelo menos em algumas mulheres, resultem da suspensão do estrogênio, embora outras alterações hormonais e bioquímicas nesta fase do ciclo também possam ser relevantes. Se a migrânea menstrual pura ou a migrânea relacionada à menstruação vierem a ser associadas à retirada de estrógenos exógenos, ambos os códigos A1.1.1 *Migrânea sem aura menstrual pura* ou A1.1.2 *Migrânea sem aura relacionada à menstruação* e 8.4.3 *Cefaléia da supressão de estrógenos* deverão ser utilizados.

A1.2.7 Estado de aura migranosa

Critérios diagnósticos

A. Aura de migrânea preenchendo os critérios para 1.2 Migrânea com aura ou um dos seus subtipos
B. Pelo menos dois episódios de aura por dia, por ≥ 5 dias consecutivos

A1.3.4 Hemiplegia alternante da infância

Descrição

Crises de hemiplegia na infância, acometendo cada lado alternadamente, associada a uma encefalopatia progressiva, outro fenômeno paroxístico e deficiência mental.

Critérios diagnósticos

A. Crises recorrentes de hemiplegia que alterna entre os dois lados do corpo
B. Início antes dos 18 meses de idade
C. Pelo menos um outro fenômeno paroxístico está associado às crises de hemiplegia ou ocorre independentemente, tais como crises tônicas, postura distônica, movimentos coreotetóides, nistagmo ou outras alterações oculomotoras, distúrbios autonômicos
D. Evidência de déficit mental e/ou neurológico
E. Não atribuída a outro transtorno

Comentários

Esta é uma alteração heterogênea que inclui transtornos neurodegenerativos. A relação com a migrânea tem sido sugerida sobre bases clínicas. A possibilidade de que esta seja uma forma incomum de epilepsia não pode ser excluída.

A1.3.5 Torcicolo paroxístico benigno

Descrição

Episódios recorrentes de inclinação da cabeça para um lado, às vezes com pequena rotação, com remissão espontânea. Essa alteração ocorre em bebês ou crianças pequenas, com início no primeiro ano de vida. Podem evoluir para a 1.3.3 *Vertigem paroxística benigna da infância* ou para a 1.2 *Migrânea com aura*, ou podem cessar, sem mais sintomas.

Critérios diagnósticos

A. Crises episódicas, numa criança nova, com todas as seguintes características e preenchendo o critério B:
   1. inclinação da cabeça para um lado (nem sempre o mesmo lado), com ou sem discreta rotação
   2. duração de minutos a dias
   3. remissões espontâneas e tendência a recorrência mensal

B. Durante as crises, um ou mais dos seguintes sinais e/ou sintomas:
   1. palidez
   2. irritabilidade
   3. mal-estar
   4. vômitos
   5. ataxia[1]

C. Exame neurológico normal entre as crises

D. Não atribuídas a outro transtorno

Nota

1. Ataxia é mais provável em crianças mais velhas dentre as acometidas.

Comentários

A cabeça da criança pode ser reconduzida à posição normal durante as crises; pode-se encontrar alguma resistência que, no entanto, pode ser vencida.

O A1.3.5 *Torcicolo paroxística benigno* pode evoluir para a 1.3.3 *Vertigem paroxística benigna* ou 1.2 *Migrânea com aura* (particularmente 1.2.6 *Migrânea do tipo basilar*).

Estas observações necessitam de validação por diários, entrevistas estruturadas e coleta longitudinal de dados. O diagnóstico diferencial inclui refluxo gastroesofágico, distonia de torção idiopática e epilepsia parcial complexa, mas particular atenção deve-se voltar para a fossa posterior e a junção craniocervical onde lesões adquiridas ou congênitas podem causar torcicolo.

A1.3.6 Migrânea Crônica

Termos previamente utilizados

Cefaléia crônica diária e migrânea transformada.

Critérios diagnósticos

A. Cefaléia (migrânea e/ou tipo tensional) em $\geq$ 15 dias por mês durante ao menos 3 meses[1]

B. Ocorrendo em pacientes que tiveram ao menos cinco crises de cefaléia preenchendo os critérios para a 1.1 Migrânea sem aura
C. Em ≥ 8 dias por mês por pelo menos 3 meses a cefaléia preencheu C1 e/ou C2 abaixo, preenchendo critérios para dor e sintomas associados da migrânea sem aura
   1. Pelo menos dois de a-d
      (a) localização unilateral
      (b) caráter pulsátil
      (c) intensidade moderada ou forte
      (d) exacerbada por ou levando o indivíduo a evitar atividades físicas rotineiras (ex.: caminhar ou subir escada) e pelo menos um de (a) ou um (b)
         (a) Náusea e/ou vômito
         (b) Fotofobia e fonofobia
   2. Alívio com triptano(s) ou ergotamina antes do desenvolvimento esperado de C1 acima
D. Sem uso excessivo de medicação[2] e não ser atribuída a outra transtorno[3]

Notas

1. A caracterização de cefaléia recorrente requer um diário para registro das informações sobre a dor e sintomas associados dia-a-dia por pelo menos 1 mês. Diários de amostra estão disponíveis em http://www.i-h-s.org e http://www.sbce.med.com
2. Uso excessivo de medicação como definido abaixo 8.2 *cefaléia por uso excessivo de medicação.*
3 A história e os exames físico e neurológico não sugerem nenhum transtorno dentre os listados nos grupos de cinco a 12, ou a história e/ou os exames físico e/ou neurológico sugerem tal transtorno, mas este é excluído através de investigação apropriada, ou tal transtorno está presente, mas as crises não ocorrem pela primeira vez em estreita relação temporal com o transtorno.

Comentários

Demonstrou-se que poucos pacientes se enquadravam nos critérios diagnósticos de migrânea crônica (MC) da Segunda Classificação das Cefaléias. O sistema diagnóstico era capaz de diagnosticar MC somente após a interrupção do uso excessivo de medicamentos que provou ser pouco prático.

Os Critérios para migrânea crônica foram revistos pela Sociedade Internacional de Cefaléia e decidiu-se colocar esses novos critérios no Apêndice para serem disponibilizados em futuras pesquisas. Uma vez que esses critérios venham a ser testados na prática clínica, o objetivo será introduzi-los na classificação.

Essa documentação foi votada e endossada pelo presidente e pelos membros do Subcomitê da Segunda Classificação das Cefaléias

Referências bibliográficas

Bigal ME, Rapoport AM, Sheftell FD, Tepper SJ, Lipton RB.Chronic migraine is an earlier stage of transformed
migraine in adults. Neurology 2005; 65:1556–61.

Bigal ME, Rapoport AM, Tepper SJ, Sheftell FD, Lipton RB. The classification of chronic daily headache in adolescents—a comparison between the second edition of the international classification of headache disorders and
alternative diagnostic criteria. Headache 2005;45:582–9.

Headache Classification Committee of the International Headache Society. The International Classification of Headache Disorders: 2nd edition. Cephalalgia 2004;24 (Suppl. 1):9–160.

Silberstein SD, Lipton RB, Sliwinski M. Classification of daily and near-daily headaches: field trial of revised IHS
criteria. Neurology 1996; 47:871–5.

Bigal ME, Tepper SJ, Sheftell FD, Rapoport AM, Lipton RB. Chronic daily headache: correlation between the 2004 and
the 1988 International Headache Society diagnostic criteria. Headache 2004; 44:684–91.

Cady RK, Lipton RB, Hall C, Stewart WF, O'Quinn S, Gutterman D. Treatment of mild headache in disabled migraine sufferers: results of the Spectrum Study. Headache 2000; 40:792–7.

Brennum J, Brinck T, Schriver L, Wanscher B, Sørensen PS, Tfelt-Hansen P, Olesen J. Sumatriptan has no clinically
relevant effect in the treatment of episodic tension type
headache. Eur J Neurol 1996; 3:23–8.

Silberstein SD, Lipton RB. Chronic daily headache. Curr Opin Neurol 2000; 13:277–83.

Mathew NT. Transformed migraine. Cephalalgia 1993; 13 (Suppl. 12):78–83.

Langemark M, Olesen J, Poulsen DL, Bech P. Clinical characterization of patients with chronic tension headache. Headache 1988; 28:590–6.

A2. Cefaléia do tipo tensional

Comentários

Os seguintes critérios alternativos podem ser aplicados a A2.1 *Cefaléia do tipo tensional episódica não-freqüente*, A2.2 *Cefaléia do tipo tensional episódica freqüente* e A2.3 *Cefaléia do tipo tensional crônica*. Eles definem uma síndrome-núcleo de cefaléia do tipo tensional. Em outras palavras, estes critérios são bastante específicos, mas têm baixa sensibilidade.

Critérios diagnósticos

A. Episódios, ou cefaléia, preenchendo os critérios A para [2.1 *Cefaléia do tipo tensional episódica não-freqüente*, 2.2 *Cefaléia do tipo tensional episódica freqüente* ou 2.3 *Cefaléia do tipo tensional crônica*] e os critérios de B a D abaixo.

B. Cefaléia com duração de 30 minutos a sete dias.

C. Pelo menos três das seguintes características:
   1. localização bilateral
   2. caráter em pressão ou aperto (não-pulsátil)
   3. intensidade de fraca ou moderada
   4. não agravada por atividades físicas rotineiras, como caminhar ou subir escadas

D. Ausência de náusea (anorexia pode ocorrer), vômitos, fotofobia ou fonofobia

E. Não atribuída a outro transtorno[1,2]

Notas

1. A história e os exames físico e neurológico não sugerem qualquer transtorno dentre os listados nos grupos de cinco a 12, ou a história e/ou os exames físico e/ou neurológico sugerem tal transtorno, mas este é excluído por investigação apropriada, ou tal transtorno está presente, mas a cefaléia não ocorre pela primeira vez em clara relação temporal com o mesmo.
2. No caso de A2.3 *Cefaléia do tipo tensional crônica* e quando ocorre o uso excessivo de medicação preenchendo o critério B para qualquer uma das subformas de 8.2 *Cefaléia por uso excessivo de medicação*, é duvidoso se este critério E é preenchido até que se tenham passado dois meses da interrupção do uso excessivo de medicação sem melhora clínica (ver comentários).

Comentários

Em muitos casos duvidosos de cefaléia do tipo tensional crônica há uso excessivo de medicação. Quando se preenche o critério B para quaisquer das subformas de 8.2 *Cefaléia por uso excessivo de medicação*, a regra é usar o código 2.4.3 *Provável cefaléia do tipo tensional crônica* mais 8.2.7 *Provável cefaléia por uso excessivo de medicação*. Quando estes critérios de A a E ainda permanecerem preenchidos após dois meses da retirada da medicação usada em excesso, deve-se diagnosticar A2.3 *Cefaléia do tipo tensional crônica* e excluir 8.2.7 *Provável cefaléia por uso excessivo de medicação*. Alternativamente, se a qualquer momento antes de dois meses os critérios não puderem mais ser preenchidos devido à melhora pela retirada de medicação, deve-se diagnosticar 8.2 *Cefaléia por uso excessivo de medicação* e exclui 2.4.3 *Provável cefaléia do tipo tensional crônica*.

A3. Cefaléias em salvas e outras cefaléias trigêmino-autonômicas

A3.3 Cefaléia de curta duração, unilateral, neuralgiforme com sintomas autonômicos (SUNA)

Comentários

A atual classificação para *3.3 SUNCT* tem alguns problemas.

Primeiro, o nome implica que todos os pacientes devam ter tanto hiperemia conjuntival quanto lacrimejamento. Esta não é, invariavelmente, a experiência clínica do subcomitê. É possível que 3.3 *SUNCT* seja um subtipo de uma forma mais ampla de A3.3 *SUNA*. Esta proposta requer validação. Segundo, a dor das crises pode ser difícil de diferenciar daquela de 13.1 *Neuralgia do trigêmeo*, afetando a divisão oftálmica. Um fator distintivo sugerido é a ausência de um período refratário à estimulação cutânca em A3.3 *SUNA*. Terceiro, o critério para a freqüência das crises em 3.3 *SUNCT* é pouco útil devido ao largo espectro de variação a que dá margem. Uma vez que as crises ocorrem, comumente, ao menos diariamente, talvez seja mais útil simplificar a exigência quanto à freqüência.

Os seguintes critérios propostos para A3.3 S*UNA* (como alternativa a 3.3 *SUNCT*) atendem a propósitos de pesquisa e precisam ser testados. As características autonômicas craniais devem ser exuberantes para distinguir este distúrbio da neuralgia da divisão oftálmica do trigêmeo.

Critérios diagnósticos

A. No mínimo, 20 crises preenchendo os critérios de B a E
B. Crises de cefaléia pulsátil ou em pontadas, unilateral, orbitária, supra-orbitária ou temporal, durando de dois segundos a dez minutos
C. A dor é acompanhada por um dos seguintes:
   1. hiperemia conjuntival e/ou lacrimejamento
   2. congestão nasal e/ou rinorréia
   3. edema palpebral
D. As crises ocorrem com uma freqüência ≥ 1 por dia em mais da metade do tempo
E. Nenhum período refratário se segue a uma crise desencadeada por zonas de gatilho
F. Não atribuídas a outro transtorno

A3.3.1 *SUNA* episódica

Descrição

Crises de cefaléia neuralgiforme unilateral de curta duração, com sintomas autonômicos craniais, ocorrendo em períodos com duração de sete dias a um ano e separados por intervalos sem dor com duração de um mês ou mais.

Critérios diagnósticos

A. Crises preenchendo os critérios de A a F para A3.3 *SUNA*

B. Pelo menos dois períodos de crises com duração (se não tratados) de sete dias a um ano e separados por períodos de remissão ≥ 1 mês

A3.3.2 *SUNA* crônica

Descrição

Crises de cefaléia neuralgiforme unilateral de curta duração, com sintomas autonômicos craniais, ocorrendo por mais de um ano sem remissão ou com remissões de duração menor que um mês.

Critérios diagnósticos

A. Crises preenchendo os critérios de A a F para *A3.3 SUNA*

B. As crises recorrem por >1 ano sem remissão ou com períodos de remissão durando < 1 mês

Referências bibliográficas

Goadsby PJ, Matharu MS, Boes CJ. SUNCT syndrome or trigeminal neuralgia with lacrimation. Cephalalgia 2001;21:82-83.

Sjaastad O, Kruszewski P. Trigeminal neuralgia and SUNCT' syndrome: similarities and differences in the clinical picture. An overview. Functional Neurology 1992;7:103-107.

Sjaastad O, Pareja JA, Zukerman E, Jansen J, Kruszewski P. Trigeminal neuralgia. Clinical manifestations of first division involvement. Headache 1997;37:346-357.

A6. Cefaléia atribuída a doença vascular craniana ou cervical

A6.5.6 Carotidínea

A carotidínea foi transferida da classificação principal para o apêndice porque uma extensa revisão da literatura sugere que esta não é uma entidade, mas uma síndrome que engloba muitas variedades de dor na região carotídea. Particularmente, a carotidínea como é descrita na primeira edição da *Classificação Internacional das Cefaléias* – dor cervical com duração menor do que duas semanas com dolorimento à palpação sobre a bifurcação da carótida – pode ser devida à dissecção carotídea (que deve ser codificada como 6.5.1 *Cefaléia ou dor facial ou cervical atribuída a dissecção arterial*).

Alguns casos de carotidínea com anormalidade à RM têm sido publicados recentemente (descrita como um sinal intermediário em T1W1 e um leve realce anular após injeção de gadolínio). Até que a especificidade destes achados seja estabelecida, a carotidínea será melhor considerada como uma síndrome do que como uma entidade distinta.

A6.8 Cefaléia crônica pós-doença vascular

Critérios diagnósticos

A. Cefaléia sem características típicas conhecidas, preenchendo os critérios C e D

B. Um transtorno vascular esteve presente, mas foi eficazmente tratado ou se remitiu espontaneamente

C. A cefaléia foi atribuída ao transtorno vascular

D. A cefaléia persiste por > 3 meses após o tratamento eficaz ou a remissão espontânea do transtorno vascular

Referências bibliográficas

Biousse V, Bousser MG. The myth of carotidynia. Neurology 1994;44:993-5.

Burton BS, Syms Mi, Petermann GW, Burgess LPA. MR imaging of patients with carotidynia. AJNR 2000;21:766-9.

Fay T. Atypical neuralgia. Arch Neurol Psychiat 1927;18:309-15.

Forwith KD, Tami TA. Carotidynia: symptom or diagnosis? Curr Opin Otolaryngol Head Neck Surg 1999;7:150-4.

Hill LM, Hastings G. Carotidynia: a pain syndrome. J Fam Pract 1994;39:71-5.

A7. Cefaléia atribuída a transtornos intracranianos não-vasculares

A7.9.1 Cefaléia pós-radiocirurgia

Critérios diagnósticos

A. Cefaléia difusa e/ou holocraniana, preenchendo os critérios C e D

B. História de realização de radioneurocirurgia

C. A cefaléia aparece dentro de sete dias após a cirurgia

D. A cefaléia desaparece dentro de três meses após a radiocirurgia

Comentários

Embora uma cefaléia nova tenha sido descrita após radiocirurgia, a maioria dos estudos não fornece uma descrição detalhada das características clínicas da cefaléia, nem está claro se a cefaléia que ocorre após a radiocirurgia representa uma exacerbação de uma cefaléia subjacente ou uma nova cefaléia. Nos casos em que não havia uma história prévia de cefaléia, a síndrome cefaléica era de curta duração, ocorria mais de um ano após a cirurgia e assemelhava-se à migrânea ou à cefaléia trovoada. Desta forma, a relação entre estas cefaléias e os procedimentos radiocirúrgicos que as precederam é altamente duvidosa. Estudos prospectivos cuidadosamente controlados são necessários para determinar se um tipo específico de cefaléia pode surgir após radiocirurgia e, se assim ocorrer, de que forma a dor está relacionada com o tipo e localização da lesão irradiada e/ou à dose e campo de radiação empregados.

A7.9.2 Cefaléia pós-eletroconvulsoterapia (ECT)

Critérios diagnósticos

A. Cefaléia sem características típicas conhecidas, preenchendo os critérios C e D
B. Foi realizada eletroconvulsoterapia (ECT)
C. A cefaléia aparece dentro de quatro horas após a ECT e em pelo menos 50% dos sessões
D. A cefaléia desaparece dentro de 72 horas após a ECT

Comentários

As características da cefaléia após a ECT foram registradas em vários relatos de casos. Hawken et al. (2001) relataram o caso de um paciente que era acometido de "migrânea leve" dois a três dias após a ECT e de "migrânea mais intensa" entre o sétimo e o décimo dia (os sintomas enumerados correspondem aos critérios diagnósticos para a 1.1 *Migrânea sem aura*). A cefaléia aparecia imediatamente após o paciente recuperar a consciência depois das sessões de ECT. Em uma de seis ocasiões, a cefaléia esteve associada a náusea, porém outros sintomas de migrânea não foram descritos. A cefaléia não respondeu ao sumatriptano, mas foi atenuada por uma combinação de propranolol e naproxeno e aparentemente pôde ser prevenida pela administração de propranolol antes da ECT. De Battista e Mueller (1995) descreveram um paciente que desenvolveu cefaléias unilaterais intensas associadas a náusea/vômito e fotofobia pós-ECT. O paciente trazia a história de cefaléias similares, porém menos intensas. A administração profilática de sumatriptano pareceu prevenir a cefaléia, enquanto a administração profilática de beta-bloqueadores não o fez. Ghoname et al. (1999) descreveram nove pacientes que apresentavam cefaléia imediatamente após as sessões de ECT. As cefaléias eram intensas e bilaterais em todos os casos (pulsáteis em dois casos), mas nenhum outro sintoma de migrânea foi descrito. Diversas cartas e relatos de casos documentaram crises de cefaléia intensa (associadas a sintomas de migrânea ou descritas como similares à migrânea) desencadeadas por ECT em pacientes com história de migrânea (p.ex., Folkerts, 1995; Oms et al., 1998). Markowitz et al. (2001) relataram que, de 13 crises de cefaléia moderadas ou intensas após ECT, seis estavam associadas a sensibilidade a luz, quatro a sensibilidade a ruídos, três a náusea e um a vômitos. Todas, exceto uma crise, diminuíram 1,5 h após a administração intranasal de 20 mg de sumatriptano.

A7.10 Cefaléia crônica pós-transtorno intracraniano

Critérios diagnósticos

A. Cefaléia sem características típicas, preenchendo os critérios C e D
B. Um transtorno intracraniano esteve presente, porém foi efetivamente tratado ou remitiu espontaneamente
C. A cefaléia foi atribuída ao transtorno intracraniano
D. A cefaléia persistente por > 3 meses após o tratamento eficaz ou a remissão espontânea do transtorno

Referências bibliográficas

A7.9.1 Cefaléia pós-radiocirurgia

Kondziolka D, Lundsford LD, Flickinger JC. Gamma knife stereotactic radiosurgery for cerebral vascular malformations. In: Alexander E III, Loeffler JS, Lundsford LD eds. Stereotactic Radiosurgery. New York: McGraw Hill Inc 1993;136-145.

Lundsford LD, Flickinger JC, Coffee RJ. Stereotactic gamma knife radiosurgery. Initial North American experience in 207 patients. Arch Neurol 1990;47:169-75.

Rozen TD, Swanson JW. Post-gamma knife headache: A new headache syndrome? Headache 1997;37:180-3.

A7.9.2 Cefaléia pós-eletroconvulsivoterapia (ECT)

DeBattista C, Mueller K. Sumatriptan prophylaxis for post electroconvulsive therapy headaches. Headache 1995;35:502-3.

Folkerts H. Migraine after electroconvulsive therapy. Convulsive Therapy 1995;11:212-5.

Ghoname EA, Craig WF, White PF. The use of percutaneous electrical nerve stimulation (PENS) for treating ECT-induced headaches. Headache 1999;39:502-5.

Hawken ER, Delva NJ, Lawson JS. Successful use of propranolol in migraine associated with electroconvulsive therapy. Headache 2001;41:92-6.

Markowitz JS, Kellner CH, Devane CL, Beale MD, Folk J, Bums C, Liston HL. Intranasal sumatriptan in post-ECT headache: results of an open-label trial. Journal of ECT 2001;17:280-3.

Oms A, Miro E, Rojo JE. Sumatriptan was effective in electroconvulsive therapy (ECT) headache. Anesthesiology 1998;89:1291-2.

Weiner SJ, Ward TN, Ravaris CL. Headache and electroconvulsive therapy. Headache 1994;34:155-9.

A8. Cefaléia atribuída a uma substância ou a sua supressão

A8.1.10 Cefaléia como efeito adverso agudo atribuído a medicação usada para outras indicações

A Tabela 1 lista as medicações relatadas como causa de cefaléia durante o uso terapêutico.

Tabela 1. Drogas que podem induzir a cefaléia ou agravar uma cefaléia preexistente

Acetazolamida	Codeína	Interferon	Ondansetrona
Ajmalina	Didanosina	Isoniazida	Paroxetina
Amantadina	Diidralazina	Meprobamato	Pentoxifilina
Anti-histamínicos	Diidroergotamina	Metaqualone	Perexilina
Barbitúricos	Dipiridamol	Metronidazol	Primidona
Beta-interferon	Disopiramida	Morfina e derivados	Prostaciclina
Bromocriptina	Dissulfiram	Ácido nalidíxico	Ranitidina
Cafeína	Ergotamina	Nifedipina	Rifampicina
Antagonistas de cálcio	Etofibrato	Nitrofurantoína	Sildenafil
Carbimazol	Gestágenos	Nitratos	Teofilina e derivados
Quinidina	Glicosídeos	Antiinflamatórios não-esteróides	Tiamazol
Cloroquina	Griseofulvina	Octreotida	Timetoprima + sulfametoxazol
Cimetidina	Guanitidina	Estrógenos	Triptanos
Clofibrato	Imunoglobulinas	Omeprazol	Vitamina A

A8.2 Cefaléia por uso excessivo de medicação

Termos previamente utilizados

Cefaléia rebote, cefaléia induzida por drogas, cefaléia induzida por medicação, cefaléia por uso inadequado de medicação.

Critérios de diagnósticos

A. Cefaléia presente em ≥ 15 dias/ mês

B. Uso excessivo freqüente de um ou mais tratamentos agudos/ sintomáticos por > 3 meses como definido nos sub-itens de 8.2

1. Ergotamina, triptanos, opióides ou combinações analgésicas em ≥ 10 dias/ mês de regularmente por ≥ 3 meses.
2. Analgésicos simples ou quaisquer combinações de ergotamína, triptanos, opiódes em ≥ 15 dias/ mês de forma regular por ≥ 3 meses sem uso excessivo de alguma classe medicamentosa específica isoladamente.

C. A cefaléia se desenvolveu ou teve piora marcante durante uso excessivo de medicação.

Comentários

Um descontentamento tem ocorrido com a Segunda Classificação das Cefaléias em relação ao diagnóstico da Cefaléia por uso excessivo de medicação (CEM). O problema é que a CEM não pode ser diagnosticada até que o excesso de medicação seja interrompido e o paciente apresente melhora. Isso significa que a presença da mesma só pode ser diagnosticada quando o paciente quando o paciente já não possui mais os sintomas.

Finalmente, um sistema onde a CEM se torna um diagnóstico padrão iria encorajar os médicos em todo o mundo a agir corretamente no sentido de denomina-la de forma adequada e a impedir que os pacientes mantenham-se utilizando em excesso a medicação sintomática como abordagem inicial de um plano de tratamento.

Os Critérios para Cefaléia por uso excessivo de medicação (CEM) foram então revistos pela Sociedade Internacional de Cefaléia e ficou decidido coloca-los no Apêndice para serem disponibilizados em futuras pesquisas. Uma vez que esses critérios tenham sido testados na prática clínica diária, o objetivo será introduzi-los na classificação. Essa documentação foi votada e endossada pelo presidente e pelos membros do Sub-comitê da Segunda Classificação das Cefaléias.

Referências bibliográficas

Bigal ME, Rapoport AM, Sheftell FD, Tepper SJ, Lipton RB.Chronic migraine is an earlier stage of transformed
migraine in adults. Neurology 2005; 65:1556–61.

Bigal ME, Rapoport AM, Tepper SJ, Sheftell FD, Lipton RB. The classification of chronic daily headache in adolescents—a comparison between the second edition of the international classification of headache disorders and
alternative diagnostic criteria. Headache 2005;45:582–9.

Headache Classification Committee of the International Headache Society. The International Classification of Headache Disorders: 2nd edition. Cephalalgia 2004;24 (Suppl. 1):9–160.

Silberstein SD, Lipton RB, Sliwinski M. Classification of daily and near-daily headaches: field trial of revised IHS
criteria. Neurology 1996; 47:871–5.

Bigal ME, Tepper SJ, Sheftell FD, Rapoport AM, Lipton RB. Chronic daily headache: correlation between the 2004 and
the 1988 International Headache Society diagnostic criteria. Headache 2004; 44:684–91.

Cady RK, Lipton RB, Hall C, Stewart WF, O'Quinn S, Gutterman D. Treatment of mild headache in disabled migraine sufferers: results of the Spectrum Study. Headache 2000; 40:792–7.

Brennum J, Brinck T, Schriver L, Wanscher B, Sørensen PS, Tfelt-Hansen P, Olesen J. Sumatriptan has no clinically
relevant effect in the treatment of episodic tension type
headache. Eur J Neurol 1996; 3:23–8.
Silberstein SD, Lipton RB. Chronic daily headache. Curr Opin Neurol 2000; 13:277–83.
Mathew NT. Transformed migraine. Cephalalgia 1993; 13 (Suppl. 12):78–83.
Langemark M, Olesen J, Poulsen DL, Bech P. Clinical characterization of patients with chronic tension headache. Headache 1988; 28:590–6.

A8.5 Cefaléia crônica após exposição a substância

Critérios diagnósticos

A. Cefaléia sem características típicas, preenchendo os critérios C e D
B. A exposição a uma substância existiu, porém cessou
C. A cefaléia foi atribuída à exposição à substância
D. A cefaléia persiste por > 3 meses após a exposição à substância ter cessado

A9. Cefaléia atribuída a infecção

A9.1.6 Cefaléia atribuída a lesão infecciosa ou infestação intracraniana expansiva

Comentários

Há lesões infecciosas intracranianas expansivas causadoras de cefaléia que não o abscesso cerebral e o empiema subdural. Uma vez que a fisiopatologia é multifatorial e estudos sistematizados para classificar estas cefaléias são inadequados, são sugeridos critérios diagnósticos provisórios no apêndice.

Critérios diagnósticos

A. Cefaléia com pelo menos uma das seguintes características e preenchendo critérios C e D:
   1. dor difusa e contínua
   2. agravada pelo esforço
   3. acompanhada por náusea e/ou sintomas e/ou sinais neurológicos focais
B. Evidências por neuroimagem de lesão infecciosa ou infestação intracraniana expansiva
C. A cefaléia aparece durante a infestação ou infecção intracraniana expansiva
D. A cefaléia desaparece dentro de três meses[1] após o tratamento bem sucedido da lesão

Nota

1. A cefaléia geralmente desaparece dentro de um mês.

Comentários

Um efeito expansivo direto levando a hipertensão intracraniana e/ou irritação de estruturas meníngeas ou arteriais são os mecanismos causadores de cefaléia deste subtipo.

Os organismos que mais comumente causam doenças granulomatosas ou císticas expansivas do sistema nervoso central são: micobactérias, fungos (p.ex., *Cryptococcus neoformans* e outros), *Toxoplasma gondii*, amebas de vida livre, cestódios (p.ex., *Cysticercus cellulosae*, *Coenurus cerebralis*, *Sparganum* sp), nematódeos (p.ex., *Toxocara canis*, filarias linfáticas, *Onchocerca volvullus*, *Anisakis* sp) e trematódeos (p.ex., *Schistosoma* sp, em particular *Schistosoma japonicum* e *Paragonimus* sp).

A9.1.7 Cefaléia atribuída a infestação parasitária intracraniana

Codificada em outro local

Cefaléia atribuída a efeito de massa e não ao efeito direto da infestação parasitária intracraniana é codificada como A9.1.6 *Cefaléia atribuída a lesão infecciosa ou infestação intracraniana expansiva.*

Comentário

As infestações parasitárias são caracterizadas por um estágio agudo e outro crônico. A cefaléia no estágio agudo geralmente decorre de meningite, enquanto no estágio crônico acredita-se dever-se a alterações encefalíticas ou a deterioração neuropsicológica secundária. Faltam estudos sistematizados das cefaléias causadas por estes transtornos e os critérios diagnósticos só podem ser propostos com grande incerteza.

Critérios diagnósticos

A. Cefaléia com uma das seguintes características, com ou sem sintomas e/ou sinais neurológicos focais, preenchendo os critérios C e D:
   1. cefaléia, com início agudo, semelhante a *9.1.1 Cefaléia atribuída à meningite bacteriana*
   2. cefaléia com início mais insidioso e característico de meningoencefalite crônica

B. Evidência de uma infestação parasitária intracraniana através de estudo do LCR, sorologia sangüínea e/ou neuroimagem

C. A cefaléia aparece durante a infestação parasitária

D. A cefaléia desaparece dentro de três meses após o tratamento bem-sucedido da infestação

Comentários

A cefaléia é um sintoma comum na infestação parasitária intracraniana, sendo freqüentemente o primeiro. Uma ampla variedade de parasitas pode infestar o sistema nervoso central, direta ou indiretamente. Enquanto o *Trypanosoma cruzi* (tripanossomíase americana, doença de Chagas) pode causar meningite aguda, o *T. brucei gambiensi* (tripanossomíase africana do leste, doença do sono gambiense) e o *T. brucei rhodesiense* (tripanossomíase africana do leste, doença do sono rodesiana) causam uma meningoencefalite crônica.

Os fatores predisponentes incluem a exposição aos parasitas em áreas tropicais e/ou subtropicais de prevalência e, em poucas ocasiões, estado de imunocomprometimento.

A9.4.2 Cefaléia crônica pós-infecção não-bacteriana

Critérios diagnósticos

A. Cefaléia sem características típicas, preenchendo os critérios C e D
B. Uma infecção não-bacteriana existiu mas foi eficazmente tratada ou desapareceu espontaneamente
C. A cefaléia foi atribuída a infecção.
D. A cefaléia persiste por três meses ou mais após o tratamento, ou remissão espontânea da infecção.

Comentários

Existe pouca evidência de cefaléia crônica atribuída a infecções não-bacterianas. Mais pesquisa é necessária.

Referência bibliográfica

Westerink MA, Amsterdam D, Petell RJ, Stram MN, Apricella MA. Septicemia due to DF-2. Cause of a false-positive cryptococcal latex agglutination result. Am J Med 1987;83:155-8.

A10. Cefaléia atribuída a transtorno da homeostase

A10.7.1 Cefaléia atribuída a outros transtornos metabólicos ou sistêmicos

As cefaléias atribuídas aos seguintes transtornos não estão suficientemente validadas: anemia, hipercapnia, insuficiência adrenocortical, deficiência mineralocorticóidea, hiperaldosteronismo, policitemia, síndrome de hiperviscosidade, púrpura trombocitopênica trombótica, plasmaférese, síndrome de anticorpo anticardiolipina, doença de Cushing, hiponatremia, hipertireoidismo, hiperglicemia, hipercalcemia, lúpus eritematoso sistêmico, síndrome da fadiga crônica, fibromialgia. São necessários estudos prospectivos bem controlados para definir mais claramente a incidência e as características das cefaléias associadas a estes transtornos. Em cada caso, somente os pacientes que preenchem os critérios bem estabelecidos para estas desordens, em primeiro lugar, deveriam ser avaliados.

A10.8 Cefaléia crônica pós-transtorno da homeostase

Critérios diagnósticos

A. Cefaléia sem características típicas, preenchendo os critérios C e D
B. Um transtorno da homeostase existiu mas foi tratado eficazmente ou desapareceu espontaneamente
C. A cefaléia foi atribuída ao transtorno da homeostase
D. A cefaléia persiste por > 3 meses após tratamento ou a remissão espontânea do transtorno da homeostase

A11. Cefaléia ou dor facial atribuída a transtorno do crânio, pescoço, olhos, ouvidos, nariz, seios da face, dentes, boca ou outras estruturas faciais ou cranianas

A11.5.1 Cefaléia do ponto de contato mucoso

Critérios diagnósticos

A. Dor intermitente localizada nas regiões periorbitária e cantal medial ou temporozigomático e preenchendo os critérios C e D
B. Evidência clínica, por endoscopia nasal e/ou imagem por TC da existência de pontos de contato mucoso sem rinossinusite aguda
C. Evidência de que a dor possa ser atribuída ao contato mucoso, baseada em pelo menos um dos seguintes:
   1. há correspondência entre a dor e variações gravitacionais na congestão da mucosa, quando o paciente muda entre as posições de pé para deitado
   2. abolição da dor dentro de cinco minutos após aplicação tópica diagnóstica de anestesia local no corneto médio, usando placebo ou outros controles[1]
D. A dor desaparece dentro de sete dias, sem recorrência, após remoção cirúrgica dos pontos de contato mucosos

Nota

1. Abolição da dor significa alívio completo, indicada por uma pontuação de zero na escala analógica visual (EAV).

Comentário

A A11.5.1 *Cefaléia do ponto de contato mucoso* é um item novo na classificação para o qual há limitada evidência. Estudos controlados são recomendados para validá-lo, usando os critérios listados para a seleção de pacientes.

A11.9 Cefaléia crônica pós-transtorno craniocervical

Critérios diagnósticos

A. Cefaléia sem características típicas preenchendo os critérios C e D
B. Um transtorno craniocervical esteve presente, porém foi tratado eficazmente ou se remitiu espontaneamente
C. A cefaléia foi atribuída ao distúrbio craniocervical
D. A cefaléia persiste por > 3 meses após o tratamento eficaz ou a remissão espontânea do transtorno craniocervical

A12. Cefaléia atribuída a distúrbio psiquiátrico

Embora as cefaléias e vários transtornos psiquiátricos estejam comumente associados, a relação de causalidade entre eles e a direção dessa relação causal ainda são objeto de estudo. Os seguintes critérios são sugeridos para facilitar pesquisas sobre as possíveis relações causais entre certos transtornos psiquiátricos e a cefaléia. Não é recomendável que os mesmos sejam usados rotineiramente na prática clínica para descrever a associação entre transtornos psiquiátricos e cefaléia co-mórbida. Na grande maioria dos casos, a cefaléia associada a estes transtornos, mais provavelmente, reflete etiologias ou fatores de riscos subjacentes comuns.

Note-se que, ao se fazer qualquer dos diagnósticos listados a seguir, é importante estabelecer que a cefaléia em questão ocorra exclusivamente durante o curso do transtorno psiquiátrico. Significa que a cefaléia se manifesta apenas durante o tempo em que os sintomas do transtorno psiquiátrico também se encontram manifestos. Assim, por exemplo, em uma criança com transtorno de ansiedade de separação, a cefaléia deve ser atribuída ao transtorno de ansiedade de separação somente nos casos em que ocorra exclusivamente no contexto de separação real ou de risco de separação. Similarmente, em um adulto com transtorno de pânico, a cefaléia deve ser atribuída a este somente nos casos em que ocorrer como um dos sintomas do ataque de pânico.

A12.3 Cefaléia atribuída a transtorno depressivo maior

Critérios diagnósticos

A. Cefaléia sem características típicas, preenchendo os critérios de C a E

B. Presença de transtorno depressivo maior, preenchendo os critérios do DSM-IV:
   1. um ou mais episódios no qual, durante o mesmo período de duas semanas, pelo menos cinco dos sintomas seguintes estejam presentes:
      a. humor deprimido
      b. interesse ou prazer acentuadamente diminuídos
      c. modificação de peso ou de apetite
      d. insônia ou hipersonia
      e. agitação ou retardo psicomotor
      f. fadiga ou falta de energia
      g. sentimentos de inutilidade ou de culpa excessiva e/ou inadequada
      h. capacidade de concentração diminuída, ou indecisão
      i. pensamentos recorrentes de morte, ideação suicida, plano ou tentativa de suicídio
   2. ocorrendo na ausência de quaisquer episódios de mania ou hipomania;
   3. os sintomas não são melhor explicados por luto e não são devidos a efeitos fisiológicos diretos de uma condição médica ou de substância
C. A cefaléia ocorre exclusivamente durante os períodos depressivos maiores
D. Cefaléia desaparece ou melhora significativamente dentro de três meses após o transtorno depressivo maior apresentar remissão completa
E. A cefaléia não é atribuída a uma outra causa

Comentário

Uma vez que os antidepressivos tricíclicos são eficazes contra certos tipos de cefaléia, a remissão da mesma é mais sugestiva de uma causa psiquiátrica quando o transtorno depressivo maior melhora sob tratamento com outros antidepressivos que não tricíclicos.

A12.4 Cefaléia atribuída a transtorno de pânico

Critérios diagnósticos

A. Cefaléia sem características típicas conhecidas, preenchendo os critérios de C a E
B. Presença de transtorno de pânico preenchendo os critérios diagnósticos do DSM-IV:
   1. ataques recorrentes e inesperados de pânico seguidos por um mês ou mais de preocupação acerca de ter outro ataque, preocupação acerca das implicações de um ataque ou uma alteração comportamental por causa do ataque
   2. o ataque de pânico é definido como um período distinto de medo intenso ou desconforto no qual, pelo menos, quatro dos seguintes sintomas se manifestam abruptamente e atingem um pico dentro de dez minutos:

a. palpitações
b. ritmo cardíaco acelerado ou palpitação
c. sudorese, tremores ou abalos
d. sensações de falta de ar ou de sufocamento
e. sensação de asfixia, dor ou desconforto torácico
f. náusea ou desconforto abdominal
g. sensação de tontura, instabilidade, vertigem ou desmaio
h. desrealização ou despersonalização
i. medo de perder o controle ou de enlouquecer
j. medo de morrer
k. parestesias
l. calafrios ou ondas de calor

3. os ataques de pânico não são decorrentes de efeitos fisiológicos de uma alteração médica ou de uma substância

C. A cefaléia ocorre exclusivamente durante os ataques de pânico
D. A cefaléia desaparece e não recorre, após a remissão do transtorno de pânico
E. A cefaléia não é atribuída a outra causa

A12.5 Cefaléia atribuída a transtorno de ansiedade generalizada

Critérios diagnósticos

A. Cefaléia sem características típicas conhecidas, preenchendo os critérios de C a E
B. Presença de transtorno de ansiedade generalizada, preenchendo os critérios do DSM-IV:
1. ansiedade e preocupação excessivas sobre diversos eventos ou atividades e que o paciente considera difícil de controlar, ocorrendo na maioria dos dias, por pelo menos seis meses
2. associada a pelo menos três dos seguintes sintomas:
a. inquietação ou sensação de estar com os nervos à flor da pele
b. fatigabilidade;
c. dificuldade em se concentrar ou sensações de "branco" na mente
d. irritabilidade
e. tensão muscular
f. perturbação do sono
3. não ocorrendo exclusivamente durante um transtorno de humor
4. não decorrente de efeitos fisiológicos de uma alteração médica ou de uma substância

C. A cefaléia ocorre exclusivamente durante o curso do transtorno de ansiedade generalizada

D. A cefaléia desaparece e não recorre após a remissão do transtorno de ansiedade generalizada
E. A cefaléia não é atribuída a outra causa

A12.6 Cefaléia atribuída a transtorno somatoforme indiferenciado

Critérios diagnósticos

A. Cefaléia sem características típicas conhecidas, preenchendo os critérios de C a E
B. Presença de distúrbio somatoforme indiferenciado, definido por um sintoma somatoforme adicional à cefaléia, preenchendo os critérios DSM-IV para *distúrbio somatoforme indiferenciado*:
   1. uma queixa somática mais a cefaléia que, após investigação apropriada, não pode ser explicada por uma alteração clínica sistêmica ou pelos efeitos diretos de uma substância ou medicamento ou, quando relacionada a uma alteração clínica, a queixa ou limitação é excessiva com relação à esperada pela história clínica, exame físico e/ou achados laboratoriais
   2. a queixa somática e a cefaléia causam sofrimento ou limitação e duram pelo menos seis meses

C. A cefaléia ocorre exclusivamente durante o curso da outra queixa somática
D. A cefaléia desaparece após a remissão do transtorno somatoforme indiferenciado
E. A cefaléia não é atribuída a outra causa

A12.7 Cefaléia atribuída a fobia social

Critérios diagnósticos

A. Cefaléia sem características típicas conhecidas, preenchendo os critérios de C a E
B. Presença de fobia social, preenchendo os critérios do DSM-IV:
   1. medo acentuado e persistente de uma ou mais situações sociais ou de desempenho, inclusive escolar, em que o indivíduo é exposto a pessoas estranhas e ao possível escrutínio por outras pessoas e em que o paciente teme agir de um modo que seja humilhante e/ou embaraçoso
   2. o paciente evita as situações sociais ou as suporta com intenso sofrimento
   3. a fobia é uma fonte de desconforto ou causa limitação da função social ou ocupacional

C. A cefaléia ocorre exclusivamente durante o curso da fobia social
D. A cefaléia desaparece após a remissão da fobia social
E. A cefaléia não é atribuída a outra causa

A12.8 Cefaléia atribuída ao transtorno de ansiedade de separação

Critérios diagnósticos

A. Cefaléia sem características típicas conhecidas, preenchendo os critérios de C a E

B. Presença de transtorno de ansiedade de separação, preenchendo pelo menos três dos seguintes critérios do DSM-IV, durando por seis meses ou mais, e com início antes dos 18 anos:
   1. sofrimento excessivo e recorrente frente à ocorrência ou a previsão de afastamento de casa ou de figuras importantes de vinculação ou quando isso é previsto
   2. preocupação persistente e excessiva acerca de perder ou sobre possíveis perigos, envolvendo figuras importantes de vinculação;
   3. preocupação excessiva e persistente de que um evento indesejado leve à separação de uma figura importante de vinculação (p. ex., perder-se ou ser seqüestrado)
   4. relutância persistente ou recusa de ir à escola ou a qualquer outro lugar, em razão do medo da separação
   5. temor excessivo e persistente ou relutância em ficar sozinho ou sem as figuras importantes de vinculação em casa ou sem adultos significativos em outros contextos
   6. relutância ou recusa persistente a ir dormir sem estar próximo a uma figura importante de vinculação ou pernoitar longe de casa;
   7. pesadelos repetidos envolvendo o tema da separação;
   8. repetidas queixas de sintomas somáticos (tais como cefaléias, dores abdominais, náuseas ou vômitos) quando a separação de figuras importantes de vinculação ocorre ou é prevista.

C. A cefaléia ocorre exclusivamente durante o curso do distúrbio de ansiedade de separação

D. A cefaléia desaparece após a remissão do distúrbio de ansiedade de separação

E. A cefaléia não é atribuída a outra causa

A12.9 Cefaléia atribuída a transtorno de estresse pós-traumático

Critérios diagnósticos

A. Cefaléia sem características típicas conhecidas, preenchendo os critérios de C a E

B. Presença de transtorno do estresse pós-traumático, preenchendo os critérios diagnósticos do DSM-IV:
   1. o paciente foi exposto a um evento traumático, no qual ambos dos seguintes quesitos estiveram presentes:
      a. o paciente vivenciou, testemunhou ou foi confrontado com um ou mais eventos que envolveram morte ou ferimento grave, reais ou ameaçados ou uma ameaça à integridade física própria ou de outros
      b. a resposta do paciente envolveu intenso medo, impotência ou horror
   2. o evento traumático é persistentemente revivido em uma ou mais das seguintes maneiras:
      a. recordações aflitivas, recorrentes e intrusivas do evento, incluindo imagens, pensamentos ou percepções
      b. sonhos aflitivos recorrentes com o evento
      c. agir ou sentir como se o evento traumático estivesse ocorrendo novamente (inclui um sentimento de revivência da experiência, ilusões, alucinações e episódios de *flashbacks* dissociativos, inclusive aqueles que ocorrem ao despertar ou quando intoxicado)
      d. sofrimento psicológico intenso quando da exposição a indícios internos ou externos que simbolizam ou lembram algum aspecto do evento traumático
      e. reatividade fisiológica na exposição a indícios internos ou externos que simbolizam ou lembram algum aspecto do evento traumático
   3. esquiva persistente de estímulos associados com o trauma e entorpecimento da responsividade geral (não presente antes do trauma), indicados por três ou mais dos seguintes quesitos:
      a. esforços no sentido de evitar pensamento, sentimentos ou conversas associadas com o trauma
      b. esforço no sentido de evitar atividades, locais ou pessoas que ativem recordações do trauma
      c. incapacidade de recordar algum aspecto importante do trauma
      d. redução acentuada do interesse ou da participação em atividades significativas;
      e. sensação de distanciamento ou afastamento em relação a outras pessoas
      f. faixa de afeto restrita (exemplo, incapacidade de ter sentimentos de carinho)
      g. sentimento de um futuro abreviado (exemplo, não espera ter uma carreira profissional, casamento, filhos ou período normal de vida)
   4. sintomas persistentes de excitabilidade aumentada (não presentes antes do trauma), indicados por dois ou mais dos seguintes itens:
      a. dificuldade em conciliar e manter o sono
      b. irritabilidade ou surtos de raiva

c. dificuldade em concentrar-se
d. hipervigilância
e. resposta de sobressalto exagerada

5. a duração dos sintomas em B2, B3 e B4 é > 1 mês

C. A cefaléia ocorre exclusivamente durante o curso do transtorno de estresse pós-traumático
D. A cefaléia desaparece após a remissão do transtorno de estresse pós-traumático
E. A cefaléia não é atribuída a outra causa

A13. Neuralgias cranianas e causas centrais de dor facial

A13.7.1 Cefaléia numular

Termo usado previamente
Cefalalgia em forma de moeda.

Descrição
Dor em uma área restrita e pequena da cabeça, na ausência de qualquer lesão das estruturas subjacentes.

Critérios diagnósticos
A. Dor fraca a moderada na cabeça, preenchendo os critérios B e C
B. A dor é sentida exclusivamente em uma área arredondada ou elíptica, caracteristicamente com diâmetro de 2 a 6 cm
C. A dor é crônicas podendo ser contínua ou interrompida por remissões espontâneas que persistem por semanas a meses
D. Não atribuída a nenhum outro distúrbio

Comentários
Há ligeira preponderância entre as mulheres.

A cefaléia numular é provavelmente uma neuralgia localizada de ramo terminal do nervo trigêmeo.

A área dolorosa pode estar localizada em qualquer parte da cabeça, mas usualmente é na região parietal. A dor permanece confinada na mesma área sintomática e não se modifica em forma e dimensão ao longo do tempo. Exacerbações lancinantes por vários segundos ou que aumentam gradualmente em dez minutos a duas horas podem sobrepor-se à dor basal. Durante e entre os períodos sintomáticos, a área afetada pode mostrar variáveis combinações de hipoestesia, disestesia, parestesia, dolorimento e/ou desconforto.

Períodos de remissão espontânea têm sido observados em 38% dos pacientes, com retorno à dor contínua em semanas ou meses.

Referências bibliográficas

Pareja JA, Caminero AB, Serra J, Barriga FJ, Dobato JL, Barón M, Vela L, Sánchez del Río M. Numular headache: a coinshaped cephalgia. Neurology 2002;58:1678-9.

Definição dos termos

Algômetro de pressão: dispositivo para medir o limiar de detecção ou a tolerância da dor induzida por pressão.

Anorexia: falta de apetite e aversão por comida de intensidade leve.

Aura: sintomas precoces de uma crise de migrânea com aura, sendo manifestações de uma disfunção cerebral focal. A aura tipicamente dura 20 a 30 minutos e precede a cefaléia. (Ver também sintomas focais, pródromo, sintomas premonitórios, sintomas de aviso.)

Cefaléia: dor localizada acima da linha orbitomedial.

Cintilação: alucinações visuais brilhantes cuja intensidade flutua, comumente numa freqüência de oito a dez ciclos por segundo. Típica da aura de migrânea.

Crise de cefaléia (ou dor): cefaléia (ou dor) que se desenvolve, permanece em um certo nível por minutos até 72 horas e diminui até desaparecer completamente.

Crise de cefaléia em salvas: um episódio de dor contínua que dura de 15 a 180 minutos.

Crônica: em relação à dor, crônica denota persistência por um período maior que três meses. Em relação à cefaléia, o significado é mantido para as cefaléias secundárias. Para as cefaléias primárias, que geralmente são episódicas, o termo crônica é empregado sempre que a cefaléia ocorra na maior parte dos dias, por um período maior do que três meses. As cefaléias trigêmino-autonômicas são a exceção: nestes transtornos, o termo crônica não é utilizado até que permaneça por mais de um ano, sem períodos de remissão.

Dias de cefaléia: número de dias afetados parcialmente ou em sua totalidade por cefaléia, dentro de um período de tempo de observação (comumente um mês).

Dolorimento: uma sensação de desconforto ou dor causada por uma pressão que normalmente não seria suficiente para causar tais sensações.

Dor em pontada: dor súbita que dura um minuto ou menos (habitualmente um segundo ou menos).

Dor facial: dor abaixo da linha orbitomedial, acima do pescoço e anteriormente aos pavilhões auriculares.

Dor referida: dor percebida em área diferente daquela onde se origina a nocicepção.

Duração da crise: o tempo que decorre desde o início até o término de uma crise de cefaléia (ou dor) preenchendo os critérios para um tipo ou subtipo particular de cefaléia. Após crises de migrânea e de cefaléia em salvas pode persistir cefaléia de baixa intensidade, não-pulsátil, sem sintomas acompanhantes, mas este período não é incluído no tempo de duração da crise. Se o paciente adormecer durante uma crise e acordar sem dor, a duração é considerada até a hora de acordar. Se uma crise é aliviada por medicação, mas volta dentro de 48 horas, isso pode representar uma recorrência da mesma crise ou uma nova crise. É necessário discernimento para distinguir as duas situações.

Episódico: o que recorre e remite num padrão regular ou irregular de crises de cefaléia (ou dor). O termo adquiriu um significado especial no contexto da cefaléia em salvas, referindo-se à ocorrência de períodos de salvas alternados com períodos de remissão. Acepção semelhante tem sido adotada para hemicrania paroxística.

Erro de refração: miopia, hipermetropia ou astigmatismo.

Escotoma: perda de parte(s) do campo visual em um ou ambos os olhos. Pode ser absoluta (visão nula no escotoma) ou relativa (visão reduzida ou obscurecida).

Espectro de fortificação: alucinação visual que apresenta crescimento gradual, com forma arqueada e angulações, típica da migrânea com aura.

Fonofobia: hipersensibilidade aos sons, geralmente levando a evitá-los.

Fotofobia: hipersensibilidade à luz, geralmente levando a evitá-la.

Freqüência de ataques: quantidade de crise de cefaléia ou de dor por período de tempo (comumente um mês). O alívio de uma crise de migrânea com medicação pode ser seguido de recorrência em 48 horas. A segunda edição do *Guidelines for Controlled Trials of Drugs and Migraine* da Sociedade Internacional de Cefaléia recomenda, como solução prática, especialmente para se diferenciar crises registradas como diárias no mês antecedente, contar como crises individuais somente aquelas separadas por um dia inteiro sem dor.

Heteroforia: estrabismo latente.

Heterotropia: estrabismo manifesto.

Intensidade da dor: nível de dor, geralmente expresso em termos da sua conseqüência funcional, é graduada numa escala verbal de quatro pontos: 0 (zero) sem dor; 1 (um) dor fraca, que não interfere com as atividades; 2 (dois) dor moderada, que limita, mas não impede as atividades; 3 (três) dor forte, que impede as atividades. Pode ser também expressa pela escala analógica visual.

Lancinante: dor de curta duração, como um choque elétrico, ao longo de uma raiz ou de um nervo.

Linha em ziguezague: sinônimo de espectro de fortificação.

Músculos pericranianos: músculos do pescoço, da mastigação, da mímica facial, da fala e do ouvido interno (tensor do tímpano, estapédio).

Não suficientemente validados: cuja validade como uma entidade diagnóstica é duvidosa, conforme o julgamento com base na experiência do subcomitê e/ou pelas controvérsias da literatura.

Neuroimagem: tomografia computadorizada (TC), ressonância magnética (RM), tomografia por emissão de pósitrons (*PET*), tomografia computadorizada por emissão de fóton único (*SPECT*) e cintilografia cerebrais.

Nova cefaléia: um tipo de cefaléia que o paciente nunca teve antes.

Período de remissão de salva: período de tempo durante o qual não ocorrem crises, quer espontaneamente, quer induzidas por álcool ou nitroglicerina. Para ser considerada uma remissão, o período sem crises deve ser maior do que um mês.

Período de salva: período de tempo durante o qual as crises de cefaléia ocorrem regularmente, pelo menos em dias alternados.

Pressão/aperto: dor de caráter constante, freqüentemente comparada a uma faixa de ferro em torno da cabeça.

Pródromo: tem sido usado com significados diferentes, mas freqüentemente como sinônimo de sinais premonitórios. Este termo deve ser evitado.

Pulsátil: que varia com os batimentos cardíacos, latejante.

Região nucal: face dorsal da parte superior do pescoço, incluindo a região da inserção dos músculos cervicais no crânio.

Relação temporal estreita: este termo é usado para descrever a relação entre um transtorno orgânico e uma cefaléia. Podem existir relações temporais específicas para distúrbios de início agudo nos quais há uma provável causalidade, mas que freqüentemente não foram suficientemente estudadas. Para distúrbios crônicos, a relação temporal, assim como a causalidade, são freqüentemente difíceis de ser determinadas.

Sintomas acompanhantes: sintomas que tipicamente acompanham em vez de preceder ou suceder a cefaléia. Na migrânea, por exemplo, os mais freqüentes são náusea, vômitos, fotofobia e fonofobia; osmofobia, diarréia e outros sintomas podem ocorrer mais raramente.

Sintomas de aviso: termo previamente utilizado tanto para os sintomas premonitórios quanto para a aura, sendo, portanto, ambíguo. Não deve ser usado.

Sintomas focais: sintomas de distúrbio encefálico focal (geralmente cerebral), tais como ocorrem na aura migranosa.

Sintomas premonitórios: sintomas que precedem e que prenunciam uma crise de migrânea por duas a 48 horas. Ocorrem antes da aura na migrânea com aura e antes do início da dor na migrânea sem aura. Entre os sintomas premonitórios mais comuns estão: fadiga, euforia, depressão, fome anormal, desejo de comer determinados alimentos.

Substância: drogas, substâncias químicas, vinho, vapores etc.

Teicopsia: sinônimo de espectro de fortificação.

Termo previamente utilizado: termo diagnóstico que era usado no passado com significado similar ou idêntico aos critérios fornecidos neste documento. Os termos usados no passado são freqüentemente ambíguos e têm sido usados de maneira diversa em países diferentes.

Unilateral: ou à direita ou à esquerda, não cruzando a linha média. Quando usado para cefaléia, não necessariamente compreende todo o lado direito ou esquerdo da cabeça, podendo ser frontal, temporal ou occipital apenas. Se usado para distúrbios sensitivos ou motores da aura de migrânea, inclui uma distribuição numa metade do corpo (inteiramente ou numa parte).

Vasoespasmo: constrição de artéria ou arteríolas em grau suficiente para reduzir a perfusão tissular.

Topamax® (Topiramato) - Forma farmacêutica e apresentações: Comprimidos revestidos de 25, 50 e 100 mg – embalagens com 60 comprimidos. Cápsulas de 15 e 25 mg – embalagens contendo 60 cápsulas. **USO ADULTO E PEDIÁTRICO**. **Indicações e Posologia**: *Monoterapia em adultos e crianças com epilepsia de início recente ou conversão à monoterapia. Adultos* – dose-alvo inicial: 100 mg/dia; dose máxima recomendada: 500 mg/dia. A dose deve ser ajustada individualmente, iniciando com 25 mg/dia (à noite) durante a primeira semana, com aumentos de 25-50 mg/dia a intervalos de 1-2 semanas (fracionada em duas doses). *Crianças* – dose-alvo inicial 3-6 mg/dia; dose máxima recomendada: 500 mg/dia. Iniciar com 0,5-1 mg/kg/dia, à noite, durante uma semana; aumentar, a seguir, 0,5-1,0 mg/kg/dia, a intervalos de 1-2 semanas (fracionada em duas doses). Exceto por razões de segurança que exijam uma retirada abrupta das outras drogas antiepilépticas, recomenda-se a descontinuação gradual com redução de aproximadamente um terço da dose a cada 2 semanas. *Tratamento adjuvante, em adultos e crianças, de crises epilépticas parciais ou tônico-clônicas generalizadas e crises associadas à Síndrome de Lennox-Gastaut: Adultos* – dose terapêutica média: 200-400 mg/dia (fracionada em duas doses); dose máxima recomendada: 1600 mg/dia. A dose deve ser ajustada individualmente, iniciando com 25-50 mg/dia (à noite) durante a primeira semana, e aumentada em 25-50 mg/dia, a intervalos de 1-2 semanas (fracionada em duas doses). *Crianças* – dose terapêutica média: 5-9 mg/kg/dia (em duas tomadas). Iniciar com 1-3 mg/kg/dia, à noite, durante uma semana; aumentar, a seguir, 1-3 mg/kg/dia, a intervalos de 1-2 semanas (fracionada em duas doses) até a resposta clínica ideal. *Tratamento profilático* da e*nxaqueca:* dose terapêutica média 100mg/dia (fracionada em duas doses); dose máxima recomendada de 200mg/dia. Iniciar com 25mg/dia (a noite) durante a primeira semana com aumentos de 25mg/dia uma vez por semana ou, se necessário,em intervalos maiores. Não é necessário monitorar as concentrações plasmáticas de Topamax®. Topamax® pode ser ingerido fora das refeições. Os comprimidos não devem ser partidos. Topamax® cápsulas é a forma mais indicada para administração em crianças, uma vez que a cápsula pode ser aberta e seu conteúdo misturado a uma colher de chá de alimento pastoso. **Contra-indicações**: Hipersensibilidade a qualquer componente do medicamento. Gravidez. **Precauções e advertências**: Este medicamento contém açúcar, portanto, deve ser usado com cautela em portadores de diabetes. Se descontinuado, a dose deve ser reduzida lentamente, para minimizar potencial aumento de crises. Pacientes com insuficiência renal moderada a grave ou insuficiência hepática podem ter o "clearance" de topiramato reduzido, necessitando de doses menores do que as normalmente utilizadas. Pacientes predipostos a nefrolitíase devem ter hidratação adequada, por risco aumentado de cálculos renais. Miopia aguda, com glaucoma agudo de ângulo fechado secundário, tem sido relatada, sintomas incluem redução abrupta de acuidade visual e/ou dor ocular e ocorrem, caracteristicamente, no primeiro mês de tratamento; neste caso, recomenda-se descontinuar o medicamento o mais rapidamente possível e instituir medidas para reduzir a pressão intraocular. Acidose metabólica, hipercolemia, hiato não-aniônico estão associadas ao tratamento com topiramato. Estas reduções são usualmente leves a moderadas (redução média de 4 mmol/L em doses de 100 mg/dia ou acima em adultos e aproximadamente 6 mg/kg/dia em pacientes pediátricos). Dependendo das condições de base, recomenda-se avaliação adequada, incluindo níveis de bicarbonato sérico. Se acidose metabólica ocorrer e persistir, deve-se considerar redução da dose ou interrupção do topiramato (usando redução gradual da dose).Topamax® pode causar tontura e sonolência, com prejuízo da capacidade de dirigir ou operar máquinas. Lactação: Topamax® é excretado no leite – deve-se decidir entre não amamentar ou descontinuar o medicamento. **Interações medicamentosas:** Interação com outras drogas antiepléticas: Topamax® pode aumentar a concentração plasmática de fenitoína. Fenitoína e carbamazepina podem reduzir a concentração plasmática do topiramato. Não há interações significantes com valproato. Interaçã com outras drogas: digoxina, alcool ou outras drogas depressoras do SNC, hidroclorotiazida, metformina, pioglitazona, **Reações adversas:** *Mais freqüentes:* sonolência, tontura, nervosismo, ataxia, fadiga, distúrbios da fala, lentificação psicomotora, alterações da visão, dificuldade de memorização, confusão mental, parestesia, diplopia, anorexia, nistagmo, náusea, perda de peso, distúrbios de linguagem, dificuldade de concentração/atenção, depressão, dor abdominal, astenia, alterações do humor, hipoestesia, diarréia, dispepsia, boca seca, insônia, ansiedade, depressão, perversão do paladar, cefaléia, distúrbio da personalidade, reação agressiva, sialorréia e parestesia*Raras:* agitação, alucinações, leucopenia, nefrolitíase, disgeusia e alterações de função hepática. *Relatos isolados*: tromboembolia; hepatite/insuficiência hepática (em politerapia). **Venda sob prescrição médica, com retenção de receita.** A persistirem os sintomas o médico deverá ser consultado. Janssen-Cilag Farmacêutica. MS-1.1236.3327 **Informações adicionais para prescrição: vide bula completa**. INFOC 0800-7013017 - www.janssencilag.com.br Cód: TPX.Fev04138b.